働くみんなのモティベーション論

金井壽宏

Kanai Toshihiro

NTT出版

まえがき

熱意のある元気なひとに出会う。燃えているひとの姿を見る。自分もそうありたいと思うし、そうできているときもある。

他方で、やる気の失《う》せた元気のないひとに出会うこともある。無気力なひとの姿を見ることもある。自分もときに、さえないこともある。

元気なときは元気を持続させたいと思うし、さえないときには、またやる気を呼び起こしたいと思う。

モティベーションという言葉は、カタカナのまま用いられることも多いが、大和言葉では、動機づけ、意欲、やる気という意味合いだ。それは、子どものときの遊び、学童期の学習意欲、受験勉強におけるやる気、子どもと大人を問わずスポーツや音楽などの趣味における熱意、ボランティア活動への意欲、そして、仕事の世界での仕事意欲など、そこかしこで問われる。やる気があるというのは、生きている証《あかし》、前進している証みたいなところがある。

本書は、タイトルのとおり、『働くみんなのモティベーション論』を扱っている。やる気は広範な分野に応用が可能だが、経営学の立場から書かれているので、仕事の世界でのやる気を主眼においている。フルタイムで働き出す前には、みんな勉強をしている時期があり、また、いくつになっても学ぶことはあるので、ワーク・モティベーションを中心に描きながら、適切と思われる箇所では随時、スタディ・モティベーションにもふれていくことにしたい。

かなりのやり手でも、ずっとやる気満々でい続けるというのはむずかしい。落ち込むこともあるし、さえないときもあり、アップダウンがある。ポイントは、それを自己調整できることだ。四六時中張り詰めていることはできないので、意識的にリラックスすることも大事だ。本書での主張は、だれしもの問題としてのモティベーション論を学ぶことによって、自分のやる気を自己調整し、周りのひとたちのやる気の自己調整に影響を与えられる人間になることだ。自分を励まし、周りを元気づける人間になるためにこそ、モティベーション理論を生かしたい。

本書で取り上げるモティベーション論には三系統があり、それらを、緊張系、希望系、持論系と呼んでいる。ひとは、まだまだだという気持ちで、いい意味で緊張し、張り詰めた感覚で立ち上がることができる。めざす方向に希望や夢をもてれば努力を維持できる。そしてまた、自分はどのように動機づけられるかについて、しっかりした持論をもつことは、自分で自分のことを自己調整する道につながる。

肝心なときに集中できる喜びは、トップ・アスリートにも、トップ・ミュージシャンにも求められる。きちんと話してみるとわかることだが、テンションを維持して、夢が希望どおりに実現していくことの楽しみは、小さいときに、模型を一生懸命つくったとき、あるいは、初めてミシンで何かを縫ったときにまで遡るかもしれない。自分を振り返れば、どんなときに自分はがんばれるか、どんな場面ではやる気が失せるか、自分で説明できる部分があるだろう。本書で、そのうすうすわかっていることを補強し、モティベーションの持論を構築して、やる気の自己調整に役立ててほしい。リーダーシップを発揮する立場にある人びとは、自分を鼓舞するだけでなく、周りの人びとを巻き込み、課題をしっかりやり抜くように働きかけるうえで、さらに高度のモティベーション持論を探求してほしい。

本書はそういう思いで書かれた書籍だ。もし、サブタイトルをつけるとしたら、『働くみんなのモティベーション論――持論でやる気を自己調整するために』を考えていた。モティベーションについてしっかりとした自分なりの考えをもってほしいというのが、持論アプローチにほかならない。

経営学のなかで、組織のなかの人間行動を扱う著者にとっては、二〇代の初めに、最初に着手したテーマなので、原点回帰でもある。とはいえ、このテーマだけを三〇年暖めてきたわけではなく、ミドルのリーダーシップ、若手からミドルまでのキャリア、起業する人びとの間の連帯などのテーマでも研究を重ねてきた。またその間、神戸大学で学部、ＭＢＡの教室の場で、また、若手から経営幹部候補までの研修の場で、実践的な議論を重ねてきた。

どの時代にも、がんばるひとにはモティベーションが大事だったはずだ。今、この国がこれから回復基調を元気よく歩むために、また、このさき難所にさしかかってさえないときがあっても、ばねのようにやる気を復元させる力を喚起するために、本書が役立つことを希望して、さっそくプロローグの扉を開けていきたい。

働くみんなのモティベーション論　目次

第4章　外発的モティベーションと内発的モティベーション

第6章　親和動機——ひととともにいる

第7章　目標設定——目標が大切なわけ

プロローグ

この本で言いたいことは、ただ一つ。自分のモティベーション（やる気、意欲、動機づけ）を自分で調整できる人間になるための手立てを探ることだ。

そのために、強調したいことは、モティベーションについて、自分なりの持論（しばしば、本書で持〈自〉論と表記する）をもつことだ。野球の世界のイチロー選手や将棋の世界の谷川浩司九段の打ち込む姿、集中力を見てほしい。自分で自分にテンションをかけることができるひと。ちょっとぐらい落ち込んでも、不調があっても、再び自分で自分を鼓舞できるひと。だれだって、いつも元気なわけではない。ふだん相当がんばり屋さんのひとでも、ときに無気力になることもあるだろう。ポイントは、そういうときにも、なぜそうなっているかが自分のモティベーション持論ゆえに、自己診断ができることだ。それができれば、少し時間がかかることがあっても、やる気という面での自分の不調を自分で修繕するような生き方ができる。

モティベーション論の最先端が、つまるところ、自己調整（self regulation）に行き着いたというのは、非常に興味深い。それは、集中力の問われる勝負の世界に生きるひとだけの問題ではない。やる気はだれしもの問題だし、いくつになってもときめくものがあり、打ち込む気になれることは尊い。

だから、どの世界でも、そして、子どもでも大人でも、充実してなにかに打ち込んでいる姿を見るのはうれしい。そして、自分が我を忘れるほどに、没頭、熱中できるほどのことがあるのはうれしいものだ。

ヤマハの伊藤修二社長は、神戸大学経営学部で学生に講義してくださったとき（二〇〇四年七月十四日）に、教室いっぱいの学生たちに、つぎのように結びの言葉を述べられた。

「ぜひ、皆さん方も、心から打ち込める何かを作っていただけたらなと思います。いろいろなことを体験されていると思いますが、一つでも二つでも良いので、他のことを忘れて一心不乱に時間を過ごせる物事を。その経験が人生の、そしてまた会社組織で仕事をおやりになる時の大きな自信になると思います。私は、いつも直面しているテーマについて悩みが尽きないのですが、必ずどこかで突破できるという自信を持って対峙できるのは、若い時に体を張って過ごした時間のおかげでないかと思っています[1]」

このような心に残る言葉で、一五回続いた講義の最終回を飾ってくださった。後日、浜松のヤマハの本社で、伊藤社長にインタビューする機会を得て、この打ち込む経験の原点について、再度、お聞きした。学生時代にスポーツに打ち込んだことが原点だというだけではない。「たとえば、子どものときは勉強などしていても、ほんとうにある瞬間、時間を忘れてしまうくらい熱中するという経験[2]」などもそれにあたるというお考えだった。受験のためにというのでなく、「何か机に向かっていて、ある時間、世の中一切を忘れて何かやっていたなという経験」が、社長として難局で決断し実行するときの支えになっている。

勉強でも、スポーツでも、一度とことん打ち込むという経験をしていることは、そのときだけでなく一生の財産でもある。しかし、同時に、我を忘れるほど打ち込むという経験は、社長、経営トップにまでなるひとでも、仕事の世界のなかで、そうそうごろごろあるわけではない。

モティベーションは、成人になって仕事の世界でそれを問われる前から、大切な役割を果たしている。子どものころのことも思い浮かべてほしい。

本屋さんに行くと、教育心理学者の市川伸一氏や和田秀樹氏をはじめ、子どもの学習・勉学意欲（スタディ・モティベーション）の問題、学力問題についての書籍を、よく目にする。和田氏は、そこから得た洞察で、大人のやる気、勉強の仕方にも発言をつなげている。

大人になっても勉学を続けるのはとても大事なことだが、このような潮流のなかで、一度、大人の学習・勉学意欲でなく、仕事の世界で生きているなら気にかかるはずの、仕事意欲（ワーク・モティベーション）の問題にしっかり取り組んでみたいと思うようになった。

自分のやる気を高めるだけでなく、周りのひとの元気印となって彼らを鼓舞するのはリーダーシップの役割であるから、リーダーシップとモティベーションとは相性のいいトピックだ。また、キャリアはモティベーションよりもっと息の長い長期的な時間軸を扱う。同じひとが生きている時間軸というラインで、今打ち込んでいることが、そのひとが将来なりたい姿につながっているときに、充実感はひとしおだ。イチローのこの一球、谷川九段のこの一手に、人生が垣間見られることとさえある。目の前の近接目標、ここで打つボールが、駒が、選手、名人としてのキャリアにおける遠隔目標と連なるとき、モティベーションはキャリアの問題と重なってくる。

当たり前なことだが、やる気を問われるのは、子どものときだけではない。大人になってもテンション高く、やるべきことにしっかり取り組みたいという気持ちを、だれだって忘れているわけではない。

でも、しばしば、やる気が失《う》せて、無気力になることもある。わたしの職場の先輩、加護野忠男氏は、「どんな元気なやつだって、いつも元気なわけではない」とよく口にされる。また、神戸大学をベースに開かれてきたAPO研究会（ひとのイキイキを考える会）でも、だれだって落ち込むときがあるという点について、よく議論してきた。生まれてからいつもずっとイキイキというひとはいないだろう。だから、モティベーションの持論をもつことによる自己調整が大事なのだ。

この本を書きながら、誠に不覚、かつ恥ずかしいことに、モティベーション、つまりやる気というテーマについて書きながら、しばしばやる気が落ちている自分を見つけた。そのはたで、長男の金井悠太が学習・勉学に打ち込んでいた。その姿に見とれながら、この本を仕上げていた。ある晩、「やる気の本を書いている自分のやる気が、今日は落ちているんだ」とわたしが言うと、息子は、諭すように「やる気を語るひとの、やる気がなかったら、いかんよ」と言ってくれた。たしかにそのとおりだと思った。

しかし、ずっとやる気が高いのなら、そのひとにやる気の持論はいらない。やる気が失せてもまた復調できるようすがとなれるのがセオリーの役割だ。しばし無気力になっても、また必ず自らテンションを高め、仕上げる、完成するというモティベーションを復調させる自己調整のためにこそ、モティベーションの持論アプローチが有効となる。これは自分でも何度も経験した。だから、息子とのこのやりとりで「やる気の本を書く人間も、やる気が低くなることがあるが、持論があるおかげで、再度、やる気を高めることを自己調整できるんだ」と述べると、今度は納得してくれた。

モティベーションについては、親は子どもから、先生は生徒から、管理職は部下から、おおげさだが、一国の宰相は国民から学ぶのがいいのかもしれない。そして、偉人でさえ、いつでもどこでもだれにとっても元気印というわけではない。

もし、やる気の本を書いているひとのやる気がない日があっても、どうしてやる気が減退しているか、そのメカニズムがわかっていること自体が、たいへんな復元力をもたらす。それが持論アプローチのパワーだ。たとえば本の場合、いろんな理由により、書物を仕上げる段階では、書き進む段階での勢いが止まる。仕上げ段階でなぜやる気が失せるのかを自身で、診断でき、また、仕上げるまでファイトを燃やせることがポイントだ。

スタディ・モティベーションという世界がある。小学生でも自分なりのセオリーをもっていると、キャロル・S・ドゥウェック（Carol S. Dweck）は、高らかに実証した。わが国では、高校生レベルにもなれば、自分がどういうわけで勉学にがんばるか、という持論をもっていることが、教育心理学者の市川伸一氏によって解明されてきた。スタディ・モティベーションの世界で、持論のパワーが確認されつつある。子どもや高校生がそうであるのなら、ワーク・モティベーションという世界、つまりフルタイムで働く大人の世界ではどうなのか。ドゥウェックの著作[3]に四〇年も先立つ一九六〇年に、管理職になるころには、働くひとはモティベーションの持論をもっていることが、MIT（マサチューセッツ工科大学）のダグラス・マクレガー（Douglas McGregor）によって示された。

ワーク・モティベーションの世界で、働く大人は、自分がどういうわけで仕事にがんばるか、という持論をもっているはずだ。もし、読者の皆さんがこのプロローグを読みながら、「わたしはもっていない」と思うなら、それは、けっしてそうではなく、もっているはずの持論が、暗黙のままにとどまっているだけである可能性が高い。どうか、本書を通じて、自分なりのモティベーション持論を探求し、自分で自分を鼓舞できる道を開拓してほしい。

若い二〇代、三〇代のひとには、自分のやる気のために、そうしてほしい。また、やる気がないなら、なぜそうなっているかを診断する一助にもなるので、フルタイムで働く大人だけでなく、フリーターやニートといわれるひとたちこそ、まず自分を説明する持論が必要なのかもしれない。もっとベテランになるとどうか。モティベーションは自分を鼓舞するだけではなくなる。親として、また上司として、周りのひとたちを元気づけることも必要になってくる。四〇代、五〇代のひと（大半が、管理職の方々だろう）は、もし、自分の子どもががんばっているなら、また、自分の部下ががんばっているなら、自分も負けずにがんばるために、より高度な持論をもってほしい。もっと理想をいえば、管理職レベルなら、自分の元気印ゆえに、周りのひと、子ども、部下にもプラスの影響を与える人間になるように、さらに自分を磨いてほしい。

自分のモティベーションを自分で調整できる人間になるための手立てを探ることが本書の目的だと、プロローグの冒頭で書いたのはそういう意味だ。

やる気について、親と子が、先生と生徒が、管理職と部下が、おおげさだが一国の宰相と国民が対話できるような、家庭、学校、会社、国はすてきだ。

かつて、キャリアの本を上梓《じょうし》したときに、世代間の対話が大事だと思ったが、モティベーションについても、世代によって違いがあるのなら、いっそう対話が大事だろう。それを促進するためにも、ひとりひとりが自分なりの考えを、モティベーションについてもち、それを言語化することが大切になってくる。

がんばる親を見てがんばる子どもには、親とは違う契機や理由でがんばっている面もある。それに気づけば、子どものがんばりを見て、親も鼓舞される。学校でも、会社でも、もちろん反面教師の先生や管理職もいるだろう。困った生徒も困った社員もいることだろう。しかし、手本となる親も先生も管理職も見つかるはずだ。こちらの方が恐れ入ってしまうというほどすばらしい学生に、神戸大学でも出会う。そういうときに、すぐに「このひとを動かしているものはなんだろうか」と、わたしは思う。

一見すると、がんばる気持ちというテーマ(モティベーション論)は、とてもミクロなテーマだが、長期的に意味のある働き方・生き方をするというテーマ（キャリア論）と同様に、個人を超えて、この国全体の活力というマクロの問題にまでかかわる。長い不況を抜け出し始めた今、そして、この国の元気があらためて真剣に問われるときに、モティベーション論を通じて、家庭、学校、職場という場面を超えて、世代間の元気をつなぐのに役立てば、これほどうれしいことはない。暮らす場、学ぶ場、働く場、さらに趣味・スポーツの場をつなぎ、世代をつなぎ、時空間ともに、モティベーションの議論と実践が生産的に広まるように。

最後に、本書は、どういう方々に読んでいただきたいのか、について一言。想定する読者層について、いつもわたしは自分の書物に書いてきた。だが、やる気、意欲、モティベーションというのは、だれしもの問題だ。仕事意欲というと、成人になって働き始めてからのように思われがちだが、アルバイト経験があるひともいるだろうし、だれもが、それぞれの意欲レベルで学校時代に勉強したりしてきたはずだし、模型づくりや野球、ピアノや将棋など、趣味の世界でも打ち込むものがあったりするだろう。だから、本書では、この本を読んでほしいひとはだれだれと特定せずに、またタイトルもストレートに、『働くみんなのモティベーション論』とさせていただいた。

全体的には、経営学者として、ワーク・モティベーションという経営学のテーマを尊重したが、これはこれで働くだれしもの問題だ。子どもの勉強について、親子で語るときには、スタディ・モティベーションも射程にいれて議論するのが適切だろう。本書での議論は、仕事の世界以外に、子どものときの勉強も含め、あらゆる学習の世界、また、入門した限りは上達したくて打ち込むことのある趣味やレジャーの世界におけるモティベーションにも応用が利くはずだ。モティベーション論を学んだおかげで、いつもテンション高い人生を送るところまではいかなくても、自分のやる気を自己診断でき、ときに落ち込んでいることがあっても、自分を元気づけることのできる人間になってほしい。そのような意味合いを込めて、やる気を自己調整できる人間になるためのコンパニオンとして本書を活用していただきたい。

第1章

モティベーションに持論をもつ——セルフ・セオリー、ワールド・セオリー

People are strange, when you are a stranger.

Jim Morrison

われわれひとりひとりは、この世界に生きている。ひとりで生きているのでなく、他の人びとともに生きている。だから、モティベーションを考えるということは、ひとの努力、意欲、やる気という観点から、自分とこの世界を解き明かそうという試みそのものだ。本書全体を通じて強調していきたいのは、自分を知ること、自分の生きる世界を知ることだ。

前者にかかわるのがセルフ・セオリーで、後者にかかわるのがワールド・セオリーだ。人間から成り立つシステムとして世界を考えると、世界とは、(モノを除けば)行為する人びとから成り立っている。だから、セルフ・セオリーの鍵は、自分によくあてはまる、身近でほかならぬ「このわたし」に納得がいくということだ。これに対して、ワールド・セオリーの鍵は、十人十色の世界を豊かに説明できるということだ。冒頭で引用したジム・モリソンが言ってのけたとおり、自分のことがわからないと、人びとのこともわからない。だが、自分にあてはまることが、皆にもあてはまると思ったら、傲慢《ごうまん》だ。ひとは、自分とは違うという意味では、ストレンジャーだ。そして、自分にとっての自分も、たとえば、モティベーションに関して、自分がどんなときにがんばれるのかということについて、持論をもたないとストレンジャーのままだ。

本書は、やる気という観点から、己を知るための書だ。なによりも、実践の書として、自分と自分の生きる世界を念頭に、ただ「鑑賞するようにながめる」ためでなく、「自分を変えて、世界を変える」ためにこそ、読んでいただきたい。

自己調整ということ

本書で書いてみたいことは、一言でいえば、自分のやる気について自己調整できる境地に少しでも近づくための工夫だ。自分がどのようなときにやる気満々になり、どのようなときに落ち込むむか。己を知る必要がある。やる気という観点から自分を知るためには、自分の意欲のありようを説明する、つまり自分にあてはまる実践的なモティベーション理論が必要となる。自分にあてはまる理論を尊重しよう。どんなに有名な理論でも、自分にまったくあてはまらないのなら信じる気持ちにもなりにくいし、それを実践に役立てることもむずかしい。

若いときには、会社に入ってからでも担当者レベルのとき、つまり自分で自分を鼓舞すればすむあいだは、自分にあてはまる理論だけでいい。しかし、プロジェクトのリーダー格を任されたり、正式にライン長として部下をもつ立場になったときには、自分にはあまりあてはまらないが、ひとりひとりの部下にはよくあてはまる理論があれば、それにも感受性を高める必要がある。

やがて、ワーク・モティベーション、つまり仕事意欲ということに自分なりの一家言をもつころには、理論書から学んだままのよそよそしい学者の言葉とは異なる自分なりの考え方を肌《はだ》感覚に合う言葉で説明できるようになる。それを本書では、持（自）論と呼んでいる。自分がもつ自分なりの実践に役立てるセオリーのことだ。

この本の使命は、本書が、読者の皆さんが自分なりのモティベーション持論を探し出すコンパニオン（お供となる本）になることだ。読者の皆さんへのお願いは、仕事への意欲、やる気というような主体的で行動に直結した問題を学ぶのに、受身にけっしてなってほしくないということだ。ふん、ふんとうなずきながら読むのはどの本でも大事だが、モティベーションやリーダーシップやキャリアのように、自分の能動的な生き方・働き方にかかわるトピックについては、鑑賞するように読んではいけない。本書のねらいは、仕事の場での自分を元気づけるためにも、またさらに、自分だけでなく職場でのメンバーを元気づけるためにも、自分に、そして周りの大切なひとたちの実践に役立つ持論——自分にも周りにもあてはまる自分なりの実践的セオリー——を、皆さんに構築してもらう一助となることだ。もし、セオリーを構築するという言い方がおおげさだと思うのなら、やる気について語れと言われた場合に、原理・原則として語れる言葉をもつ、という言い方でもいい。

また、このアプローチは、わたしがさきに『リーダーシップ入門』（日経文庫）でおこなったことを、モティベーション論にも適用していく試みでもある。

本書では、多種多様なモティベーション理論をすべて網羅することは断念し（それは、大著になるし、二、三年内にはそういう本もぜひ書きたいと決心しているが）、大きな系統として三通りの理論アプローチを導入する。

- ズレ、緊張、不協和、欠乏を解消、回避するためにひとは動く
- 夢、希望、目標、自己実現、達成など、ありたい姿に近づくためにひとは動く

・自分がどうやれば動くか暗黙にあるいは明示的に知っているまま、ひとは動くことになる

第一のアプローチは、away-from motivation、第二のアプローチは、toward motivation とも呼ばれることがある。第一の面として、緊張は緩和したいものだ。わたしは、緊張こそがひとを動かすというクルト・レビン（Kurt Lewin）の言葉が大好きだ。

しかし、緊張やズレを低減するためだけにひとは生きているのではない。めざすべき自分が展望できるから、それを大きな夢、あるいは具体的な姿として描くから、途中であきらめずにそこに向かうという面がある。この第二の面は、第一の面だけでは足りない残りの半分の世界を照らし出すばかりでなく、モティベーションとキャリアをつなげる結節点となる、ものの見方を提唱してくれる。キャリアという世界で何十年という時間幅で探求する遠隔な目標や夢が、モティベーション論の想定するような、より具体的な近接の目標のかなたに垣間見られるときがある。そういう場合に、目標が実現に近づくときの達成感はより味わい深いものとなる。プロのサッカー選手になりたいなら、この試合にかけるやる気のかなたにそういう夢があるだろうし、今はつらい仕事でも、なりたい自分のおおまかな方向づけと合っているとき、またはその基礎となりそうなら、やる気を支える意味づけがより深まる。

この第一、第二の見方に対して、第三の見方こそ、本書が依拠する持論アプローチにほかならない。経営学では、古くはＭＩＴのダグラス・マクレガー（Douglas McGregor）が一九六〇年に、実践家も管理職になるころにはモティベーションの持論をもっていることを明らかにした。また、

基礎学問としての心理学のモティベーション論でも、セルフ・レギュレーション（自分で自分を調整できること）が、エドワード・L・デシ（Edward L. Deci）、キャロル・S・ドゥウェック（Carol S. Dweck）など複数の有力な論者が指し示す最先端の理論的アプローチとなりつつある。さらに、定評のあるモティベーション論の体系的テキストでも、諸理論を統合する立場の理論として、最終章を飾ることもある。(1) したがって、内容的には、第三の見方のなかに、セルフ・セオリーを構成する内容として、代表的な二系統（ズレと希望）があるということで、さきの第一、第二の見方もそのなかに包摂される。第三の視点こそが、本書の立場でもあるので、本書は、MITのマクレガーによるアプローチに対する復活の書であり、マクレガー・ルネサンスということを意識してMITでトレーニングを受けた者によって書かれている。

自分を知る

このような立場に立つ本書は、まず「自分を知る」、そしてさらに「周りのひとの十人十色の世界を知る」ということを重視する。前者が狭義のセルフ・セオリー、後者がワールド・セオリーにかかわっている。そこでスタートの問いかけは、さきにもふれたとおり——どのようなときに自分はがんばれるのか、どうなると自分は落ち込むか——となる。

この問いについて、少しでも説明の言葉をもつことができるとすれば、それはモティベーションのセルフ・セオリー（自分にあてはまるセオリーという意味での持論）である。自分が実際に本音レベルで使用しているセオリー（使用中のセオリー、実際に抱いているセオリーという意味での持論）につながる。

自分のモティベーションを自分で左右することができるなら、つまり、自分が原因となれるなら、やる気を自分で維持しやすくなる。必要なときに高めることもできるし、必要ならリラックスもできる。

いつもこのわたしを励ましてくれる言葉に、作曲家のジョン・ケージのつぎのような不思議なフレーズがある。(2) とても気に入っている言葉なので、ほかの書籍でも引用したことがあるが、ここでも紹介したい。

But actually,
unlike the snail,
we carry our homes
within us,
which enables us
to fly
or to stay
, ——
to enjoy each.

John Cage

だが実際には、
蝸牛《かたつむり》とちがって、
我々は自分のなかに家を
持ち歩いており、
そのため
飛んだり
動かずにいたり
、——
どちらも楽しめる。

ジョン・ケージ（柿沼敏江訳）

この「家」（がんばるひとのホーム）が、セルフ・セオリー（自分にあてはまる持論）と呼ばれる、究極のモティベーター（動機づけ要因、意欲を高める要因）のイメージにぴったりだ。それがわかっているからこそ、飛べるし、逆にゆったりリラックスすることもできるといった、飛翔も安らぎも、ともに楽しめるような生き方をしたいものだ。

自分がどのようなときにどうがんばれるかについて、セルフ・セオリーをもつということは、哲学者が繰り返し強調してきた「汝自身を知れ」ということの重要な一部をなす。野球の世界のイチロー選手も将棋の世界の谷川浩司九段も、どのようにすれば自分が打ち込み、集中し、テンションを高めるか、そして同時に、極上のリラックスもうまく楽しめるか、知っている。

自分を知るのがセルフ・セオリーなら、われわれがうまく生きるうえで、もう一つ探索して知っていたいことがある。それは、われわれが生きている世界についてだ。

ひとは真空のなかに生きているのでもなければ、ひとりで生きているわけでもない。われわれは、世界のなかに存在し、そして、その世界には事物も満ち溢れているが、モティベーションという意味では、世界とは、ともに生きている人びとのことでもある。

人びとから成る世界を知る、人びととともにいる世界を知る

成果主義の導入とともに、成果に至る行動を測定するために、コンピテンシー・モデルを導入した会社にお勤めのひとも多いだろう。世を席巻《せっけん》した、ほかならぬコンピテンシー（有能さ）と

いう概念こそ、ひとの動機を、ひとが生きる世界としっかり結びつけるすばらしい概念だとわたしは思う。

コンピテンシーに関する大本《おおもと》となった研究（ロバート・W・ホワイト、Robert W. White）によれば、ひとに限らず、生きている有機体は、自分がおかれている環境（つまり棲息《せいそく》する世界）がいったいどうなっているのか知りたい、マスターしたいという根源的動機をもつ。自分のおかれた世界を探索する気持ちをもてなかったら、うまく生き延びることさえむずかしい。そもそも、わたしたちは真空のなかを生きているのではない。この世界のなかで生きているのだ。哲学の「世界内存在」（マルティン・ハイデッガー、Martin Heideger）というむずかしい概念を知らなくても、世界のないところにはわたしもないし、わたしがいなかったら、わたしの認識する世界がない。だから、セルフ・セオリーをもつと同時に、ワールド・セオリーももつ必要がある。ワールド・セオリーとは、単純化すると、自分だけでなく、周りの人びとを含む広い世界、自分を超える世界に成り立つ持論である。この両方を合わせてこそ、持論となる。自分が生きている世界がどう動くのかを素朴に説明する自分なりのキーワードをいくつかもっているなら、それはワールド・セオリーをもつ第一歩となるであろう。

自分がどうがんばるかを説明するセルフ・セオリー（狭義、このわたしにあてはまる持〈自〉論）のキーワードが達成感だったとしよう。ほかならぬこのわたしががんばれるのは達成感が感じられるような仕事に従事しているときだ。自分にはその意味で達成動機の理論がよくあてはまるとしても、周りのひとが皆、達成動機で動いているとは限らないし、また、そのひとがおかれた仕事状況が達成動機を喚起するようなものではないかもしれない。

より高度な（広義の）セルフ・セオリーは、自分のことだけでなく、自分が棲む世界について、したがってその世界をともに生きるひとたちについてのワールド・セオリーも内包しないといけない。繰り返し述べるが、管理職になり部下をもつようになるころには、自分にだけ成り立つ（狭義の）セルフ・セオリーのみに甘んじていてはいけない。それが、達成感や自己実現など一見、人間主義的な欲求に注目するセオリーであっても、ひとりよがりとなる。

広義には、あるいはより成熟した形態では、セルフ・セオリーとは、（自分を含むが、自分だけでなく他の人びとも含めて）自分の生きる世界がどうなっているかについての自分の考えである。だから、用語はちょっと紛らわしくて恐縮だが、「自分の」考えという意味では、この広義のものもセルフ・セオリーの一種ということになる（混乱がないように、必要に応じて、「広義の」という言葉を冠するようにしよう）。

自分がどんなときにがんばるかの説が、他のひとがどのようなときにがんばるかという視点をいっさい欠いていたら、それは、狭義のセルフ・セオリーだ。自分の持論をもち始めのころは、これでスタートしてもいい。担当者、ぺいぺいのときには、これだけでも、もつともたないでは大違いだ。若いときには、まず自分のことを自分で説明がつくことがいちばんだ。もちろん入社直後からしらけていたら困るので、社会人になった当初から、自分のモティベーターに気づき、そのことを通じて自分のやる気を自己調整できることは大切なことだ。

やがて、会社なら少なくとも管理職になるころには、ワールド・セオリーも内包する自分の持

表1－1　狭義、広義のセルフ・セオリーとワールド・セオリー

狭義のセルフ・セオリー	自分はどう動くか
広義のセルフ・セオリー＝持(自)論	自分、および他の人びとからなる「十人十色の世界」で、わたしは、また他の人びとはどう動くか
ワールド・セオリー	世界は、とりわけ周りの人びとはどう動くか

論にまで進んでほしいものだ。あとでも述べるように、そうでないと、自分のやり方だけを押しつけるマネジャーとなってしまう。ひとに動いてもらうことが自分の仕事の課題となる（つまり、マネジメントに従事する）ところには、十人十色ということに気づかないといけない。それが、マネジャーの棲息する世界だ。

元ギャラップ社のマーカス・バッキンガム（Marcus Buckingham）は、実に適切につぎのように指摘している。卓越したマネジメントのエッセンスは、「部下一人ひとりの特色を発見し、それを有効に活用すること」だ、と。彼の対比するところによれば、凡庸なマネジメントは、従業員を「型にはめる仕事、……部下一人ひとりを作りかえる仕事と信じている」のに対して、卓越したマネジメントでは、「従業員はみな、人間関係の築き方、学び方がちがうし、どれだけひとに尽くすか、どれだけ辛抱強いか、どのくらい専門性を身につけたいか、どれほど準備すれば安心するか、何によって動くか、何に挑戦したいのか、目標は何かといった点でも異なる」[3]こと、つまり十人十色というこの世界の色合いをよく自覚している。日本語では、元々、世間とは好きなひと同士の世界を表し、日本社会に関する研究においても、この国ではひととひとの間にいるのが人間（あるいは間人《かんじん》）なのだという説が有力であったし、今も大きな影響力をもつ（たと

えば、精神病理学者の木村敏氏、社会学者の濱口恵俊氏）。

自分を知り、世の中を知るということは、ともに生きるひとたちの間で生きていることを知ることだ。だから、以下、いちいち「広義の」と断らなくても、セルフ・セオリーは、まっとうに機能するためには、とりわけひとがひとりで生きているのでないことに気づく限りは、ワールド・セオリーを含むものとみなして読んでいただきたい。本書では、広義の持（自）論という言葉で、そのようなセルフ・セオリーを指し示している。

モティベーションの持（自）論を築くうえで、多種多様なモティベーション理論が原料として役立つ。しかし、それを網羅的に取り上げると大著になるので、それは本書ではおこなわない。ただ、持論をもつことが本人のモティベーションのあり方に影響を与えるという考え方自体が、経営学（マクレガー）、認知心理学（ドゥウェック）のモティベーション理論の一つの系統であり、また、内容的には、ズレ、緊張、不協和、欠乏という系統＝away-from motivationと、希望、夢、自己実現、目標という系統＝toward motivationの二つの系統を包み込んでいる。

以上が、本書において、鑑賞するようにでなく、実践的に自分の持論を探すことを通じて、ワーク・モティベーション（仕事意欲）の実践知を深めていく際の前提となっている。

コラム　持論という呼び方

持論にあたる言葉は、英語では、practical theory-in-useがそれにあたる。研究者がつくるフォーマルな理論の対語としてでなく、実践家がタテマエとして答えるセオリー（espoused theory）との対比で出てきたものだ。クリス・アージリス（Chris Argyris）とドナルド・A・ショーン（Donald A. Schön）が最初にこの言葉を使ったときには、単にtheory-in-useと訳したが、実践家が本音レベルで実践に使っている実践的な（役立つ）セオリーがこれにあたる。たとえば、野球の監督が、フィールドで選手にプレーしてもらっているときの采配に使っているセオリーがそれだ（逆に、解説や事後のインタビューのときに、少しタテマエで答えているときの実践家の発言は、espoused theoryにあたる）。この持論は、内省や対話を通じてでないと見つからないので、ショーンは、自分の実践を内省して見つかるセオリー（theory-in-reflection）とも呼んだ。

リーダーシップの文脈では、ノエル・M・ティシー（Noel M. Tichy）が、TPOV(Teachable Point of View)と名づけたものがこれにあたる。リーダーシップについて、後輩、部下、若手に聞かれたときに、自分のリーダーシップについて、教えようと思えば言語化できることはなにかという内容がTPOVだ。「教育的見地」と訳されることもあるが、日常語としては、「リーダーシップが話題になったときに、わたしなりに語れること」がこれにあたる。知識創造の組織論（野中郁次郎教授による）に詳しいひとなら、うまくできるひとが、そのうまくできることについての知恵を暗黙知のままに放置せずに、言語化して形式知にしたものが、持論にあたると、すぐにお気づきだろう。

もっと単純には、われわれは、法学者でなくても素人なりに規制について、経済学者でなくても消費について、そして、それらがむずかしいと思うひとでも、「あいつは外向的だ」というときには、心理学者でなくても、パーソナリティについて語っている。エイドリアン・ファーナム（Adrian F. Furnham）に従えば、持論とは、こういった素朴理論でもあり、また、（失礼な響きがあるが）素人理論ともいいうる。すごいなと思うモティベーションの持論は、たとえばオリンピック選手のようなすごいひとにしか生まれないと思うかもしれないが、だれもがモティベーションなどについては一家言あるはずだという意味では、素朴理論という呼び方もなかなかいい（かつて、わたしは、達人の持論、初心者の素朴理論という言い方をしたことがあるが、この区別はもうあまり必要がないとも思う——達人の語る持論が素朴で心打つこともあるし、素人の語る素朴な言葉が、持論探しのいいきっかけになることもあるから）。

モティベーションの文脈では、ドゥウェックが、セルフ・セオリーと呼ぶものが、本書の持論に相当する。学校で学ぶ子どもたちも、どうがんばるかについて、自分なりのセオリーをもっているのだ。このセルフを文字通りに訳すなら、自論というのが適切だろう。

本音レベルでその理論を抱いている、心のなかに指針としてもっているという意味では持論、自分なりのセオリーという意味では、自論とも表記可能だ。一時期、そして、本書のなかでも、部分的に、ほかならぬ自分が抱く持論なので、持（自）論と表記していたこともあった。ドゥウェックに啓発された一部の理論家が、モティベーション論の文脈で、自分にあてはまるだけのセオリーでなく、自分の周りのひとにもあてはまるセオリーでワールド・セオリーと呼ぶものが大切だと示唆した（たとえば、ロバート・E・フランケン、Robert E. Franken）。

少し話を複雑にするようだが、〈自分にだけあてはまる、自分の抱く持論〉を狭義の持（自）論、〈自分だけでなく、自分の周りのひとたちにもあてはまると自分が考える持論〉を広義の持（自）論と呼んできたこともある。

この区別は、若いときに自分のモティベーションだけ自己調整できればいいという時期と、管理職になって自分だけでなく周りのひとたちのモティベーションにも働きかける必要が出てきた時期とでは、持（自）論のレパートリー、広がりが違ってくるという意味合いを強調するときには大事だ。

ただし、本書の仕上げ段階で、持（自）論という言葉は、まさか、〈じじろん〉と読んでもらうわけにもいかず、また、表記が不細工だという同僚のアドバイスもあり、基本的には、「持論」で統一した。

第2章

持論がもたらすパワー——やる気を説明する三つの視点

持論がもつパワーを知る方法としては、なによりも試しに自分なりの持論を書いてみて、それがあるとないとで、どこが違うかを感じてもらうのがいい。自分がどのようなときにがんばる気になるのか。どのようなときに落ち込むのか。周りのひとについても同じことを考えてみよう。持論があれば、快調のときは、それを持続しやすくなるし、不調のときには、なぜそうなっているのか診断し、やる気を回復するのに役立つ。モティベーションは、そのようなアプローチがよく適合する分野だ。

この章は、そのようなわけで、まず試しに持論を書いてみるエクササイズから入っていこう。ひとのやる気というのは、自分も日常的に経験し、周りのひとについてもしばしばその観点から自然と観察している分野だ。だから、このような「働くみんなの問題」については、自分の経験や観察、内省や日常の対話、やりとりに基づいて、モティベーション論を学ぶのが、いちばん実践的な王道となる。そこで、まずは、自分を振り返り、周りのひとの観察に基づいて、自分の考えをメモに書き記してみることから始めよう。そのメモは、自分のモティベーション持論探求の第一歩となる。そういうメモを、この本にはさんでおいて、読み進むにつれて、自分の考え（自分なりのモティベーション持論）を磨いていく素材にするために、書き足したり、訂正したりしていってみよう。具体的場面や具体的人物を思い浮かべながらメモしてほしい。

ワーク・モティベーションのエクササイズ　モティベーション持論を探る第一歩

問1　自分がやる気満々で調子のいいときと、仕事に無気力になっているときの違いは、いったいどのような要因で説明できますか。具体的な状況を簡潔な文章で記述して、その文章をひと目で思い出せるような、キーワードをひとつひとつの文章から一つとりあげ、最低、五個の文章と五個のキーワードをあげてください。

問2　直属の部下たちを含め、自分の身の回りで、いつもやる気満々でよくがんばっているひとと、たいていさぼりがちで仕事ぶりがさえないひとを分ける要因はなんだと思いますか。具体的な人物をふたり選んで、その仕事ぶりの特徴を短い文章で記述して、それらの文章ひとつひとつから、キーワードをあげてください。ここでも、文章とキーワードのペアを五つぐらい書いてみてください。

問3　さきの二つの問からあがってきたキーワードには重複するものがあるかもしれませんが、一〇個近く識別されたキーワードから特に重要と思われるものを、四、五個にしぼりこんで、あらためて、ひとのやる気を左右する要因として、それらの要因が自分の仕事ぶり、自分の部下の仕事ぶりに対してもつ意味合いを考えてください。それらの要因に、どのように働きかけることができますか。

考えるためのヒント——問1については、ひとがなんと言おうが自分が感じるままをメモしよう。「このままではだめだという危機感から、徹夜でがんばったなぁ」と仮に、大型クレームに対処した日々を思い浮かべたSEのひとなら、キーワードは、「危機感」と記す。「昇進・昇給がうれしかったので、やる気になった」としたら、そのことを「昇進・昇給」というキーワードにしよう。もっと踏み込んで思い出すと、えらくなったり、給料がふえたりしたこと以上に、「仕事を通じて前よりも人間として成長したと思えることが、やる気の支えとなっている」ようなら、キーワードは「成長（感）」と記そう。

そのつぎに、身の回りのひとを素材に考えてみよう（問2）。自分に成り立つことが、そのまま周りのひとにストレートにあてはまるとは限らない。キーワードの幅を広げるために、周りのひとも見てみないといけない。なにがいろいろなひとを動かしているように思えるか。自分は、あんまり褒めてもらわなくても大丈夫だと認識しているが、親しい同僚を見ていると、「尊敬する先輩から認めてもらうことを通じて発奮している」ことが観察できたとしよう。そのときは、この文章の横に「承認」とでも、キーワードをメモしよう。

どのようなキーワードのリストができただろうか。そのリストは、このあとずっと本書を読み進めるときのお供（コンパニオン）にしてほしい（わたしもそうなのだが、本のなかにエクササイズがあっても、せっかちなのでそれをする間がないか、電車のなかなので、メモが書けないという方は、そのまま読み進んでもらえばいい。それでも、自分の経験や観察と理論との接合がいちばん肝心なところだと感じたら、その時点、その箇所で、紙と鉛筆を取り出して、A4で一枚程度なのだから、コンパニオンとなるメモをつくろう。そして、あとあと書き込んでいったり、書き直したりしていこう）。

もし文章にするのがめんどうくさかったら、キーワードだけでもいいから書いてみよう。

どのような文章やキーワードが並んだだろうか。皆さんのひとりひとりのメモが今後、本書の各章を、自分に引き寄せて考え、実践と結びつけていくうえで、いちばん大切になる。ここでは、これまで、日本を代表するような会社でライン・マネジャーをしている方々とのやりとりで、よくあがった言葉を念頭に、ナンバーをつけて書き記す。するとつぎのようになる。もちろん、これは答えなどでなくて、議論のための例示にすぎない。

問1　G 調子のいいとき、B 無気力なとき、KW 両者を分けるキーワード

①G「なりたい自分と今の現状にズレを感じて、心を入れ替えたことがある」、B「このままでいいと思うと甘えてしまう」、KW「適度のズレ」

②G「あらためて夢が大事と思って、シナリオを書いてその実現に踏み出した」、B「前向きな見通しがもてないと沈んだ」、KW「夢のあるシナリオ」

③G「周りに翻弄されるのでなく、マイペースでやれたら、がんばれる」、B「やらされ感覚だけしかないとつらいものがある」、KW「自分が主人公」

④G「昇格試験のきびしさを知り、緊張感が出たあとは、集中度が変わったな」、B「のほほんとしているときは、やはりはかどっていませんね」、B「緊張が度を過ぎてもへたばるよ」、KW「あるレベルの緊張感」

⑤G「そのときの異動は希望の部門だったので、意気込みが違いました」、B「それに比べて、今は、

夢も希望もない部門だよ」、KW「希望がもてること」

問2 G やる気満々のひと、B さぼりがちなひと、KW 両者を分けるキーワード

⑥G「営業なので未達成の数字をバネにしているみたいだ」、B「達成指標がないから、張りがないのかな」、KW「未達だという自覚」

⑦G「任されたときに、目標や使命に納得がいったみたいだ」、B「任せたとは言葉ばかりで、ほったらかしにされているからなぁ」、KW「明瞭で納得のいく目標や使命」

⑧G「達成した暁には、高い買い物で自分にプレゼントしているよ」、B「めりはりがないね。休むこともないけれど、ハッスルもしない」、KW「自分への報酬」

⑨G「奴には、貪欲なハングリー精神がある」、B「現状に満足してしまっているのじゃない」、KW「行動につながるハングリー精神」

⑩G「やりがいを感じているみたいだ」、B「仕事に楽しみなどないと割り切っているよ」、KW「仕事のやりがい、楽しみ」

問3「自分のことだけを素材に考えるよりも、周りのひとも含めると気づくことが多い。マイペースだけどきちんと夢をもってやっていけるのがいい。緊張はいやだけど、のんびりするタイプなので、緊張感を大事にしたいし、相手に動いていてもらうときにも、そういう厳しさをもって望むことを課題にしたい。自分では自分に高額のものをプレゼントしたことなどないが、そういう褒美も、

自分で自分のために、これまでのねぎらいと今後の発奮のためにならわるくないと思った。マイペースと合わせて、自分で自分のやる気をうまく調整できる人間になりたいと思った」

この作文メモは、本書でわたしがいいたいことの都合に合わせて、これまで聞いた言葉から選んで書いているので、皆さんは、いうまでもなく自分のメモのキーワードと、問3の所感を大事にして、読みすすんでほしい。

この章で手始めに体感してほしいことは、モティベーションについては、別に何も習わなくても、こんなふうに、素材を自分と身の回りのひとに求めれば、だれだって考えつく素材がいっぱいあるということだ。

それなら、なぜ、モティベーション論を学ぶ意味があるのか。それは、この「知っているはずのこと」(野中郁次郎先生の諸著作の読者なら、「暗黙知」と読み替えてもらったらいい)を、より明白に自覚するためだ。モティベーションについて、自分はどのような仮定に基づいて動いているのか。また、部下と接する管理職以上のひとや、生徒に教える先生、子どもと暮らす親にとっては、モティベーションについて、自分がどのような仮定に立脚しているのかを意識することで、自分のやる気だけでなく、相手のやる気にどのような影響を与えているのか、診断しやすくなる。自分がどのようなときにがんばるかを知ること、そして、周りのひとにどうすれば、うまく動いてもらえるかを知ること、それこそがわざわざモティベーションを学ぶ意味だ。知っているはずのことをもっと明瞭に知ること。言語化は、これらの目的を念頭においた第一歩なので、今、ここらを読みながら、手元にメモがなくて読みすすんでいる方も、時間を見つけて、このエクササイズからメモをとり、それをこの本に栞《しおり》のように挟んでおこう。メモされた生の素材と結びつけたときに、理論もまた自分に引き寄せて読める。そのような読み方が、自分のモティベーション持論を研ぎ澄ましたものにするのに役立つ（持論アプローチにおける「書いてみる」ことの効果は、リーダーシップの分野で、確認されつつある）。

ひとりでするもよし、グループでするとなおよしの持論エクササイズ

ここでの例示のメモ作成例では、仮にだれかひとりが書いたらどうなるか、というイメージで書いている。もっといい方法は、仲間を誘うことだ。もしも、職場の仲間とこのエクササイズをグループで実施できるなら、あるいは、教室、もしくは研修のような場で、複数の回答を束ねることができるなら、それは、持論を自覚するための予備作業であるだけでなく、そのこと自体が、自分がモティベーションを語るボキャブラリーを増やすのに役立つ。しかも、日常語に近いところで。

探せば、それらの日常語に近いような理論もある。モティベーションを語る理論的な概念のなかには、達成、目標、希望などの日常語が含まれる。他方で、自己原因性、フロー、認知的不協和といった、いかにも学者のつけそうな非日常語もある。自己実現などのように、とてもむずかしい考え方だが、なぜか、この国でよく普及している言葉もある（その理解のされ方は、ふがいな

いが)。また、フローの経験のフローのように、カタカナになってしまっているが、英語を母国語とするひとには、「流れるかのごとく、自然な楽しみ」という意味合いで、元々は日常語なのに、邦訳ではそうでなくなっている言葉もある。

まずは、書いてみたメモの言葉づかいも見てみよう。すでに、これまで一冊や二冊、モティベーションの本を読んだことのあるひとや、学生時代の講義や、社会人になってからのセミナーで経営学や心理学のモティベーション論にふれたことのあるひとなら、日常語以外に、研究者の使う二次的構成概念も、いくつか耳にしているだろうし、ひょっとしたら、メモのなかに、「仕事を通じての自己実現」などという言葉も含まれているかもしれない。

メモは、ひとりで作成しても、このあとの章を読みながら改訂していけばいいのだが、仲間とメモを共有すると、その時点で、共有と議論を通じての気づきがスタートする。

理論を学ぶときには、この理論は、自分にかかわる、周りのひとのなかではあいつにあてはまる、ひょっとしたら自分にも将来あてはまるときがくるかもしれない(そういう経験がなかっただけだ)というように、自分に引き寄せて読んでほしい。そういう支援ツールとして、ささやかな持論メモを手に読むのが有益だ。

自分ひとりのメモでもパワフルなのだから、仲間が書く持論とともに束ねれば、もっとパワフルになる。自分だけを知ることでなく、自分の生きる世界を知るため、自分の抱く持論が、セルフ・セオリー(己を説明する自論)であるだけでなく、ワールド・セオリー(周りの人びとから成る世界にもかかわる論)にもつながっていく契機となる。ひとと語り共有する機会をつくって、モティベーションについてどんどんいろんな場で話題にしてみてほしい。持論のもつパワーは、言語化すること、それを共有すること、議論することで高まる。また、持論は、理論と架橋《かきょう》できるときに、信頼性を増していくことだろう。自分だけの勝手な持論ではなくて、研究蓄積にも支えられた持論をもつことになる（持論アプローチを提唱しだしてから、しばしば誤解されるのだが、わたしが、学者の構築する理論が無用だと考えているわけではけっしてない）。実際にそのひとが信じているセオリーが、そのひとを動かすという意味で、実践と直結している度合いが高いので、持論に注意の焦点を向けている。持論をもつ究極の目的は、自分が自分の主人公となることだ。やる気の自己調整の達人に近づくことだ（たとえば、トップ・アスリートやそのほかの勝負の世界で生きる方々。将棋の名人などに比べると、間違いなく、わたし自身も、やる気の自己調整については、まだまだ修行中だ）。

つまるところ、自分のモティベーション持論を抱くことは、それが実際の自分のやる気をカバーしきれている度合いに応じて、自分で自分のやる気を自己調整する第一歩となる。本格的に記述された持論を先にちらっと見ておきたいと思われる方は、オリンピック・メダリストのトップ・アスリート（田中ウルヴェ京さんの言葉を含め）第3章の末尾に三つの見本を載せているので、さきにそこをご覧いただくのもいい――自分の言葉を大事にしておられるという点でも、また、経験に深く根づいた持論になっているという点でも、なかなかお目にかかれないぐらい、すばらしい「持論のメモ」のお手本だ（また、ラグビーの林敏之さんや将棋の世界の谷川浩司さんなどの持論については、つぎを参照。『ビジネス・インサイト』第一四巻第三号、特集「モティベーションを極める視点——理論と持論、感動と集中、体系的エンジニアリング」、現代経営学研究所、二〇〇六年十月）。

リストのなかにストーリーがあるか

さて、皆さんには、ご自分や仲間のメモを見ながらこの後は実践的に考えていくということが理想だが、前述の仮のメモの例示であがった一〇個のキーワードをリストしてみると、つぎのようになる（皆さんの、そして仲間のあげたキーワードはどういう言葉が並んだだろうか）。

「適度のズレ」「夢のあるシナリオ」「自分が主人公」「あるレベルの緊張感」「希望がもてること」「未達だという自覚」「明瞭で納得のいく目標や使命」「自分への報酬」「行動につながるハングリー精神」「仕事のやりがい、楽しみ」

当たり前の言葉ばかりだとがっかりする必要もないし、大したリストではないと嘆く必要もない。また、ひとによっては、端的に、ただのリストだと感想を述べる方もおられる。そういう見方をするならば、高遠な経営理念や人生の哲学でさえ、ただのリストに見える。そういうふうに見ればそう見えてしまうものだ。ポイントは、経験と観察、それらの内省と議論から、リストの言葉に、どの程度の奥行き、糊しろがあるのか。それが、問題なのだ。

たしかに、キーワードがリストアップされ、それを眺めた瞬間は、それがただのリストにしか見えないこともある。だが、自分のモティベーションにまつわる経験にフィットする言葉、また、自分の周りのひとのモティベーションにかかわる観察に適合する言葉から成り立っているときに、それはただのリストという以上のパワーをもっている。その言葉たちがあるおかげで、やる気が自己調整できるようになったら、いよいよ持論アプローチの免許皆伝ということになる。やる気が失せると、それを取り戻すのに時間がかかることもあるので、前述のとおりわたし自身も、修行中であり、まだまだその境地にはない。

やる気を左右する要因として自分があげるものが、全体として訴えるストーリーがあれば、それは、自分が抱くモティベーションの持論としては、いっそうのパワーをもつ。なぜなら、ひとは要因間のつながりをストーリーのなかに見出すからだ。学者が構築する理論にも、筋書きめいたものがあり、納得性が高いものには、そういうストーリーがある。

フロイトの体系は、直接的に検証できないから科学ではないというひともいるが、そのセオリーがパワーをもつのは、無意識を組み込んで、自我とエスと超自我の間の葛藤から成る（したがって神経症になりえる）人間のモデルとして、ストーリーがあるからだ。おなじみの理論で、また、本書でも、通説とはちょっと違う紹介を第8章でおこないたいと思っているマズローの理論にもストーリーがある。人間がもつ欲求の種類をあげるだけでなく、それがより下位の（基本的な）ものから、より上位のものまで区別され、下位の欲求が満たされないとより上位の欲求が満たされないという説明は、ただの欲求のリストとは異なるストーリーを提供する。生理的欲求と安全の欲求が満たされないと愛への欲求はおこりにくく、愛と所属の欲求や自我・自尊心の欲求まで満たされてはじめて自己実現の欲求が姿を現すというのは、一つのストーリーだ（実は、この欲求の階層性そのものも、フロイト体系と同じく、クレイトン・オルダーファー、Clayton P. Alderfer の研究を除けば、厳密な検証を経ているわけでない）。

研究者のセオリーでさえそうなのなら、実践家が抱く持論にも、キーワードがリストとしてあがるだけでパワーがあり、さらにいっそうのパワーが、リスト全体にストーリーが備わったときに、高まる。このことを生かさない手はない。

たとえば、あるひとが、このエクササイズの問三つに答えて、キーワードをつぎの四つに絞り込んだとしよう。

「上手なやり方の見本を提示」「がんばってもらう理由のコミュニケーション」「試しにやってみる機会」「褒めること」というのが自分のやる気を左右してきたし、これでもってひとを動かしたいと思ったとしよう。

山本五十六ならば、語録にも残されているとおり、「やってみせて、言って聞かせて、やらせて見て、ほめてやらねば、ひとは動かず」というふうに、表現することだろう。よく知られた言葉だが、このシームレスな字句には、やはり全体として語る簡潔なストーリーがある。この言葉は、上杉鷹山《ようざん》の「してみせて、言って聞かせて、させてみる」というフレーズから影響を受けているとも言われているが、「ひとを動かすには？」と聞かれたときの山本五十六の回答である。これは、心理学者ではないが、実践のなかから山本五十六が抱くようになったモティベーション持論だといえる。

持論のメモにあがった言葉のリストをつむぐストーリーができればしめたものだし、そういうストーリー探しにも役立つ理論に出会えるならモティベーションの研究蓄積もありがたいものだ。

キーワードを分類してみよう――モティベーション論の分類軸

上記のエクササイズの簡易版を、六年間も、ある会社のライン・マネジャー全員との連続会合のなかで、議論の材料として使ってきた。いろいろな言葉が出てくるが、同時に、ある程度、少数の系統に整理されていくのがわかる。

このことは、とりもなおさず、実践家が抱く持論と、研究者が構築してきた理論の流れとを照らし合わせる。つまり、現実（経験）と理論（学理）を融合する興味ある機会を提供してくれる。キーワードを束ねては、ＫＪ法のような感覚で整理すると、学説的に区別されてきたモティベーションのいくつかのタイプ、同時にセオリーの分類枠というのも見えてくる。

エクササイズからあがってきたキーワードがつぎのようなものだったとしよう。

「自分への報酬」「自分が主人公」「うまくいったという達成感」「仕事のやりがい、楽しみ」「尊敬する上司から認めてもらうこと」「自己実現という言葉を連想できる仕事経験」「業績に応じたボーナスの額」「開発の社長表彰」「営業の月間ＭＶＰ連続受賞」「仕事を通じて成長したという感覚」

これは、どうも二つの系統に分けられそうだとさっと気づいたら、たいしたものだ。あるいは、カードやポストイットにでも書いて、KJ法のように、少し似ているものを束ねてみよう。四つの山が、三つに、さらに二つになっていくことだろう。たとえば、試行錯誤の結果、つぎのように分けられたとしよう。

- 「尊敬する上司から認めてもらうこと」「業績に応じたボーナスの額」「開発の社長表彰」「営業の月間MVP連続受賞」「自分への報酬」
- 「うまくいったという達成感」「仕事を通じて成長したという感覚」「『仕事のやりがい、楽しみ』「自分が主人公」「自己実現という言葉を連想できる仕事経験」

この二つはモティベーションの分類枠組みとしては、もう三〇、四〇年の歴史をもつ、外発的モティベーションと内発的モティベーションという対比（intrinsic motivation vs. extrinsic motivation）に符合する。ちなみに、この本では、この対比にまつわる議論は、第4章でおこなっている。

皆さんの身の回りにも、やる気は、内側から溢れ出るものだというひともいれば、それは、やっぱり外圧や褒美があるから起こるものだというひともいるだろう。それぞれのひとなりに、自分によりぴったりとくるキーワードをもとに、ストーリーをもっているかもしれない。たとえば、わたしの存じ上げるなかでは、ラグビー元日本代表の林敏之さんは、内側から溢れる感情こそがひとを動かし、その感情が極まり、メンバーとつながったときに、グループのパワーが出るという持論をもっておられる。

経営学の文献でよく見られるもう一つの分類軸

また、別のひとが描き出したリストにあがった言葉がつぎのような具合だったとしよう。

> 「適度のズレ」「うまくいったという達成感」「努力次第でうまく達成できそうだという期待」「会社も雇用が安定していること」「いっしょに仕事していて気持ちのいい仲間」「自分が主人公」「あるレベルの緊張感」「給与やボーナス（公正な）」「未達だという自覚」「自分の思うように人を動かせるという実感」

これは、また違う観点の分類のあり方を示唆する。いま一度KJ法で、山に分けたらどうなるだろう。たとえば、キーワードをつぎのように並べかえてみたとしよう。なにが見えてくるか。これは、内発的と外発的という定義よりも違いがわかりにくいことだろう。

- 「うまくいったという達成感」「いっしょに仕事していて気持ちのいい仲間」「自分の思うように人を動かせるという実感」「会社も雇用が安定していること」「給与やボーナス（公正な）」「あるレベルの緊張感」「未達だという自覚」
- 「適度のズレ」「努力次第でうまく達成できそうだという期待」「自分が主人公」

研究から生まれた理論の分類のもうひとつの枠組としては、内容理論と過程理論（content theories vs. process theories）という対比があり、この二つの系統は、これに対応する。内容理論は、達成欲求（達成したいという欲求）、親和欲求（ひとと仲よくしたいという欲求）、勢力（パワー）欲求（ひとに影響力を振るいたいという欲求）、安全への欲求、経済的欲求というように、ひとがもつであろう欲求や動機の中身を記述する。どのような欲求の組み合わせで働く人間を描くのかは、論者によって異なる。たとえば、第5章で取り上げるデイビッド・C・マクレランド（David C. McClelland）は、最初の三つ、達成欲求、親和欲求、勢力欲求を取り上げた。なかでもとりわけ、達成欲求の研究に生涯を捧げたことで知られる。アブラハム・H・マズロー（Abraham H. Maslow）なら、生理的欲求、安全への欲求、愛と所属の欲求（社会的欲求）、自我と自尊心の欲求（承認欲求）、自己実現の欲求という組み合わせになる。親和欲求については、今の社会の歪みを直すうえで大切と思われるので別の章（第6章）で詳述した。マクレランドはマクレランドで、マズローはマズローで、わけがあって、つまりストーリーがあって、これらの欲求群をひとのモティベーションの源泉の内容として記述したのであった。

他方で、第二の系統に入っているキーワードは、ひとがもつ欲求の分類ではなく、どのようなメカニズムで、どのような過程（プロセス）を経て、モティベーションが喚起されるのか、そのプロセスを説明する。これらのキーワードは、過程理論に関連する。たとえば、すぐ後でもまたふれるが、多くのモティベーション理論が、なんらかのズレや乖離《かいり》（discrepancy）をモティベーションの起動因としてあげる。不協和といってもいい。たとえば、レオン・フェスティンガー（Leon Festinger）は、「自分は喫煙者である」という認知要素と、「喫煙は体にそうとう悪いらしい」という認知要素の間には、矛盾、ズレ、不協和がある、と考えた。この不協和を解消したいというふうにひとは動機づけられる。つまり、この際、禁煙するというように行動そのものを変えるか、あるいは、体にわるいという報道は間違いだとうそぶき、認知を変えるか、さらには、ストレスが寿命の決定因なら自分は喫煙でストレスを下げているので、ほんとは体にいいのだという自分なりの理屈をつけるように、動機づけられる。目標が未達成なのでその自覚がひとを動かすのだというのは、古典的にはツァイガルニーク効果として知られているし、クルト・レビン(Kurt Lewin)は、そもそもひとが動くのは、ひとというシステムのなかにテンション(緊張)が生じるからだと言った。因果を人びとがどのように推論するかも、ひとの意欲に影響するメカニズムの一つだ。上司のいうままに動いていると思う(チェスの駒のように感じる)のか、仕事場面で自分こそが原因だと思う(チェスの指し手であると感じる)のかによって、ひとのやる気が違ってくる。これを言葉は硬いが「自己原因性」と呼んだ学者もいる。これは、日常語では、「自分が主人公」という感覚だろう。これらは、内容理論とはちがってモティベーションが生まれる過程を説明するパワーをもつが、そのパワーを全開させたのが、期待理論である。上記の言葉では、「努力次第でうまく達成できそうだという期待」がこれに関連する。

内容理論としての達成欲求の詳細について、また、それが期待理論の誕生とどのようにかかわっていたのかについては、第5章で、また、欲求のリストにはストーリーが伴うと、迫力が増すと述べたが、達成欲求に生涯を捧げたマクレランドが、なぜ、勢力欲求と親和欲求にも注目したのかについても、メスを深く入れてみたい。とりわけ、成し遂げるというテーマと、そのためにひとを支援するというテーマ、また、ともに成し遂げるなかで生まれる同志感覚というテーマを深耕していきたいと思っている。

心理学、経営学での代表的分類軸

内発的モティベーションと外発的モティベーション、内容理論と過程理論という対比は、前者は心理学のモティベーション論で、後者は、経営学のモティベーション論でよく取り上げられる。期待理論が過程理論として約四〇年前にデビューを果たしたときに、ただ欲求の内容をリストするだけでなく、それらの欲求が実際に行動を導く動機として喚起され、動機づけられた行動が生じるプロセスをつぶさに見ることが重視され始めた。経営学のなかで、過程理論という呼び名が、内容理論との対比から出てきたのはわけがありそうだ。ひとの個性を第8章で提示する欲求のリストという観点から、世の中にいろんなひとがいるのだと感心するのも一つの見識だ。学校の先生が、ひとりひとりの生徒の個性を大切にするのは、大事で純粋な所作だろう。他方で、経営の世界では、部下、社員の個性を尊重しつつも、彼らのモティベーションを高めたいという思いが強い。そのため、働くひとたちのモティベーションが喚起され、行動が開始、強化、持続され、それが成果につながる過程を知りたいという要望が強かったのだろうか。働く人びとの動機づけの過程、意欲喚起の過程に注目する理論を、内容理論と対比して、わざわざ過程理論などというのは、経営学のなかのモティベーション論だけの慣わしかもしれない。ひとの動機づけに影響を与えたい、そのためには、欲求の内容を知るだけでなく、どうすれば人びとのやる気が高まるのか、そのメカニズムをマスターしたいという経営者、管理職の願いから、過程理論が、経営学では重宝されたのかもしれない。いつになっても、期待理論（第5章で紹介する）が過程理論の代表格として、経営学のモティベーション論のなかで別格扱いされる理由でもあるのだろう。

内発的と外発的という対比も、われわれがモティベーションを見る視点を豊かにしてくれる。なおかつ、ひとつの偏狭な見方にとらわれなくてすむように、もうひとつの見方を提示してくれている。そのことを、素直に喜びたい。普通は、経営の世界には、給与、ボーナスなど、いろいろなインセンティブが豊富であるため、管理職が自分を鼓舞するうえでも、部下を激励するうえでも、働くひとがついつい外発的モティベーションに頼りがちだったのもわかる。とくに古い時代ほどそうだった。管理職にもなれば、ひとを評価し、ひとに分配される報酬の水準に影響を与えることができる。このことは今も変わらない。でも、そんななかで、とことんやり抜くひとは、自分に対しても、部下に対しても、報酬のためだけでなく、達成感、成長感、仕事の楽しみなど、内発的なものにも訴える必要があることがわかっているはずだ。

さらに、もう一つの分類軸——本書でしばしば言及する三系統について

経営学者が一つの会社の全ライン・マネジャーと接する機会があるというのは稀だ。しかも、お会いするたびに、必ずモティベーションの持論について議論する場をもつというのも稀だろう。そういうことをもう六年もの長い期間にわたって実施させていただいている会社があるので、そこでのやりとりをもとに、実務家からあがってくるキーワードの範囲と多様性を広げてみよう。

かるだろう。

それでも、おおむね、それらは、これから検討するように少数の要因に集約されていることがわかるだろう。

わたしが、その会社で議論してきた経験からは、つぎのような三つの視点にかかわるキーワードがあがってくることが多い。

これまでよく利用されてきた、内発的vs.外発的、内容理論vs.過程理論という対比とあわせて、それをこの「持論がもたらすパワー」の章で紹介しておきたい。企業で実際にライン・マネジャーをしている方々との対話から帰納されたものなので、持論アプローチの進展のためのヒントとなるだろう。学者の構築する理論がなんであれ、実務家からあがるキーワードからは、これから述べるもう一つの分類軸が浮かびあがった。その気になって、モティベーション理論の歴史を見れば、そういう三つの系統があったようにも、学説史を理解できそうだ。

エクササイズからあがってきた言葉を、もっともっと膨らませていったとしよう。当初のエクササイズでは、ひとり一〇個のキーワードをあげてもらうことをめざしているが、それらが広くシェアされると、モティベーション論を語る地平は広がる。それでも、わたしは、だいたいつぎのような三系統に収まっていくのを見てきた。それぞれの系統のキーワードを並べるとつぎのような言葉が各カテゴリーを特徴づける。

〈第一の系統〉緊張、ズレ、未達成感、不協和、圧力、ハングリー精神、できていないという自覚、危機感、焦り

〈第二の系統〉希望、目標、意味、夢、ロマン、なりたい姿、楽しみ、憧れ、達成感、自己実現

〈第三の系統〉マイペース、自分が主人公、任されること、自分の考えと行動スタイル、自律性、やる気の自己調整ができること、自分で決めたこと、言いだしっぺとして実行、自分の持論をもっていること

モティベーションの理論の数は古いものから最先端のものまで含めるとかなりの数になるが、わたしがしばしば、実務家の皆さんと仕事意欲について議論する際には、この大きな三分類にたどりつくことが多かった。まえがきでもふれた通り、これら、三つの流れを、緊張系、希望系、持論系と、略称することにする。

持論を探るための議論からあがってきた三つの系統と、経営学や心理学のモティベーション論において、それぞれと関連する代表的な論者とその理論におけるモティベーションの過程（メカニズム）には、どのような特徴があるのかを、表2-1に要約した。

持論と理論を橋渡しする二つのアプローチ

この章の冒頭のエクササイズから、モティベーションの持論を探るキーワードがあがってきて、深く考えると、それらのキーワードをつむぐストーリーまで出てきた。

そうなると、自分の経験と経験の内省と、自分なりの思考からたどり着いた持論を、研究から生まれてきた理論とつき合わせてみたいと思うことだろう。少しでも、実践的な理論がありえる

表2－1　モティベーション理論の三つの系統（理論のいくつかの分類枠の一つ）

	キーワード	代表的論者	過程（メカニズム）の特徴
緊張系	ズレ、緊張感、未達成感、圧力、ハングリー精神、できていないという自覚、危機感（しばしば、外発的だが、報酬というより、ネガティブな帰結を回避したいという欲求、away-from motivation とも言われることがある）。	ひとが動くのは、「緊張下」にあるからだ（レビン）；タバコは体にわるいのに喫煙しているひとは、不協和を感じ、行動を起こす（禁煙する）か、認知を変える（タバコは体にわるくないと言い聞かす）ように動機づけられる（フェスティンガー）；欠乏を埋めたいと思ってひとは動く（マズローの欠乏動機の側面）。	達成した課題よりも、未達の課題のほうをよりよく思い出すというメカニズム（ツァイガルニーク効果）が背後にある。めざすレベル（要求水準）と現状（実績）にズレがあれば、それが緊張＝不満足を起こし、その不満足がひとを新しいやり方、努力水準に向ける。認知的不協和の低減というのも、この緊張系のメカニズムのひとつ。
希望系	夢、希望、目標、使命、ロマン、なりたい姿、楽しみ、あこがれ、達成感、自己実現、成長感、やりがい（しばしば、内発的だが、うまくいったときには、承認されたい、報酬がほしいと思う面もあるので、外発的なポジティブな強化は両立しうる※。そんないいものだったら、短期的にも、また長い年月をかけてでもそこに近づきたいという欲求、toward motivation とも言われる）※※。	目標に向かうパワー、目標に至る経路を認識しているというパワーと、目標が希望を生み出す（スナイダー）；親和動機、パワー動機と並び、なによりも達成動機こそが、やる気の高いひとの行動、なかでも個人レベルでは起業するひと、国家レベルでは経済発展の進み方を特徴づける（マクレランド）；モティベーションと発達をつなげる領域の諸理論で夢や希望がとりあげられてきた（レビンソン、エモンズ）；ひとには、欠乏を埋めるのに動機づけられるだけでなく、自分の可能性を開花するために発達をめざすという側面がある（マズローの存在動機の側面）。	ひとには、緊張系のように、緊張や不協和を低減したり、危機感やハングリー精神から今の状況を逃れたいと思うだけでなく、積極的に、夢、希望、目標などによって示される望ましい方向に向かっていくというメカニズムでも動きを始めることもあるし、とりわけ長期的に持続する努力には、この側面が不可欠だ。また、今、一生懸命取り組んでいることが、長期的になりたい自分、あるべき姿に至る経路になっているので打ち込むことができるという姿に、モティベーションとより長期的なキャリア発達の両面を見ることができる。自己実現などは、動機づけという領域を超え、ひとの長期的発達にかかわる。
持論系	キーワードでは出てくることが稀だが、緊張系なら「ここはあえて危機感でいく」、希望系なら「やはり夢もほしいな」と自覚的に言えること（自分の経験の内省だけでは、これに行き当たらないひとも、自分で自分を鼓舞したり、ここぞという場面で集中力を高めたりできるひとに見られる、自己制御、自己調整の力、また、それを支えるものとしての、自分のモティベーション持論の自覚）。	管理職になるころには、ひとはどのように動機づけられるかについて、自分なりの持論をもっている（マクレガー）；どのような持論をもっているかが、行動を左右する（ショーン、アージリス）；子どもたちの研究でも、子どもが抱く勉学の目標観、知能観など、やる気にかかわる要因を含むセルフ・セオリー（自論）が、勉学意欲を左右する（ドゥウェック）。	自分がどのようなときに燃えるか、どのようなときに無気力になるかを知っていることが、自分のモティベーションを左右する（さらに、管理職レベルになると、管理職の抱くモティベーション論が「自己成就的予言」として、職場のあり方を左右する）。子どもたちも、勉学は習熟でなく遂行（できる）だけが目標で、また、そのできは生まれつきの知能で固定的に決まっていると思うのと、それとは違って、努力しだいで学習・習熟すれば知能だって可変的だと思うのとでは、実際の勉学意欲が変わってくる。

※　外発的な報酬が内発的モティベーションにマイナスの影響を与えるという現象（アンダーマイニング現象に対する、経営学への応用でよくある間違いについては、のちに164ページで指摘するとおり）。

※※ 通常は、回避欲求と接近欲求と呼ばれるアトキンソンらの概念に相当する、away-from motivation vs. toward motivation という日常語で素直なわかりやすい英語表現は、NLP の分野で使われていた言葉をここに入れている。

という向学心があれば、最初から一切の理論を破棄することはない。そのときの理論への接し方には、二通りがあると思うし、すぐれた内省的実践家は、自然とそのように気づいているようだ。

一つは、シャワーを浴びるように、たくさんの理論にふれることだ。モティベーションにも、リーダーシップにも、実におびただしい数の研究がある。そこから、生まれた理論の多種多様な姿に接することだ。もしひとりひとりの理論家が必ずしも、モティベーションの全貌を描いていないとするならば（実際にそういうことは多い）、ひとりの学者の理論と心中するよりも、いろんな理論に接したほうがいい。ただし、それは、実務の多忙さのなかでおこなうのはむずかしいので、セミナーやMBAなどの機会になるだろう。研修や研究会の場に、博識な講師、たとえば、わが敬愛の野田正彰氏、松岡正剛氏、河合隼雄氏――いずれの方もわたしにとっては大事な知的ヒーローだ――のような方が来られると、会合の主催者がよく、「今日は、シャワーを浴びるように知的刺激を受けてください」というような発言をされる。

いろんな理論があるのなら、それらの多くに耳を傾けながら、自分の実践的持論にぴったりの理論から、自分の考えへの接木《つぎき》をおこなえばよい（もちろん三五〇ページぐらいの本書が、世にあるモティベーションの学説を、百科全書のように開陳しているわけではないし、そのことはわたしの能力を超えている。だが、主要な理論は紹介しているつもりだ）。

もう一つの方法は、世の中にたくさんの理論があるとしても、その根元深いところにおける理論の基本類型をつかむというものだ。あるいは、たくさんの理論が収斂していく、基本的な少数のものの見方まで掘り進むという方法だ。一見すると多種多様な理論を、とことんのところまで掘り下げれば、ルーツの数はそう多くない。もちろん、さきに述べた、内発と外発、内容と過程というのも、そういうルーツまで遡った収斂先だろう。

ここでは、これまで述べられてきたこの二通りの分類とは異なる三分類を、新たな議論のために提示した。それが、表2－1に要約した分類だ。

この枠組みは、おそらく多分に、わたしが長らく経営幹部候補や部長クラスのライン・マネジャーのリーダーシップ研修に関与してきたこと、また、リーダーシップとあわせてモティベーションの理論を議論した対象もこのレベルのひとが多かったことも、関連していると思われる。

経営幹部候補やライン・マネジャーと議論しているとこの三つにたどり着くわけ

このような経営の中枢のひとたちと議論していて、また、わたしなりにモティベーションの諸理論を渉猟《しょうりょう》してきた末に、実践家の持論と、研究者の理論の合流先として、この三つにたどり着いたのにはわけがある。

まず、一つには、経営幹部のめざす変革には、現状否定が伴うという現実がある。今のままではだめだという強い意識がそこにある。それは、しばしば危機感によって特徴づけられるし、また、さらにその背後には、危機のもととなった外圧がある。

小倉昌男のヤマト運輸、カルロス・ゴーンの日産、中村邦夫の松下、ルー・ガースナーのIBMで、大変革に向けて経営者が働く人びとを動機づけることができたのは、このままではだめだという危機感があったからだ。

たしかに、

緊張、ズレ、未達成感、不協和、圧力、ハングリー精神、できていないという自覚、危機感、焦り

という系統は重要な一つの流れだ。ただめんどうくさくて、楽をしたいというわけでもないだろうが、われわれは、どこかで、今のままでいいと思ってしまうと、易きに流れてしまうところがある。外圧のもとでの緊張感や、環境のきびしさのなかで感知される危機感が、まずは、ひとを動かす。飛び上がらせるほどの動機づけは、かつて一世を風靡《ふうび》したゆでガエルのたとえにならってではないが、飛び上がらないと死んでしまうくらいの熱湯に放り込まれないと、人間も飛び上がれないものなのか。とろ火で徐々に、気がつかないままに茹で上がって死んでしまうぐらいなら、危機感、緊張で飛び上がるのも大切なステップだろう。

しかし、ひとは、熱湯という危機を避けるためだけに生きているのではない。飛び上がるきっかけ、ひとが動き出すきっかけは、このままではダメだという気持ちであったとしても、危機感というマイナスのエネルギーだけで、飛び上がった後もずっと長らく、飛び続けることはできない。ねばり強く飛び続けるためには、その方向にいくといいことがあるという希望や夢、その地にたどり着けるという期待やそれを実現するシナリオがいる。さきの第二の系統のキーワードを見てほしい。

希望、目標、意味、夢、ロマン、なりたい姿、楽しみ、憧れ、達成感、自己実現

これらがこの側面を照射するキーワードだ。ひとは、闘争するため、避難するため、危機を回避するためだけに生きているのではない。有意義に意欲をもって生きるということは、希望、目標、夢の実現に向かって歩むことだ。そういうモティベーションがなければ、エネルギーが持続しない。

モティベーションという現象には、その性質を示すパラメーターとして、いくつかのもの、開始（源泉）、強度、方向づけ、持続などの次元がある。どうやってひとは動きはじめるのか。どの程度の力強さで、動いていくのか。どの方向へ向かうのか。いったん動き始めた歩みは、どのくらい持続するのか。緊張系は、開始と強度を司る。それがないとなにも始まらないことが往々にしてある。熱湯に放り込まれないと飛び上がらない（上がれない）カエルは、熱さに応じて、ほんとうに飛び上がるべきかどうか、飛び上がるとしてもどれくらいの強度でジャンプするか、違いをそのような契機に遭遇する度に、自問するだろう。しかし、どこに向かうのか、また、ジャンプしたあとの動きの持続は、希望や夢に支えられていないといけない。第一の系統と第二の系統が示すものは、ネガティブとポジティブ、動き始めと持続にかかわる。危機感に訴えた小倉氏もゴーン氏も、すぐに、宅急便、NRP（日産リバイバル・プラン）というビジョンを示した。これが会社の戦略であり、組織レベルの希望、夢にほかならない。ジョン・エーカーから瀕死の

ＩＢＭを引き継いだ当初、ガースナーは、今はビジョンなどと言っている場合ではないと危機感をいっそう強調したが、すぐにＩＢＭのめざすべき方向を考え抜いたのであった。

トップ・レベルがこのように発想するのなら、課長、さらに部長、さらに経営トップになるころには、ひとを動かすのに、緊張と希望の両面があると信じるようになったとしても、納得しやすいところだ。組織変革の文献のほとんどが、危機感とビジョンの両面に注目しているのもうなずける。

それでは、第三の系統はどういう意味合いをもっているのだろうか。持論アプローチを標榜する本書にとって、この系統にまつわるキーワードは重要な意味合いをもっている。それは、自分がどのようにして動機づけられるか、自らを鼓舞するかについては、自分で知っていて自覚しているという点をあぶりだしている。われわれが本書で使う持論という意味に近い言葉で、theory-in-use という言葉が、専門職の研究や組織学習の研究で多用され、また、基礎学問分野の心理学でも子どもが勉学について抱く自論について、セルフ・セオリーという言葉が用いられたりする。経営学では、実践家が抱く持論に注目するアプローチがいくつかあったが、本書では、とくに、ダグラス・マクレガー（Douglas McGregor）に敬意を払い、そのアプローチを現代版で復活させたいと思っている。時代の変わり目に、マクレガーは、実践家の持論が推移しつつあるなかで、二通りの対照的な実践家の持論を見つけた（第3章で詳しく述べる）。今、われわれは、また時代の変わり目をくぐりつつあるし、モティベーションという点でも、人びとの働き方に、変化が見られる時期を過ごしている。こういう時代には、ばりばりがんばるお父さんも、しなやかに生きるキャリア・ウーマンも、今はフリーターになってしまっているひとも、自分の働き方を自分で自己調整できる方向を探りたいものだ。この第三の系統を彩る日常語と理論的概念にはつぎのようなものがある。

> 自分が主人公、自己への報酬、マイペース、自己統制（self-control）、自己原因性（personal causation）、セルフ・セオリー（自論）、持論（theory-in-use）、自己調整（self-regulation）

自分で自分のやる気をうまくコントロールするためには、外圧を利用して自分を危機感に追い込むこともあれば、あえてズレから目をそらしてリラックスする（鈍くなる）時期を設けるなどして、緩急自在の日々を送ることだ。また、これ以上は危機感に訴えている場合ではないと気づけば、もっと夢や希望を自分に語るようにする。うまくいったときに、自分で自分に高価なプレゼントを贈るというような自己報酬（セルフ・リワード）は、アメリカ心理学会会長を務めたアルバート・バンデューラ（Albert Bandura）も認める自己調整の方法だ。わたしが最近いろんな場面で感じるのは、経営人材、高度の専門家など、企業でのコア人材だけでなく、スポーツの世界のトップ・アスリート、音楽の世界のワールドクラスのミュージシャン、勝負の世界に生きるひと、はては長期的に生産性の高い学者も、モティベーションの自己調整のうまいひとたちが多いということだ。また、そういうひとたちが他の人びとを指導する立場になったときには、自分の持論を押しつけるよりも、十人十色の個性に注目して、ひとりひとりが自分で自分を鼓舞できる人間になるように支援する。直接的に胸ぐらを摑んでねじ伏せるように引っ張っていく動機づけでなく、つまり本人ががんばる気をコントロールする意欲に、働きかけることが多い。内から湧き出る気持ちを大切にしつつ、それに外から刺激を与えていくようなモティベーション喚起がうまい。

われわれの持論アプローチは、やる気を自己調整できるひとが多い組織や学校や家庭がいいという仮定に立っている(もちろん、この仮定そのものが妥当性を検証されるべきだろう)。

研修の場などでモティベーションを議論するときには

このように持論アプローチを重視するようになってからは、実践家との接し方も変わる。モティベーションの理論を知っているから、インストラクターをしているというよりも、実践家が自分の持論をもっと磨き上げるためのファシリテータとしてその場に立つ。もちろん、多数のモティベーション理論を知っているという意味では、プロセスのファシリテートだけでなく、内容面でのコメントもするが、その場合も、出てきた生の声に応じて、きわめてインタラクティブなものとなる。

議論しているとホワイトボードや黒板への板書は、つぎのような具合になる。

コラム　実務家との議論からあがってきたキーワードの仮設のリスト（および、括弧内に符合する理論）――ホワイトボード等への板書のイメージ

緊張感と未達成感（レビンのツァイガルニーク効果）、圧力、ハングリー精神（マズローの欠乏動機）、できていないという自覚、危機感：目標（ロックの目標設定理論）、意味（『夜と霧』で有名なフランクルのロゴセラピー）、夢（生涯発達の心理学と中年論で有名なレビンソン）、希望（希望の心理学をポジティブ心理学のなかで樹立したスナイダー）、ロマン、なりたい姿、楽しみ（「フロー経験」の理論でベストセラー作家のチクセントミハイ）、憧れ、達成感（達成を一生のテーマとしたハーバード大学のマクレランド）、自己実現や個性化（ともにおなじみの有名人のマズローやユング）：体調管理、気のもちよう、自分に使命感を与える、おもしろくしていける余地、自分で褒美をあげる（バンデューラの自己報酬）

注：この囲みのリストは、研修、大学でのMBAや学部のクラス、ゼミなど様々な場面でよく出てくる言葉をもとに作成しているが、仮設例と書いている理由は、特定の一つのセッションからあがってきたものでなく、複数の機会であがってきたものから、取捨選択しているからだ。また、取捨選択する際に、後の議論に使えるものに絞り込んでいる。逆に、個性化などめったにあがらないものを一部追加している。また、あとで解説する第三の系統（持論、自己調整）にあたるものは、キーワードとしてあがってくるというよりも、キーワードであがっているものを議論している間に出てくる意見より作成している。

モティベーションにかかわる研修の場では、わたしは必ず、まず、やる気の問題をめぐる受講生の「生の声」を聞く。上記のエクササイズなどを利用して、経験と観察およびそこから引き出されたキーワードで、ワーク・モティベーションの持論のもとになる素材を披露してもらう。そのあと、すべてではないが、かなりの部分のキーワードを例に、「皆さんがあげたキーワードの多くについて、そのひとつひとつのキーワードの解明に一生をかけた学者がごろごろいます。そのひとたちの諸説をシャワーを浴びるように聞きたいですか」と投げかける。もっとも多数の理論を紹介する知的シャワーを本気で始めるとえらく長い時間がかかってしまうので、通常は、ここで述べた三系統に主として依拠しつつ、「生の声」であがってきた五、六個の理論を例示として、受講生の経験とつなげながら論じるようにする。これが、実践的な教授法としては、好ましい。たとえば前頁のコラムのようなキーワードをホワイトボードなどに皆で手書きをしていたら、それのいくつかを指差しながら、このテイラーメードの解説をおこなうことになる。つぎのような具合だ。

- 緊張感と未達成感については、やる気で動く個人とは「緊張下のシステムだ」と言ったドイツから米国に移民したレビンが、深く取り上げている（なすべきことが未達成ならひとは緊張するものだという心理は、ツァイガルニーク効果として知られている）。→本書では、本章を参照
- ハングリー精神については、自己実現で有名なアメリカ心理学会の会長も務めたマズローが、欠乏動機という名のもとに取り上げている。→本書では、第8章を参照
- がんばるひとにとってなにより大事なのは目標だということについては、メリーランド大学の

ロックが、一生かけてそれに取り組んでいる。↓本書では、第7章を参照
・夢が長期的にはひとを勇気づけ、活動を意味づけるということについて、モティベーション論というよりキャリア論に近くなるが、エール大学のレビンソンが、雄弁に語っている。↓本書では詳しくはふれていないが、それでも第7章を参照
・やっていることそのものが楽しいので没頭できるという活動については、それをフロー経験(流れるような経験)として捉えたチクセントミハイがいる。↓本書では、第5章を参照
・実務家からよく指摘される達成感については、達成動機の研究に多方面からアプローチしたハーバード大学のマクレランドの諸説が世界的に有名だ。↓本書では、第5章を参照
・自己実現は、マズローがその言葉をはじめてモティベーション論のなかで使用し、意味合いは少し異なるが、ユングもそれを(中年以降に見られる)個性化と名づけた(これらは、やる気要因というよりも、生涯を貫く発達課題でもある)↓本書では、第5章を参照

自分の言葉で持論をメモしてもらったあとに、このような議論をおこなうと、最初から、こちらの都合でいくつかの理論を勝手に選んで紹介するよりも、はるかによい。モティベーションを自分の問題、自分の周りのひとの問題として考えてみようと、身を乗り出す度合いがちがってくる。

第一の系統(緊張系)を読み解く

表2-1の第一の系統は、キーワードのなかの一つをとって、「緊張系」と呼んでいる。ただ

の好みのようで恐縮だが、わたしは、レビンのsystem-in-tensionという言葉が好きだ。動きがあるひととは、「緊張下にあるシステム」にほかならない。危機感や圧力で動くのもそうだ。わたしも、書籍出版の当初の締め切りが過ぎているというプレッシャーがなければ、今この原稿を書いていないだろう。遅れるとえらいことだと言われないと、校正にこれだけ短期間に打ち込めないだろう。欠乏も不協和も緊張も、不快なのでできれば低減するか、避けたいと思う。その思い、気持ちがひとを動かす。これが第一の系統だ。ズレや未達は、放置できないというわけだ。

個人的な回想になるが、思えば、大学の助手のころは、将来うまくアカデミックな世界でやっていけるという見通しも自信もまったくなく、ただ、助手としてやるべきことがなにもできていないという欠如感覚と緊張だけで、日々過ごしていた。そういうのがつらいと思っていたときに、親しい（そして近所に住む）兄に、「緊張とはいいものだ。それがあるから、ひとは動く。世の中には、緊張感のない職場もある。助手のときから緊張感をもって過ごせる神戸大学はいいのではないか」と言われたのを今でもよく覚えている。そして修士論文でモティベーション論を取り上げていたので、レビンをよく知っていたこともあり、system-in-tensionがひとを動かす、不均衡が動きをもたらすという彼の基本発想を思い出し、自分の姿勢を、前向きに少し改めた。緊張はいいが、過緊張はよくないので、ヨガ、自律訓練法など、あらゆるリラックス系のエクササイズも、緊張を最適レベルにするために、多用した（最近は、逆にそういう緊張感が減りすぎているのかしれない）。ここらは、モティベーションの研究者としてではなく、『働くみんなのモティベーション論』と名づけるとおり、自分も働くひとり、実践家の持論、自分の経験とのあてはまりとの関連で、コメントを書いている。

マズローによれば、壁にかかっている絵が傾いていたら、それをまっすぐに直したいという気持ちをひとはもつ。まっすぐになると安心して、もう絵のことは目につかない限り忘れる。レビンによれば、人間というものは達成済み事項よりも、未達の事項が気になる（よりよく思い出す）。われわれは「やるべきことリスト」（things-to-do list）を書き、済んだ項目から消していく。やるべきことのリストとは、つまるところ、未達の事項のリストにほかならない。達成すれば、もう忘れてもよい（し、実際忘れるほうが心地よい）ので、頭から消し去るわけだ。また、ここでも、一言わたし自身の経験とのすり合わせを述べさせていただくなら、自分が過緊張で最も神経症的だったと自己診断する院生、助手のころには、壁にかかっている絵の傾きが気になるどころか、壁と天井の間の線を見ていて、それがきちんと水平になっているのかまで気になったことがある。ここまでになると、ちょっとしんどいところがあるが、てきぱきとことをこなす大学人、たとえば、一橋大学の竹内弘高先生がお若いころから、「やるべきことリスト」の項目を、ひとつひとつ成し遂げる度に、ほこらしげに、また颯爽《さっそう》と消し去るアクションが、かっこいいと思ったものだ。持論探しにおいて、自分の経験（天井の傾きまで気になるほど、完璧症も行き過ぎの助手のころの自分）、他のひとの観察（いい緊張感を維持して、てきぱきと things-to-do list を楽しむかのごとく未達の事項を処理する竹内先生の姿）と、理論とをすり合わせながら、それを探すのだというのは、こういうニュアンスだ。

「テンション高いね」と呼びかけるときには、最近は褒め言葉で使うこともふえたが、元々、度合いを越した緊張は不快だ（ここで、心理学をかじったひとなら、ヤーキーズ－ドットソンの法則、経営学を学んだひとなら、ハーバート・A・サイモン、Herbert A. Simon の最適ストレスの概念を思い出すことだろう）。だから、ひとがこのままではダメだという心配ゆえに、緊張しながら働くというだけでは、人生はつらい。さきのエクササイズのメモの例示のように、「適度の緊張」などというさりげない言葉にも、こういう深い意味があり、心理学や経営学の古典的法則ともつながっているのに知的に気づくのは愉快なことだ。

第二の系統（希望系）を読み解く

われわれを動機づけるのは、心配や緊張、危機感だけではない。もっとポジティブなものがある。それが第二の系統で、それは、心配系に対して元気印系、今後継続して本書で用いる対比では、緊張系に対して希望系とも呼ぶべきキーワード群からなる。こうありたいという希望、夢ゆえにひとはがんばる。リーダーは、部下の危機感に訴えることも大事かもしれないが、夢のあるビジョンに訴えるのはもっと大事だと思う。実は、第一系統と第二系統をつなぐ概念が、ズレとか乖離である。目標それ自体は、めざす方向とレベルを示すので、第二系統の動機づけメカニズムで、それは行動の方向づけと達成までの持続に役立つ。しかし、実績が目標を満たしていないと、つまり両者の間にズレがあると、それが第一の系統である、緊張を生み出す。その緊張がつぎの行動を開始させる。

もう少しわかりやすい説明を出そう。五段の跳び箱を跳びたいという気持ちは、夢であり目標だ。しかし、現時点では四段しか跳べていなかったら、そこから一段ギャップがあることに気づく。まだ跳べていない五段が、四段までは跳べるようになった自分に未達成感をもたらす（これを、本書ではしばしば繰り返し言及することになるが、ツァイガルニーク効果と呼ぶ）。夢、希望、憧れ、目標がひとを引っ張る。しかし、そのメカニズムには、それらをめざすこと自体の楽しみ、夢を思い浮かべるだけでそうなればいいと素直に思えるというポジティブな気持ちと、その裏面では、まだ実現していないという緊張感、ハングリー精神があるというわけだ。

ズレや緊張をネガティブなもの、夢や希望の達成、途中の楽しみをポジティブなものとみなすのは、ダイナミックな見方をしなければ、とりあえず正しい（だから、われわれは、緊張系、希望系を、別名、ネガティブ系、ポジティブ系と呼んだ）。しかし、両者のダイナミックな相互作用を見ると、ズレがあるから動く、動くからズレが解消される。そのようなダイナミックな過程のほうがより大切だ。

いったん夢や目標が実現しても、今度はまた、より大きな夢、より高い目標をもつから、また、現状とのズレにさいなまれる。それは行動を始動させる限り、ポジティブだ。夢や希望は、それをめざす姿は美しい。しかし、達成して、たとえば、旅の目的地に着いたのにがっかりしたり、逆に、夢がかなったら、呆けてしまって、活動がとまってしまったとするなら、夢はポジティブだが、完全に夢が実現してしまったら、（スタティックな＝静態的な世界では）ネガティブだ。ある時点だけを捉えるとネガティブなものは、つぎの動きというポジティブなものを孕《はら》み、ある時点でポジティブなものは、達成すると満足という名の活動停止、つまり、ネガティブなものを孕む。

希望についてよく引用されるつぎのような格言はいかがだろうか。「希望を抱いて旅をする方が、到着してしまうより素晴らしい（It is better to travel hopefully than to arrive.）」「人生には二つの悲劇がある。ひとつは心から望むことに達せないことであり、今ひとつはそれを得てしまうことだ（There are two tragedies in life. One is not to get your heart's desire. The other is to get it.）」。前者は、ロバート・L・スティーブンス、後者は、ジョージ・バーナード・ショー（あるいは、オスカー・ワイルド）の言葉だ。とうとう長年の夢が叶いそうになると夢の成就を恐れると、作家のパウロ・コエーリョは述べ、カサノバのような女衒《ぜげん》なら、愛が成就するよりも、緊張の下で口説いている間の方がわくわくするとも言うことだろう。オリンピック選手も、メダルを手にする瞬間がもちろん至高の瞬間だが、夢が実現すると、張りがなくなる。そうならないように、つぎのことを考えないといけない。

ネガティブなもの（不快なので避けたいもの）がポジティブなもの（動き）とかかわり、ポジティブなもの（心地よいので接近したいもの）がネガティブなもの（活動の停止）を内包する。しかし、活動の停止も、意識的なリラックスなら、ポジティブだ。図2‐1に示すように、ダイナミックなプロセスを時間軸では見る必要がある。

わたしは、モティベーションの研究者としてばかりでなく、自分もまた仕事の世界で生きるワーク・モティベーションの日常的実践家として、ひとを動かす要因を探るうえで、緊張と楽しみの両面が浮かび上がってくるのは、非常に興味深いことだと思う。それがともに、仕事の世界だ

図2-1　ポジティブなものがネガティブなものを内包し、ネガティブなものがポジティブなものを内包するサイクル

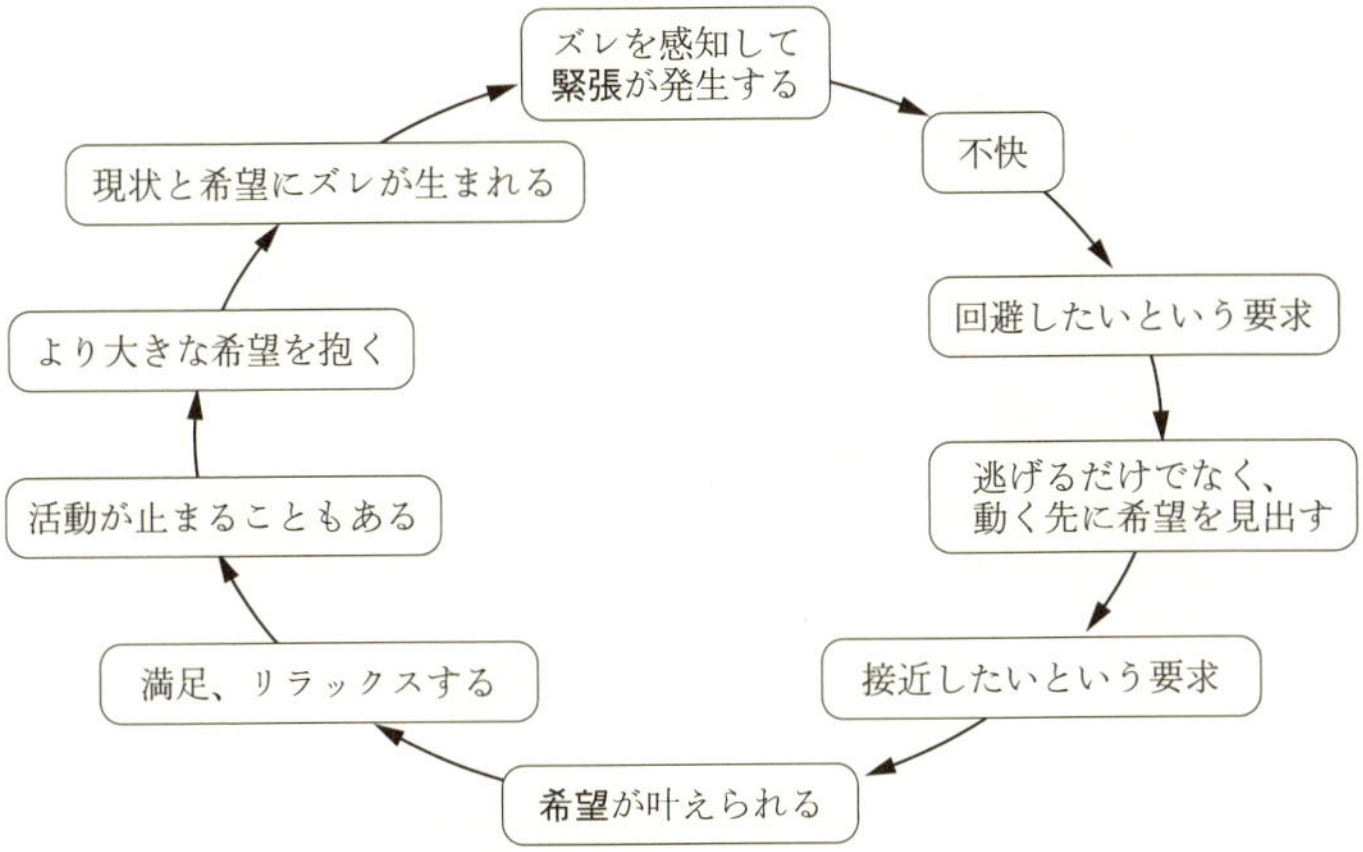
ズレを感知して
緊張が発生する
不快
回避したいという要求
逃げるだけでなく、
動く先に希望を見出す
接近したいという要求
希望が叶えられる
満足、リラックスする
活動が止まることもある
より大きな希望を抱く
現状と希望にズレが生まれる

けでなく、人生そのものにおいて、われわれに張りを与えるスパイスのような働きをするからだ。

心理的な状態も、活動の水準も、ダイナミックには、このようなサイクルをなす。だから、ゲーテの『ファウスト』のような人物でも、一流のスポーツ選手でも、音楽家でも、そして、もちろんふつうのひとにも、気持ちや活動にアップダウンがある。ふつうのひとと、とことんやり抜くひとたち、偉業を成し遂げるひととの違いは、このアップダウンそのものも、自己調整できる点だ。これがつぎの第三の系統が指し示す視点にかかわってくる。

第三の系統（持論系）はある意味では、メタ理論

今まで述べてきたことからわかるとおり、緊張系も希望系も、それ自体が、内容理論で、同時に過程理論だ。ひとは、緊張系の欲求で動く

し、他方で、希望を実現したいという欲求で動く。ともに、関連する欲求の内容を示唆している。図2‐1の右半分の緊張系には、ひとには、テンションやギャップを低減、緩和、解消したいというメカニズムが働くので、ひとという有機体のシステム内の緊張が動きをもたらすという過程を照射している。また、同図左半分の希望系は、希望の心理学や期待理論ともつながり、めざすものにむかっていくという気持ちが歩みを持続するという過程を浮かび上がらせている。その意味では、過程理論でもある。さらに、第三の系統があるが、これこそ、本書が注目し提唱する、持論アプローチにほかならない。持論は、その内部に、緊張系の議論も、希望系の議論も含みうるし、そもそもどの欲求、どのメカニズムが自分や周りのひとにあてはまるのかという観点から、自分なりのセオリー探しを導く。そういう意味合いでは、さきの二つの系統とはレベルが違って、両者を内包し統合することもありえるメタ理論だ。また、学者の理論と実践家の持論をつなぐという意味でもメタ理論だ。

研修などの場での議論のなかから自然にあがってくるキーワード集のなかには、なかなか第三の持論、自己調整などの系統の言葉が入ってくることは稀だ。でも、さきにあげた例示のように、「自分が主人公」などという言葉や、「やる気についても、自分なりの見識をもつこと」みたいな表現をするひとは、第三の系統に近いところを照らし出している。「すべての原因は自分にある」、「他責にせず自責で仕事に取り組む」と述べる人も同様だ。

通常は、持論を語ってもらって、まず目立つのは最初の二つだ。ビジネス界のひとたちと議論していると、「このままだとだめだ」という緊張系と、「うまくいくと夢が実現する」という希望系の両面のキーワードが並ぶ。しかし、自己調整への言及が少ないのは、逆にいえば、部長クラスのライン・マネジャーになっているひとたちでさえ、自分が抱くモティベーションの持論自体が、自分を動かし、また部下など周りの人びとに影響を与えているという自覚が乏しいということだ。

逆説的な言い方だが、だからこそ、持論アプローチを声高らかに提唱すべきなのだ。また、知識創造論の野中郁次郎教授がかねがね繰り返し強調されてきたとおり、われわれは、モティベーションの持論に限らず、知っているはずの暗黙知を、言語化せずにそのままに放置していることが多い。豊かな暗黙知が、言葉にされることが稀で、そのため持論の言語化が、つぎの行動を支える、行動が持論を生み出すという連鎖に、滞りが起こる。

その意味では、第三の系統こそ、持論をもつことの大切さを理論的にも解明すべきだという点に光をあてる。そういう理論が経営学でも心理学でも生まれてきている。また、最初の二つの系統を内包する、より上位のカテゴリーのメタ理論としても、これを重用すべきだともいえる。

この第三の系統こそが、モティベーションのようなテーマを、実践的に学ぶのに最も適切な視点を与えてくれると本書ではみなしている。わたしにとっては、リーダーシップ論（『リーダーシップ入門』）に引き続き、モティベーションの分野にも、持論アプローチを推し進めるのが知的にも実践的にも課題だ。

いずれ経営学における持論アプローチのパワーというテーマそのものについて一冊上梓すべきだと思っているが、このアプローチにも、いくつかの源流がある。自分についての理論（self theory)、実践家の使用中の理論（practitioner's theory-in-use）、素人の素朴理論（lay person's naïve theory）、自己調整理論（self-regulation theory）がこれにかかわっている。

この種のアプローチで、経営学のなかでわたしが復興したいのが、マクレガーであり、本書がマクレガー・ルネサンスであると随所に書いているのはそれを強調するためだ。

また、たいへん力強いことに、基礎学問分野である心理学の領域でも、子どもや学生の勉学意欲、学習意欲（スタディ・モティベーション）の研究からも、同種の動きが見られる。自己調整そのものは、最近のEQの隆盛も含め、モティベーション論でも最先端トピックの一つとして地歩を固めつつある。

心理学におけるスタディ・モティベーション論での持論

本書のアプローチに近い立場を、スタディ・モティベーションの領域で強く主張した心理学者こそが、キャロル・S・ドゥウェック（Carol S. Dweck）だ。彼女こそが、持論ならぬ「自論（self theory）」の提唱者で、子どもたちがどのように勉学意欲をもつかは、子どもひとりひとりが抱く勉強観（とりわけ、なにを目標に勉強するのか、についての自分の考え）、知能観（知能が一定で固定的なのか、習熟によって変化可能なのか、についての自分の考え）次第というのが、彼女の主張の骨子だ。勉学意欲を左右するのは、その子なりのスタディ・モティベーション自論だ（ただし、知能観、目的観を含む）というわけだ。

これを経営学に援用するとどういうことになるか、自明だろう。働くひとがどのようながんばりを見せるかは、その個人が抱く仕事観、能力観、そのひとなりのワーク・モティベーション自論次第だというわけだ。

　知能は、生まれつきなので、世の中には賢いひととそうでないひとがいて、それは努力では変わらないと思っている子どもがいるとしよう。そういう子どもは、がんばらない方向に傾く。知能や勉強のできは可変的で、投入する努力レベル次第で変わると思っている子どもは、もっとがんばる。ドゥウェックのおもしろい点は、モティベーションを支配するのは、やる気の持論だけでなく、知能や学習の目標についての持論もそれを左右するという点だ。しかも、わたしは実践家が抱く（もつ）ようになったセオリーという面を強調するので、以前は、ずっと「持論」と表記していたが、自分にあてはまる考えという側面を強調するなら、耳で聞くと同じ「じろん」だが、「自論（セルフ・セオリー、自分を説明する理論）」とも呼べることに気づかせてくれたのも、ドゥウェックだった。

　しかし、本書を執筆するうえで、何よりも大きな励みとなったのは、東京大学大学院教育学研究科の市川伸一教授の取り組みだった。市川氏によれば、持論という言葉こそ使用されていないが、大学に入ってきた学生は、高校のときに、自分たちがなぜ（それなりに）一生懸命、勉強してきたのかについて、自分たちなりの理由づけをもっている。この種の reasoning ともいうべき理由づけは、わたしがいう実践家の持論に非常に近いものがあると即座に感じた。会社に入って一〇年も二〇年も経っているひとなら、モティベーションの持論をもっているというケースも増える。しかし、高校生や、大学に入りたての学生は、きっと、自分なりのスタディ・モティベーション持論をもっているとはあまり口にしないかもしれない（会社のマネジャー・クラスのひとたちも、わたしが持論が大事だという前振りをしてしまうので、持論を語り始めてくれるのであって、そうでなければ、あまり口にしないかもしれない）。

わたしは、大人のひとたちが、とりわけ中年近くなって、もう一度、緊張感と夢を両方とも取り戻してがんばろうと思うときに、勉学に打ち込む子どもとモティベーションについて対話するのは、非常にほほえましいことだと思っている。本書がそのことに気づく一助となるとうれしい。また、大学を出たまだ年数の浅い若手のひとたちなら、高校・学生までのスタディ・モティベーションの世界とのつながりで、さらに、スポーツや文化系のサークルなどで、ほかに打ち込んだ分野でのモティベーションとの関連で、ワーク・モティベーションを考察する素材の幅を広げてほしい。

そういう意味合いも込めて、持論アプローチのパワーを述べたこの章は、市川理論と持論アプローチとのつながりにふれて、結びとしたい。

まずは、市川教授が、学生に問いかけたことを、そのままエクササイズの形で、読者の皆さんに問いかけてみたい。この結果を、さきのワーク・モティベーションのエクササイズで感じたことと、そこであがった言葉と比べてみてほしい、それから、学生たちが実際に語った言葉のいくつかの実例と比べてみてほしい。

エクササイズ　自分の持論を探す簡単なエクササイズ

小学校、中学校、高校（さらに大学）と勉強してきたころのことを思い出してください。二〇代のひとは大学のころがいちばん近い経験かもしれませんが、受験勉強のころを思い出してもらうのがいいでしょう。四〇代、五〇代のひとは、学生時代、また受験時代もはるか昔のことですが、意外と印象深く覚えているかもしれませんし、そうでなければ、息子、娘、近所の受験生を思い浮かべながら、振り返ってみてください。さきのワーク・モティベーションのエクササイズと違って、（しかし大いに関連があるのですが）ここでは、そういうスタディ・モティベーション（勉学意欲、勉強のやる気）について、自分なりの考えというものをメモしてください。ふだんは意識していなくても、ひとに聞かれれば答えられるはずですので、自分の考えを記すのとあわせて、中年近いひとなら、ご自分の子どもや近所の受験生や大学生に質問を実際にしてみるというのも、生の声を収集するいい方法です。

東京大学の市川伸一教授が大学に入ったばかりの学生に聞いた実際の問いは、「あなたは高校まで、なぜ勉強してきたのでしょう」「人は一般になぜ勉強しているんだと思いますか」というものでしたので、その問いを念頭に、内省して答えるか、周りの高校生などに聞いてみてください。

さきのエクササイズと同様に、手元に紙と鉛筆をおいて、自分が内省するだけでなく、話を聞ける高校生か大学生にこの問いをぶつけて、内省したこと、インタビューできたことをメモしていただきたい。メモができたら、これもさきのエクササイズからのメモと同様に、この本の短冊

表２－２　市川教授の学生たちの回答例

1. 受験や資格のため、しかたなく
2. 学歴や地位を得ようとして
3. 親や先生にやらされている
4. 他人に負けたくないから
5. みんながやっているので、なんとなく
6. 先生が好きだったから
7. やらないと後で困ることになるから
8. 将来の職業に必要な知識が得られる
9. 頭の訓練として
10. 学習のしかたを身につけるため
11. 好きな勉強はそれ自体おもしろいから
12. わかる楽しみがあるから
13. 充実感が得られる
………

出所　市川伸一『学ぶ意欲の心理学』PHP 新書、47 頁。

代わりに、つねにはさんで、しばしば見返したり、書き加えたりして、仕事の世界でのワーク・モティベーションを側面から支える素材としてほしい。なお、三〇代、四〇代、五〇代、さらには六〇代以上の成人も、いくつになっても学ぶことが大事だと思われるなら、スタディ・モティベーションは、ワーク・モティベーションの持論探しの追加的素材でなく、それ自体がまた、非常に重要なテーマである。もし、息子さんや娘さんが受験生なら、がんばるということ、打ち込むということについて親子でいい対話をする素材ともなるであろう。

さて、メモをし終えたら、市川教授の学生たちが語った言葉と比べてみてほしい。典型的な答えはつぎのようなものだった（この文献を注にあげているが、たいへんに読みやすいすばらしい新書なので、本書を読みながら、あわせて「学ぶ意欲」についても学んでほしい(1)）。

図2－2　学習動機の二要因モデル

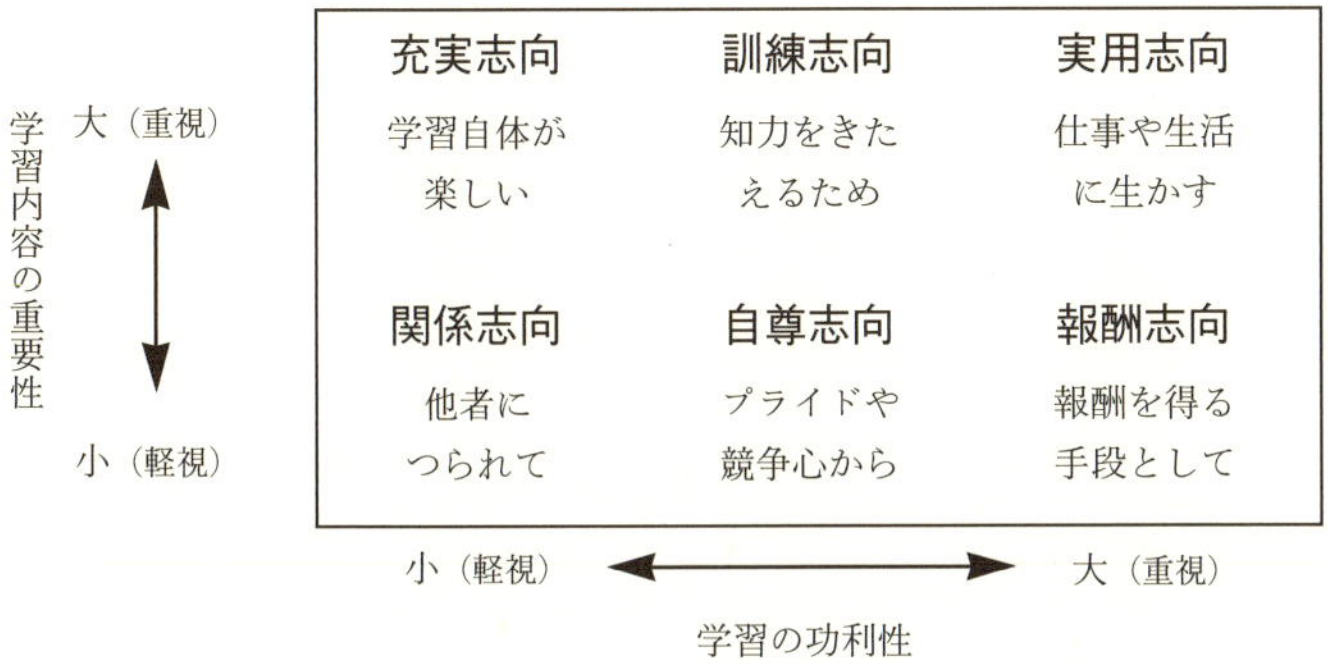

六つの種類に分類した学習動機を構造化した一つの例。横の次元は、学習による直接的な報酬をどの程度期待しているかを表す。縦の次元は、学習の内容そのものを重視しているかどうかを表す。

出所：市川伸一『学ぶ意欲の心理学』ＰＨＰ新書、48頁

これらの生の声を多数集めて、同種のカテゴリーに属するものを集約すると、勉学・学習への意欲を左右する要因や志向としては、図2－2に見るとおり、大きくは二要因、きめ細かくは六つの志向が帰納的に見出された。六つの志向、それぞれに属する代表的発言も図中に要約した短い字句で入っている。たとえば、充実志向に分類されるのは、さきの発言なら表2－2の11や12で、「学習自体が楽しい」と要約されている。より大きな対比としての二要因理論とは、学習する内容そのものにかかわる三つの志向（図中では上段に並ぶ、充実志向、訓練志向、実用志向）と、学習する環境、他者、ライバル、褒美の提供者などを含む周りの状況にかかわる三つの志向（図中では下段に並ぶ、関係志向、自尊志向、報酬志向）とに対比されている。さきの皆さんのエクササイズと同様に、学生に、文章とあわせてカードにキーワードを書いて

もらったとしたら、そのキーワードの集まりから、類似のものどうしを（たとえば、ＫＪ法みたいなやり方で）束ねていき、カードの山が六つできたとしたら、この六つの○○志向がそれにつけられたラベルだと思っていただければいい。さらに六つの山を集約すると、二つのカードの山になった。それが二要因モデルの「二」に対応する山だ。

われわれが、市川理論から学ぶべき点は、（1）この理論は、勉学の実践家である学生の生の声から帰納的に構築されていること、（2）その意味では、勉強の世界における実践家の持論をカバーするような理論となっている可能性が高いこと、（3）生の声から生まれた実践的な理論なので、学力低下問題を含め、実際に学習意欲が落ちてしまっているひとを診断し、やる気を高めるのに使えること、である。

同種のアプローチが間違いなく経営学にも必要だ

経営学でワーク・モティベーションの研究をもう一度、振り出しからしっかりおこなうつもりなら、この種の帰納的アプローチが望まれる。勉強をして大学に入ってきたひとの生の声を生かすのと同様に、仕事の世界で一生懸命に働く（あるいは、ちょっと落ち込んでいる）ひとの生の声を丹念に聞く試みは、本書で提唱するモティベーションの持論アプローチにも深くつながる。経営学の古典のなかでも、代表格としては、生の声から帰納的に動機づけ要因を探ったピッツバーグ大学におけるフレデリック・ハーズバーグ（Frederick Herzberg）もまた、非常に興味深いことに、仕事の内容そのものにかかわる要因と仕事を取り囲む（周りのひととの関係を含む）環境要因とを対比するモティベーション論を経営学のなかで展開した。高校生の学習の世界と、働く成人の仕事の世界で、モティベーション論においてパラレルな発見があるのは、興味深いことだ。マクレガーをルネサンスのように復興させるのなら、当然、ハーズバーグのような帰納的アプローチの復権も同時に必要となるだろう。

研究者がすべきことは、自分のペット・セオリー（お気に入りの理論）を磨くことばかりではなく、実際に実践に使われている持論を収集し、そこから理論を帰納的に発掘することも大切だ。そのプロセスで、無機質なモティベーション論にはない、豊かなコンテクスト、だれといつごろなにをやっているときに仕事に燃えたのか（くさったのか）、質的に深い記述が得られる。これまでのモティベーション論に欠けていた間隙を研究面でも埋めていくことが今後の課題となる。その際に、MBAでの教育や、会社での研修をうまく設計すれば、教育の場が同時に、研究の場にも進化、深化させうることにも注意したい（わたしの勤務する神戸大学経営学研究科が、神戸方式の下でおこなってきたアプローチは、このような学理と現実の融合、理論と実践〈持論〉との架橋でもある）。

学生が答えられるなら、そりゃ、働くみんなも答えられるだろう

さて、大学生がスタディ・モティベーションにかかわる「なぜ、勉強するのか」というストレートな問いに、このようにきちんと答えられるのなら、働く成人はどうか。別に自らが教育心理学者でなくても、このように答えられること自体、持論アプローチの成り立つ可能性を強く支持する。

大学生がスタディ・モティベーション（勉学意欲）について自分の考えを述べられるのなら、働く成人はワーク・モティベーション（仕事意欲）について自分の考えをきっと語れることだろう。それを、この章の冒頭のエクササイズで体感され、メモを作成されたなら、あとは、どんどん読みすすんでほしい。自分の経験、周りのひとの観察をたえず参照しながら、ときに、自分の考えを内省し、周りのひとと対話しながら。

若手はもとより、部下を動機づけることが仕事の重要な一部となっているはずの管理職のひとなら、ワーク・モティベーションにかかわる「なぜ、働くのか」という問いに、意見がない方が不思議なぐらいだ。

持論探しは、近頃評判のわるい「青い鳥症候群」系の自分探しとは一味違う、理知的で実践的な自分探しだ。自分がどのような持論をもっているのかに自覚的になることによって、自分の世界も、周りの世界もよりよく見えるようになったら、そこでの実践に変化が起こったら、それこそ真のモティベーション論の望むところだ。

第3章

マクレガー・ルネサンス——本書を導く発想の原点

つぎに、一九五〇年代に米国の管理職とずっとやり取りするなかから、ダグラス・マクレガー（Douglas McGregor）が一九六〇年の古典的著作で発表した、二つの対照的な実践家の抱く持論について、検討していくことにしよう。管理職レベルになっても、十分に豊かな広義の持論までたどりつくことはむずかしいことがわかるだろう。

それでも、この古典こそ、今日における持論アプローチにおける源流となるので、この古典の復活が本書に彩りを添える。わたしが、あえて「マクレガー・ルネサンス」と呼ぶわけがここにある。

マクレガーというひと

経営学のなかでのモティベーション論として、また、持論を重視するモティベーション論の構築のために、重要な古典的著作の一つに、ここでふれておこう。経営学の教科書でも、マサチューセッツ工科大学（ＭＩＴ）のマクレガーによる「Ｘ理論、Ｙ理論」として広く知られている。ただし残念ながら、その紹介のされ方には、誤解がある。

マクレガーは、経営学のなかに行動科学、とりわけ心理学を応用することを最初に考えた人物である。いったんＭＩＴの教授をしてから、アンティオーク大学の学長まで務めていた人物だ。おそらく鳴り物入りの人事で、ＭＩＴの当時 School of Industrial Management と呼ばれていたビジネス・スクール（現在のＭＩＴスローン経営大学院）を強化するために返り咲いたのだろう。

経営学は応用だが、基礎学問分野に根づかせた方がいい。そんな考えがマクレガーの方針でもあった。同時に、彼はきわめて実際的なひとでもあった。マクレガーのおこなった後継人事は、一方で、基礎として心理学を重視した。だから、心理学者として優秀だったひとに、企業という組織での変化やリーダーシップの研究と教育の場を与えるのがいいと考えた。実際に、マクレガーがMITに連れてきたのは、若手の心理学者（今では重鎮になっている）ウォレン・G・ベニス（Warren G. Bennis）やエドガー・H・シャイン（Edgar H. Schein）だった。一方で、基礎学問を尊重しつつ、他方で、力のある実践家を学位などなくても同輩として積極的にビジネス・スクールに招いた。実践への応用がなによりも大事で、「よい理論ほど実践的なものはない」と言ってのけたクルト・レビン（Kurt Lewin）がいたMITのことである。マクレガーは、劇場の経営で名を馳せていたリチャード・ベッカード（Richard Beckhard）を、組織開発の分野で活躍してもらうために、（今どきの言い方でいうと）特任教授として採用したりした。

マクレガー自身は、残念ながら一九六四年に五八歳で亡くなってしまっている。しかし、臨床的で実践志向、問題の共同解決志向の伝統は、MITのシャインに受け継がれた。願わくば、シャインの門下として、また、MITの卒業生としてマクレガー・ルネサンスの名のもとに、持論アプローチを、本書をきっかけにわが国にも広めたい。わたしには、そういう思いもある。持論に注目する第三の系統は、きわめてMIT的だ。実践的な理論のパワーを信じ、産業界にそれを応用することは、MITの学風だから。本書執筆へのわたしのモティベーションの源泉の一つは、こういうMITの学風への同一化、マクレガーやシャインという人物への同一化でもある。こんなふうに自分の執筆動機について、自己診断しながら書いている。

さて、『企業の人間的側面』（一九六〇年）に至るマクレガーの「持論への旅」は、とても自然な発想から出発した。その発想とは、マネジャーであればひとがどんなときに動くものかという自分なりの仮定や前提をもっているはずだという考え方だ。一九五四年、奇しくもわたしが生まれた年に、MITに返り咲いたマクレガーは、一九五〇年代半ばから後半の米国において、さまざまな立場で管理に携わっている人びとに「ひとはどんなときにがんばると思うか、どうやって部下をモティベートしているか」について尋ねてまわった。子どもが素朴に問いかけるように、同じ質問を重ねた。同じ時代に、同じ国・同じ文化のなかで、産業界で同じマネジャーという仕事をしていながらも、まったく対照的な二つの考え方が出てきた。そのことに注目し、その二つの考えをX理論とY理論として対比した。

学者であるマクレガーが理論という言葉を使っているので、これらは研究者としてマクレガーが構築した理論のように教科書では紹介される。これこそが大きな（そして、マクレガーの真意からはズレの大きい）誤解だ。実際にマクレガーが描こうとしたのは、実践家がモティベーションの持論を、いくつかの項目からなる仮定群として抱いているということだった。そのような仮定を聞き出すことはできるが、マネジャーたちが問われることなく、それを自覚しているとは限らない。しかし、その仮定は、マネジャー自身の動機づけだけでなく、部下の動機づけ、ひいては職場、さらに会社の雰囲気にまで影響を与える。これからすぐに内容を示すX理論とY理論は、われわれが本書で使用する用語法でいえば、マネジャーたち自身が抱く対照的な人間観であり、持論にほかならない。経営学の流れのなかで本書がめざすのはマクレガー・ルネサンスだ、という意味合いは、ただ、マクレガーの古典を復活させるためだけの標語ではない。それに加えて、その学説の紹介のされ方に誤解があったところを正すことによって、持論アプローチの真の実践的パワーに、読者の皆さんの注意を喚起することだ。

持論の集大成としての「X理論・Y理論」

マクレガー自身が使った言葉に忠実に、X理論とY理論の対比を概観しよう[1]。

まず、X理論（Theory X）における「人間の性質と人間の行動に関する仮定」はどのように記述されているのか。

（1）平均的な人間は、仕事など生まれつき嫌いで、もしできることなら、仕事など避けようとするであろう。

（2）仕事なんか嫌いだというこの人間の性《さが》ゆえに、たいていの人びとは、強制されたり、統制されたり、命令されたり、脅されたりしないと、組織の目的を達成するのに十分な努力をしてくれない。

（3）平均的な人間は、命令されることを好み、責任を回避することを望み、大望など抱かず、ほかのなによりも安全を求めている。

これに対して、Y理論（Theory Y）における仮定は、つぎのように整理されている。

（1）仕事に体力、知力を使うのは、遊びや休みのときと同じくらい自然なことだ。平均的な人間は、生まれつき仕事が嫌いなわけではない。統制可能な条件しだいで、仕事は満足の源泉になるかもしれないし（その場合には、自発的になされるであろうし）、あるいは、罰の源泉になるかもしれない（その場合には、できることなら、やりたくないであろう）。

（2）外的統制と罰の脅威は、組織の目標に向けて努力してもらうための唯一の手段ではない。ひとは、自分が打ち込む（コミットする）目標が達成されるように、自己管理、自己統制ができるであろう。

（3）目標へ打ち込むこと（コミットメント）は、目標を達成したときに得られる報酬の関数だ。このような報酬のなかで最も意義が大きいのは、自我や自己実現の欲求が満足されることだ。それは、組織の目標に向かって努力した直接の結果でありうる。

（4）平均的な人間は、適切な条件の下では、責任を引き受けるのみならず、進んで責任を取ろうとする。責任の回避、大望の欠如、安定へのこだわりは、一般的には、生まれつきの人間の性というよりも、経験の結果そうなってしまっているだけだ。

（5）組織における問題を解決していく際に、相対的にかなり高度の想像力、工夫の才、創造性を発揮する能力は、（働いている人びとという：金井注）母集団のほんの一握りのひとたちだけでなく、広範に分布している。

（6）近代の産業における生活において、平均的人間のもつ知力の潜在的可能性は、ほんの一部分しか活用されていない。

X理論は、「命令と統制でひとが動くという伝統的見解（the traditional view of direction and control）」と呼ばれている。これに対して、Y理論には「個人の目標と組織の目標の統合（the integration of individual and organizational goals)」というサブタイトルがつけられている。前述の各項目は、X理論、Y理論が前提にしている一連の仮定だ。

これらの仮定群こそが、マネジメントに携わるひとたちの持論の内容をなしている。マネジャーたちがX理論とY理論のどちらに近い持論を抱くかによって、彼らのマネジャーとしてのあらゆる意思決定とアクションが違ってくる。X理論に近い持論をもてば、X理論に即した職場（経営者なら、そういう会社）ができあがってしまい、Y理論に近い持論をもつなら、Y理論に即した職場（さらには会社）ができあがってしまう。自分が信じている考えが現実のものになることを、自己成就的予言（self-fulfilling prophecy）と呼ぶ。上に立つひとが、部下にとって仕事などおもしろいわけがなく、命令がないと部下は働かないし、進んで責任をとることなどけっしてないとの前提のもとに、振る舞っていたら、やがて実際に部下はそのようになってしまう。X理論の仮定（思い込みでもある）が現実のものとなる。逆に、仕事は取り組み方しだいでおもしろいものになるし、部下の可能性を信じ、彼らの創意工夫を引き出せば、もっともっと彼らはイキイキとしていくと思ってマネジャーが日ごろ振る舞えば、Y理論が想定するような職場が現実のものとなる。

家庭で子どもが、学校で生徒が、会社で若い一般社員（担当者レベルのひと）が自分のモティベーションを説明するのに狭義のセルフ・セオリーとして、どのような持論を抱いているかは、自分の行動を左右するだけだ。しかし、家庭で親が、学校で先生が、会社で管理職（さらには社長）が、自分だけでなく、周りの大切なひとたち（子ども、生徒、部下たち）のモティベーションを説明するのに（つまり、セルフ・セオリーとしてだけでなく、ワールド・セオリーとして）、X理論とY理論のどちらに近い考えに立つかは、自分だけでなく、自分の周りの世界の性質も決めてしまう点が重要だ。実はこのことはだれだって、うすうす気づいていることではないだろうか。

たとえば、学校で先生が、

（1）一般的な生徒は、勉強など生まれつき嫌いで、もしできることなら、宿題など避けようとするであろう。

（2）勉強なんか嫌いだというこの性《さが》ゆえに、たいていの子どもや生徒は、強制されたり、統制されたり、命令されたり、脅されたりしないと、学校がめざすレベルの学業成績を達成するのに十分な努力をしてくれない。

（3）平均的な生徒は、命令されないと勉強しないし、宿題など生徒としてすべきことを回避したがり、充実した学校生活などという大望など抱かず、ほかのなによりも凡庸に過ごすことを求めている。

という学校版X理論を抱いていたら、先生自身がまず、そのように振る舞う。さらに怖いことに、この学校版X理論で担任の先生が生徒に接していたら、X理論のままのクラスができあがる。困ったことに、校長が、あるいは教育長が、学校版X理論で教員たちと接していたら、学校丸ごとが、あるいは学区まるごとが、X理論の世界となってしまう。家庭で、親が子どもと接するときも、同様なことが起こる。

マクレガーは、心理学をベースに経営学に従事することになって、まず最初に、このようなことが会社、職場で起こることに、人びとの注意を促したのであった。Beware of your assumptions.——自分が抱くようになっている仮定に、ご用心を。自分の抱くモティベーション持論の前提となる仮定に、気づくこと。暗黙の仮定に気をつけること、用心すること。それが、彼の真のアドバイスだ。

理論と実践は不可分

マクレガーは、一方で実務家が行動科学の知識を活用しないことを嘆きつつ、他方で、実際にはマネジャーも働くひとりひとりの個人も、自分なりのセオリーを、いくつかの仮定として抱いていることに注意を喚起した。

マクレガーの考え方は、つぎの指摘によく表れている。

> マネジャーのどのような行為も、仮定、一般化、および仮説に——つまりは、理論に依拠している。われわれの仮定は、しばしば暗黙のままで、あまり意識に上らないこともあり、矛盾していることもしょっちゅうだ。にもかかわらず、仮定は、われわれがこうすれば、ああいうことが起こるという予測の中身を決めていく。理論と実践とは不可分なのだ。(2)

一言でいえば、社会科学者が構築する公式の理論のように、科学的に検証されてはいなくても、実践家は、自分なりに自分の意思決定やアクションを左右する仮定群をもっている。それが、実践家が抱くセオリーにほかならないというわけだ。マクレガーは端的に、「マネジャーのあらゆる行為は、セオリーに依拠する（Every managerial act rests on theory）」と喝破《かっぱ》する。

マクレガーの説は、X理論を「伝統的見解」、Y理論を「人間主義的な見解」と呼んでいることからわかるとおり、Y理論を推奨しているようにも読めてしまう(だから、その意味では、通常の教科書が陥った誤解を、まるごと責めるわけにもいかないのだが)。X理論の第一の仮定、つまりひとは仕事などしたくないものだという仮定は、科学的管理法の時代にフレデリック・W・テイラー(Frederick W. Taylor)が強調した「一日の公正な労働(a fair day's work)」という考えに表れている。この表現には、これ以上は働きたくないはずだというニュアンスがある。時代は、科学的管理法から人間関係論を経て、より人間主義的な経営に向かっていたと認識したので、書名も『企業の人間的側面(*The Human Side of Enterprise*)』となっている。結びの第9章でも再度チェックするが、マクレガーの後継者のシャインは、経営学における人間モデルの変遷をつぎのように要約した。

・経済人モデル　(代表的なのは、テイラー等の科学的管理法の諸著作)
←
・社会人モデル　(代表的なのは、メイヨー、レスリスバーガーらの人間関係論の諸著作)
←
・自己実現人モデル　(代表的なのは、自己実現の心理学者マズローの影響を受けたマクレガー、ハーズバーグ、アージリスなどの人的資源管理論の諸著作)
←
・複雑人モデル　(シャイン自身が、十人十色の世界を念頭に提唱した)

この流れのなかの第三に登場するのが、人間モデルの変遷におけるマクレガー・ルネサンスであった。文字通り、ひとりひとりの人間のすばらしさを謳歌するという意味で、歴史上のルネサンスと似ている。社会人モデルを経て、自己実現モデルに向かう時代を画した重要文献が、『企業の人間的側面』という古典的著作であった。

この書名やそのなかでの中心的な主張から、大半の経営管理論のテキストでは、マクレガーは、時代遅れのX理論に代わって、新しい時代にふさわしいY理論を、より人間的なものとして提案したというように記述されている。マクレガー自身もそういう書き方をしているところがある。だから、このような記述があからさまにまちがっているとはいえない。だが、マクレガーの最大の貢献は、つぎの二点にあることを、よくよく確認しておきたい。

第一に、管理者になるころには、意識している度合いは低いかもしれないものの、モティベーションについての持論をもっていることを、第二には、どのような持論をもっているかによって、部下の働き方、したがって職場のありようが変わってくることを、明らかにした点に求められる。繰り返しになるが、同じ時代、同じ国の同じ文化のもとで、同じようにマネジャーをしているひとたちの間に、対照的な二つの持論があることを発見したことこそ、マクレガーの最大の貢献であることを強調しておきたい。

一九七〇年代半ばには、一見するとふつうの経営管理のテキストと見まがうようなタイトルで、レイモンド・E・マイルズ（Raymond E. Miles）は、マクレガーと似た趣旨で、『経営管理の理論』(3)という著作を世に問うた。この書名は、実は、経営者や人事担当が抱く、管理の持論、また、その基盤にある人間観（モティベーションの持論を含む）を表している。その意味では、本書の用語法では、『管理者の管理の持論』と訳した方が適切かもしれないし、*Theories of Management* と書名が複数形になっているところがポイントだ。伝統的モデル（traditional model）、人間関係論（human relations model）と人的資源管理論（human resource management model）の三つが対比されているが、それぞれシャインの分類する経済人モデル、社会人モデルと自己実現人モデルに対応する。

実践家は実践家なりに、セオリーをもっているというのは、考えてみれば当たり前のことである。しかし、そこはコロンブスの卵だ。それを初めて明示的に論じ、しかも、無色だが不気味なX理論、Y理論という興味ある名称を授けたのは、マクレガーの半世紀近く前の著作『企業の人間的側面』をもって嚆矢《こうし》とする。

第2章で、内容理論と過程理論とを対比した。この対比における内容理論として検討すれば、マクレガーの説は、X理論が注目する人間の欲求、Y理論が念頭におく人間の欲求の内容面での違いを述べていることになる。この違いは、マクレガーが影響を受けたマズローの欲求階層説では、X理論の仮定が低次の欲求、Y理論の仮定は高次の欲求に対応する。マクレガー自身が、X理論を「わるもの」、Y理論を「いいもの」に仕立て上げたのは、インパクトのある本の常で、これからはY理論の時代だと言いたかったという面はもちろんある。しかし、マクレガーに大きな影響を与えたマズローがいみじくも警告したように、だれもが自我・自尊心や自己実現への欲求にまで達しているわけではない。シャインの複雑人モデルでも説明するとおり、一見すると人間主義的なモデルでも、だれにもそれがあてはまると思ったら、必ず困ったことが起こる。

生理的欲求や安全・安心への欲求を低次の欲求と呼ぶのは、やや誤解を招く表現だ。実は、それらこそより基本的な欲求といってもいい。ひとによっては、また、ふだんは高次の欲求が顕現化するところまで達しているひとでも、あるフェーズでは、基本的な欲求にこだわるべきときがある。また、職場による違いもあるだろう。マネジメントする立場にあるひとは、部下の成熟度、その部下の現時点での課題、また職場や職種の性質上、X理論でいかざるをえない場面にも遭遇することがあるだろう。本書で繰り返し、一方で、十人十色のワールド・セオリーを含む持論が大事だと述べ、他方で、ローカルでパーソナルなセオリーが大事だと言い続けている理由だ。二つの対照的な理論の対比では、あまりに単純すぎるが、それをもとに、自分のローカルでパーソナルな持論を展開していく出発点になるであろう。

あなたの思考を再考させる

ベニスたちは、誠に適切にも、マクレガーが実務家に接するときにおこなったのは、「あなたの思考を再考させること（rethinking your thinking）」だったと指摘している。マクレガーは、X理論とY理論を参考にして、働く人びとに、とりわけマネジャーたちに、自分がほんとうに信じる仮定を、問いただすことをめざしてきた。

マクレガーのそばにいたベニスは、いくつかのエピソードを紹介できる立場にいる。たとえば、マクレガーは、よくマネジャーたちに、「どのように従業員のやる気を出させていますか（How do you motivate employees?)」と聞いたものだが、逆に実務家から、「これはいい理論みたいですが、どう使うのですか」と聞かれると、あっさり「わかりません」といつも答えていたそうだ。それは、その理論が自分と自分がおかれた状況にどのように使えるかということを各人が自分で考えること、そのためには、自分の思考を再考させることが大事だと思っていたからだ。実務家に、モティベーションについて、自分の抱く仮定、信念――われわれの言葉では、持論――をチェックしてもらうためのやりとりを重視していた。ベニスたちは、ダグラス・マクレガーの功績を再評価するための本、『ダグラス・マクレガー、再訪』のなかで、つぎのように述べている。

> ダグラス・マクレガーの重要な遺産は、X理論でもなければ、Y理論でもない。マネジャーならば人間の性《さが》についての自分の核となる仮定を問いただすべきだという主張、また、マネジャーたちは、これらのメンタル・モデル（本書の文脈では「持論」と読み換えてもいい：金井注）が管理の実際を左右するのかよく理解するべきだという主張こそが、マクレガーの遺した最重要な遺産だ。マクレガーがX理論とY理論を開発したのは、われわれの根源的な諸仮定をこのように問いただすための促進剤として使うためにであった(4)。

別の箇所では、「ほんとうの問題は、あなたがX理論に近いのか、Y理論に近いのかということではない。この対照的な理論は、……核となる諸仮定をテストする単純な構成概念なのだ(5)」ともいっている。さすがにマクレガーの薫陶《くんとう》を直接受けたベニスならではの慧眼だ。わたしもMITに在学中に、恩師のシャインから、マクレガーのエピソードをいっぱい聞かせてもらった。彼が実践的で、対象組織には臨床的で、実践に役立つ臨床の知を、組織論でめざしていたことがよくわかるようになった（ついでにいうと、気さくなひとだったが、教室等で行儀はわるかったそうだ）。今、通常のX理論、Y理論の理解を、シャインの証言、ベニスたちの『ダグラス・マクレガー、再訪』やそれに近い立場の本書に沿った線であらためていかなければいけないと痛感する。理解をあらためて、深めれば、モティベーションの持論アプローチの核心に一歩近づける。それが、マクレガー再訪であり、二十一世紀的なマクレガー復活であり、本書で、マクレガー・ルネサンスと呼ぶものだ。

X理論とY理論と命名し、その仮定を項目にして言語化し、明示化したのはマクレガーだが、これらは、学者が構築し検証した公式の理論ではない。そうではなくて、マクレガーが、マネジャーたちに「どのように従業員を動機づけていますか」と尋ねたときのやりとりの生の声から蒸留されたものだ。これは、マネジャーたちが使っている、これらの仮定のコアにある部分を照射する。X理論とY理論は、学者の構築した理論ではなく、実践家が抱くセオリーが解読、発掘された実践家のセオリーである。それが証拠に、六七年の著書『プロフェッショナル・マネジャー』(6)では、「セオリー（つまりは、信念または確信）」と言い換えている。自分に発破《はっぱ》をかけるだけでなく、マネジャーとして他の人びとのやる気に働きかけようとするあらゆる企ての背後には、「セオリー」があると、マクレガーは考えたのであった。

コズモロジーをもつ

一九六〇年の古典的名著の七年後、『プロフェッショナル・マネジャー』という著作が刊行の運びとなり、前著ではX理論とY理論という表現で、実践家の「セオリー（理論）」として対比したものを、新作では「コズモロジー」と表現されるようになっていた。

コズモロジーとは、宇宙観のことをいう。おおげさだが、組織で働くひともプロの経営者と呼ばれるようになるには、そういうものをもってほしいというマクレガーの大きな望みが言葉の選択に表れている。ひとを扱うことが仕事の主要な部分になってくるマネジャー層では、その宇宙観のなかに、ひとはなぜ働くかの持論、つまりモティベーション（やキャリア）にまつわる人間観も主要な領域を占めるだろうが、それ以外にも、組織観、事業観など、人びとが活躍する舞台、場についても、自分なりの考えをもつ必要があるだろう。ミドル・マネジャーからさらに経営トップとしてリーダーシップを発揮するころには、「大きな絵を描いて、その実現のためには、人びとを巻き込む」ことが大切になってくる。そのころには、大勢のひとに影響力を与えるために、人間観のなかに、リーダーシップの持論を含む必要があるだろう。また、リーダーたる人物が「描く絵」は、事業経営責任者、さらにCEOに近づくほど、事業戦略、全社戦略に近づいていくので、戦略観ももつ必要があるだろう。

コラム　四つのコズモロジー

・人間観　ひとはなんのために生きているのか。なぜ、働くのか。どうやれば、人びとを動かすことができるのか。短期的に、長期的に。

・組織観　産業社会になぜ組織がいるのか。組織をどのように設計するのがいいのか。組織に頼る部分、ひとに頼る部分をどのようにより分けていくのか。

- **事業観**　われわれは、どういうわけがあって、この事業を営んでいるのか。どういう分野には、いくら「おいしそう」でも進出していかないのか。創業以来、事業分野のなかで、なにがあっても大切にする部分と、変えてもいい部分、変えた方がいい部分を、いかにして見分けていくのか。
- **戦略観**　戦略は、事前に分析的につくるのがいいのか、行動重視で事後的に（後知恵でもいいから）意味づけていくのがいいのか。われわれならではの戦略的動きを司る発想法はなにか。

　わたしが専門にしている組織行動論では、モティベーションとリーダーシップ（最近ではこれに加えてキャリア）が中心的トピックだが、経営者になるころには、これらの領域についても、自分の考えをもつ必要がある。本書の射程距離を越えるが、経営は総合芸術だから、経営組織論、経営戦略論を学んでも、聞いたことを鵜《う》呑《の》みにするだけでなく、自分なりの組織観、戦略観をもちたいものだ。

　ここでは、モティベーションと相性のよい、リーダーシップについてのみ、少しコメントしておきたい。

　ひとがなぜ動くかをふまえて、自分ならどのように絵を描いて、絵の実現のために人びとを巻き込むかという、リーダーシップの持論もこの宇宙観（コズモロジー）の一角をなすだろう。ジョン・P・コッター（John P. Kotter）によれば、新しく事業部長になったひとは、最初の数カ月をかけて、この大きな絵と実行プラン（この両方を含めて、コッターは、アジェンダと呼んだ）を創り出す必要がある。(7) 新任事業部長として、製品市場、財務、組織とひとについて、文書化された公式の計画よりも、一方ではより長期を見据え、他方では、より短期には、だれになにを頼む必要があるのかなどの活動項目を、より具体的に描かなければいけない。「アジェンダ」の辞書での第一の意味は「会議の議題」だ。ちょうど議題のように、頭のなかで、なにをすべきかについて経営計画よりも大きな絵として描かれ、同時にすぐに着手すべきことが整理されている状態が、アジェンダ設定の帰結だ。マクレガーがプロの経営者が抱く「コズモロジー」という大げさな表現を使っているのは、担当者から、管理職へ、さらにトップへ、あるいは、専門の世界をより深く極めていくにつれて、持論がより包括的になる必要があることを示唆するいい言葉の選択だとわたしは思う。

多くの経営者が、自分の頭で考えることの大切さを強調するが、考えたら、その結果を持論に言語化し、それが、宇宙観というレベルにまで達していて、それが日常の行動の指針となるとしたら、たいへんに雄大なことだ。

宇宙観というレベルの持論を広範な領域でもつためには、たえず自ら経験の内省と他者の観察、内省と観察をめぐる対話を通じて知識創造する姿勢が必要とされる。経営者レベルには、それが求められるが、一般社員にはいらないというわけではない。とくに、やる気というのはだれしもの問題だから、モティベーションについては、若いときから持論をもつように心がけたい。また、できる限り理詰めで言語化するのは西欧の知性で、日本人のなかには、背中を見て、いわく言いがたいことを学ぶべきだと思ってしまいがちのひとが多い。しかし、だからこそ、持論の発見・

形成を含むであろう「知識創造」がいっそう重要となる。この洞察は、日本企業の研究から生まれている。[8] そのことを忘れないでほしい。

Z理論

ときは下って、マクレガーが米国人管理者の発想のなかにX理論とY理論を発掘、発見してから二〇年以上経ってから、わが国のマネジャーたちも独自のコズモロジーをもっていると、Z理論という名のもとに示唆する論者が米国に現れた。一九八一年に出版された日系三世のウィリアム・オオウチ（William Ouchi）の著作[9]がそれである。当時好調だった日本の経営に触発されつつ、米国にもHP社（ヒューレット・パッカード社）などひとを大事にするすぐれた会社がある。オオウチは、人間モデルにアメリカ版（A理論）と日本版（J理論）があるという安直な対比を捨てた。どちらの国でも優良企業は似ている点に着目して、そのような企業で見られる顕著な人間モデルを「Z理論」と命名した。X理論にもY理論にもあてはまらないもう一つのセオリーが発掘されたわけだ。そのセオリーは、XでもYでもなく、Zと冠された。命名の由来はどこになるのだろうか。

この点について、オオウチ自身はつぎのように述べている。「（Zタイプ組織という）ラベルの選択は、ダグラス・マクレガーによって、以前になされた『X理論』『Y理論』による経営管理の区別と関連があることを意図してなされたものであり、わたしの議論は、マクレガーの議論に関連している」[10]。このように述べることによって、日本の経営と似た会社が米国にもあることを、米国の管理者の見解として紹介した。日本の組織の特徴を七つほどオオウチ流に整理して、米国の多種多様な産業のマネジャーにその特徴のリストを「日本型」だと言わずに、示した。そのうえで、彼らに、その型があてはまる会社をあげてもらった。そうすると、IBM（もちろん、ジョン・エイカーズ以前のことだが）、P&G、HP（ルー・プラット以前のことだ）、コダック、USアーミーの名が繰り返しあがった。だから、Z理論というのは、日本の管理職が抱くコズモロジーを発見したというのではない。米国の管理職が、米国でも日本型に近い経営管理の持論に基づく実践がなされている会社があると述べた。Z理論は、そのことに基づいた発見であった。

持論を引き出すために

X理論も、Y理論も、Z理論も、実践家の抱く考えでありながら、その記述（そのままだと暗黙だったものの明示化）は研究者によってなされた。だから、わたしは、経営学に従事するものの使命として、自分のペットセオリー（お気に入りの理論）をかってに構築するだけでなく、実践家の抱く考えを、持論として引き出す産婆役も果たすべきだと思っている。その一環として、神戸大学のMBAの組織行動論のクラスやいろいろな会社でのマネジャー・クラスの研修において、実践家である受講生自身が抱く持論を引き出す試みを開始している。次の囲みが、神戸大学のMBAのクラスでモティベーションとリーダーシップの持論を引き出すためのレポート課題だ[11]。

〈持論をめぐる事前レポートと事後レポート（BAR of Theory-in-use on Motivation and Leadership）〉

（注：BAR は Before and After Report の略）

われわれは、わざわざひとから習わなくても、たとえば、「あのひとは外向的だ」「あのひとはとことんやりぬくタイプだ」などと、日常のなかで話します。ということは、パーソナリティやモティベーションについて、自分なりの考え（持論）をもっているということです。リーダーシップについても、「……すれば、ひとはついてくるもんだ」というように、自分なりの持論をもっているか、あるいは意識していなくても暗黙にはもっていて、ひとから聞かれればそれなりに答えられる自分の言葉があるものです。そこで、皆さんにお願いしたいのは、このコースを履修する前に、とりわけ、以下にあげているようなテキストを読む前に（注：シラバスのなかで、組織行動論の文献をいくつかリストアップしているので）、モティベーションとリーダーシップの二つについて、自分なりの持論を以下のフォーマットに沿って書いていただくようにお願いします。提出日は、Day1 の第一セッションです。

つぎの箇条書きに回答する形で、事前レポートを作成してください。すでに、これまで、なんらかのモティベーション理論やリーダーシップ理論を、学生時代、自己啓発の読書、社内の研修、社外のセミナー・講演等を通じて学んだことがあるひとも、できる限り自分の言葉で、以下のことについて書いてください。

1. 自分が調子よくがんばれているときと、無気力になってしまっているとき、この両者を分けている要因はなんだと思いますか。具体的な場面を念頭において考えてください。

2. 自分の身の回りで、概していつもがんばり屋さんのひとと、たいてい手抜きで熱心な姿をあまり見ないひとを比べて、どこに大きな違いがあるのか、考えてください。

3. (1. と関連して) 自分が調子よくがんばれているとき、上司はいったいどのような行動を自分に対してとってくれていましたか。行動の特徴を、そのひとの持ち味や発想法とあわせて、振り返ってみてください。

4. (2. と関連して) がんばり屋さんのひとにいっそう励んでもらい、また、手抜きのひとに発破をかけるためには、どのような行動をとりますか。

5. 自分がこれまでお仕えした上司のなかで、最も信頼できるし、このひとならついていってもいいと思ったひとの、発想、行動の特徴、人間としての持ち味には、どのような特徴がありますか。

6. 歴史上の人物のなかですごいリーダーというと、だれを思い浮かべますか。そのひとのスケールの大きさを示す行動上、性格上の特徴はどういうところにあると思いますか。

7. (1. と2. をもとに) 自分が信じる自分なりのモティベーションの持論を言語化してみてください。(1) キーワードを並べるレベル、(2) キーワードを相互に関連づけるレベル、(3) キーワード間の関連をうまく例示するレベル、(4) 自分なりのセオリーとしてもっと整理されているレベルのうち、できる限りより上位のレベルに至るような持論を書いてみてください。たとえば、（3）で例示される方は、例示に先立って、（1）キーワードのリスト、（2）キーワード間の関連の記述を記してください。

8．（3．から7．までの素材をもとに）自分なりのリーダーシップ持論を、7．と同じ要領で、作成してください。

9．すでに、これまでなんらかのモティベーションの理論やリーダーシップの理論を、学生時代、自己啓発の読書、社内の研修、社外のセミナー・講演等を通じて、学んだことがあるひとは、上記の7．と8．の記述が、だれのどのような理論や概念の影響を受けているかについても、記してください。

この事前レポートをDay1の開始時に提出していただきますが、その際、皆さんのお手元に、控え用のコピーも準備しておいてください。いつでも、持論について答えられるようにしておいてください。OBのコースをとることによって、持論がどのように深まるか、それをぜひ体感してみてください。

事前に予告しておきますが、事後レポートにおいても、モティベーションとリーダーシップに関して、同様のレポートを作成していただきます。そして、事前レポートと事後レポートとを比較して、持論の内容が、このコースをとることによって、どのように変化、深化、進化、進歩したかを検討したいと思います。

そもそも、モティベーションの教育とは、モティベーション理論をたくさん知っているからという理由で、講師が一方的にそれらを教えられるという筋合いのものではない。結局、自分で考えたこと、自分の言語に落とし込んだことからでないと、ひとはほんとうには学べないし、変わっていかない。成長もできない。モティベーションについての自分の考えをもつようになるのを引き出す産婆役が、インストラクターの役割だ。もちろん、受講生の実践（経験と観察）から内省、議論したことと合致する理論が存在するときには、それに言及するのが自然だ。その意図は、受講生が自分の持論を磨き上げるためだ。前述のエクササイズの試みは、そのためのものであり、第2章の冒頭で皆さんにお願いしたエクササイズも、そのためのものだ。

もちろん、非常に興味深いことに、すぐれた実践家のなかには、学者の理論や研修の場などの講師の助けなど借りず、経営の全体を描くような自分なりのコズモロジー、したがって、自分の経営学をもっているひとがいる。たとえば、ヤマト運輸株式会社で宅急便の事業を起こした小倉昌男氏の一冊目の書籍のタイトルに注目したい。それは、『小倉昌男　経営学』（日経BP社、一九九九年）。小倉昌男という名前は、著者名として入っているのではない。本の背を見れば、著者名は、タイトルの下にきちんと入っている。タイトルの意味は、小倉昌男著の「小倉昌男の信じる経営学」であることがわかる。さきにもちょっとふれたが、かつてマイルズは、経営者や管理職のひとが（とりわけ人間観との関係で）抱く実践家の持論という意味合いで、*Theories of Management*という書籍を著した。このことはさきに記したとおりだ。小倉氏は、あとあと何冊かの本を世に問うことになったが、書いたときは一生に一冊の書として書かれた小倉昌男著『小

倉昌男　経営学』とは、*Masao Ogura's Theory of Management by Masao Ogura* というニュアンスだ。マクレガーがモティベーション論、マイルズが経営管理論で言及した、実践家による実践のための持論がそこにある。ここでは小倉氏の著作の内容にはふれないが、つぎの点について考える材料が豊富に書かれている。たとえば、経営戦略をいかに描くか、組織変革をいかに導くか、経営リーダーの条件としてはなにがあるのか、さらに、そもそも自分の名前を冠するような経営学（経営の持論）をいかにして構築していったのか。リーダーシップの持論に至っては、明示的に箇条書きに示されている。

経営者や全般管理者（ジェネラル・マネジャー）なら、経営の全般について持論をもつだろうが、経営者でなくても、適切にモティベーションを維持するために、自力でモティベーション持論を言語化している方々がいる。たとえば、スポーツの世界で活躍しているひとたちには、モティベーションの自己調整が不可欠だ。

持論アプローチにおける非常に重要な学習素材は、持論の見本だ。すぐれた経営者、スポーツの世界のコーチ、音楽の世界の指揮者やバンドリーダーが書いた回想録や自叙伝、小説家やノンフィクション作家の洞察に依拠するが、歴史小説に見る政治家や武将について書かれた作品などを読むことによって、こういったすぐれたひとたちの持論を読み取ることはできる。実際に大勢のひとを動かすリーダーシップを発揮したひとなら、ひとはどのように動くかについてのモティベーション持論ももっているはずだから。たとえば、第2章でもふれた山本五十六の有名な言葉、「やってみせて、言って聞かせて、やらせて見て、ほめてやらねば、人は動かず」に簡潔に示されているものがそれだ。第2章では、ストーリーのある持論が好ましく、短い字句のなかに、思いがストーリーに凝集している例としてあげた言葉だ。

もちろん、これらのひとたちが、モティベーションの持論としてわかりやすく箇条書きをしてくれているとは限らない。そこで、ここでは、神戸大学のMBAでのBARレポートであがってきた実例一点とあわせて、すぐれた実践家で持論を披露してくれた二名にご登場願うことにした。ひとりは、頂点を極めたアスリートで、同時に今ではスポーツ心理学やライフ・トランジション（人生の節目）についての著述家である。もうひとりは、南カリフォルニア大学のMBA取得者で外資系の企業で活躍する人材マネジメントの専門家だ。

コラム　実践的にモティベーションを学ぶ

考え方、実践へのつなげ方について、

- 理論はあまたある。
- どこかに自分にあてはまるものがある。
- さらに探せば、十人十色の周りのひとにあてはまるものも見つかる。
- だから、一つの理論とは心中しない。
- たくさんの理論にシャワーを浴びるようにたっぷりふれるのもいい（学者なら、人事スタッフなら）。
- でも、大きな系統としてはまず三つ。緊張系、希望系、持論系。

- なにより自分を知るため、つぎに、周りの世界（とりわけ周りにいる人びと）を知るため、学ぶ。
- 自分を知るのは自己調整（うまく動けるようになること）のため。
- 周りを知るのは十人十色の世界を調整する（うまく動いてもらう）ため。
- 知るだけでなく、自分を元気づけ、周りを元気づけるため、モティベーション理論を学ぶ。
- 理論と経験・観察・内省を架橋することにより、自分のモティベーション持論をもつようにする。
- 持論があるので、モティベーションが自己調整できやすくなる。
- 持論のレパートリーが広く、周りのひとの説明もできるなら、マネジメントやリーダーシップにも効果が出やすくなる。

まずは、ひとりめの田中ウルヴェ京さん。スポーツに打ち込んだアスリートのセカンド・キャリアへの移行の問題をはじめ、活発な活動と著作で知られる田中ウルヴェ京さんは、自分なりのモティベーション論をつぎのように説明しておられる。

モティベーション持論の実例その1――田中ウルヴェ京さんの場合

持論について、つぎのように電子メールで詳しく説明をしていただいた。(12)

神戸大学の教員食堂で金井先生と昼食をご一緒させていただいた時、モティベーションについての話になった。モティベーションについてはアメリカで最初に行った大学院でも修論のテーマにしたいと思ったことだ。しかし、あまりに大きすぎるテーマで、どこから手をつけていいテーマなのかも定めることができず、その後は、自分流に解釈をしながら、自分の選手時代の過去を振り返りながら、

「過去を意味づける」という点において、モティベーションの持論を色々考えることを常々やっているように感じる。

　自分の「モティベーション」の軸は、生まれてから今にいたるまで、変化している。軸の変遷を考えるだけでもおもしろい。


　シンクロを始める一〇歳までは、「死ぬのが怖い」ということが生きるための軸だった。シンクロをはじめてからは、「昨日の自分ができなかったことが今日できるようになった」の連続という向上感が軸。しかしその軸によって、どんどん競技において勝ち続けるうちに、その軸が変化していく。「他人に勝つ」「社会に認めてもらいたい」「もっと偉くなりたい」「トップになりたい」という方向だ。その軸によって、いったんは、極める。極めたつもりになる。一九八六年にソロで日本チャンピオンになった時に、極めたと誤解する。同じモティベーション軸では、まったく機能しなくなる。そして徐々にシフトする。最終的に一九八八年のソウル・オリンピックまでにあった軸は「自己の限界への挑戦」だった。その言葉をまさに日記に毎日書き、客観的に自己認識しようとつとめた。無という文字を脳裏につねに描いたりしていた。一生懸命とか、努力とか、猛練習というものの先には、冷静とか淡々とか無とかというものが、究極にはあるような気が何となくしていた。ただ、そのころは、オリンピックでメダルを死んでも取りたいという欲が非常に大きかったので、果たして、本当にモティベーションが軸が「自己の限界への挑戦」だけだったのか、という点においては、未だに理解できない。おそ

らく社会的な成功とか、スポーツでの勝負においては、究極のちょっと手前で、とっても泥臭く人間臭い状態でいないと、社会においての成功という「世俗的な成功」を達成することはできないのかもしれない。

同時に、オリンピックでの自分というものは、変な言い方で誤解されることも多いが、崇高なイメージだ。純粋で、勝負をまったく意識しないところでの、究極の自分との戦いであった。それを心身相関でやり続けられたあの時間というものは、今でも懐かしいし、時の一瞬一瞬に、筋肉繊維が反応しているような感覚は日常生活ではできない。スポーツでも競技でもない。筋と心と頭の相関。統制感。コントロール感。神から与えられた身体の使用。なんともいえない最高の感覚。自分が統一されている感覚は気持ちいい。

その後、選手を引退して「堕《お》ちる」。堕ち続ける。記憶にすらしたくない時期だ。今から思えば、心と体と頭がバラバラになっていて、どうしていいかわからない状態だ。まさにモティベーションがなかった。軸がなかった。

この時期まで軸が人生に必要、モティベーションが人生に必要、自分を知ることが必要などということはまったく知らなかったので、そういう疑問すらなく、悶々としていた。

アメリカ留学で、少しずつ、気づきというものを知る。考えるということを知る。

考えるように日々したら、少しずつ自分を知り始める。

軸を探すようになる。

しかし長くプライドやエゴがありすぎて、どうも見えない。

本質が見えない。

悩む。

イライラする。

だからますます軸がない。


大学院を修了したり、五輪コーチをしたり、代表コーチをしたり、結婚したり、子供を産んだりと、時は過ぎても、本質の自分はわからなかった。

生きる意味をずっと探していた。はじめて、二〇〇一年、二人目の妊娠中に、本を書き上げる。過去を振り返る。自己内省への本当のはじまりだったかも。

会社を立ち上げる。はじめてのことばかりを体験。国民金融公庫に融資願いをしたり、経営について考えたり、すべてが怖かった。社員が増えるたびに新しい悩みになる。悩みが変わる。

自分自身の社会に対する立場も変わる。

ぐるぐると人生が「あがっていく」なかで、とても辛いし、大変だけれども、何とも言えない毎日の慌ただしさが嬉しくなる。二人目の子供が三歳になるまでは、寝るまでの間に、一度も「座る時間」

さえなくて、必死だった。仕事と家庭の両立はきつかった。自分事になっていたし、コントロール不可能なことにストレスを抱えるのが母親業だから、きつかった。自分のやりたいことがやれない、自分の時間がない、という当たり前の犠牲が辛かった。
ようやく最近変わってきた。

まとめ

過去を振り返って思うこと。
・それは、自分には周期があること。
・モティベーションには、周期があること。
・でも、その周期がすべて「意味がある」からこそ、すべてが向上につながっていると思える。
・そのこと自体が生きる原動力になっている。
周期があることに気づけたのは、親友で同志の元Jリーガー、重野弘三郎氏が教えてくれた彼の「周期論」からだった。彼は、よく「受け入れる→過去を認める→切り替える→準備する」ということを話す。それじゃあ自分はどうなのかな、と考えた時、左のようになった。

1　気づく
2　過去を認める
3　出す

4 成功、確立したと勘違いする
5 失敗する
6 学ぶ
7 昇る
8 落ち着く
9 つまらなくなる
10 捨てることにする

この循環だ。10からまた1に戻る。最初のうちは、二〇代の頃は、はじめて「気づく」ということに気づいて、その「気づく」だけをやっていた。そのうち1と2になり、1と2と3になり、だんだん項目が増えていったのだと思う。

最近、9と10が増えた感じだ。「捨てる」は、最近のキーワードだ。捨てるのは怖い。でも捨てないと、向上できないことがわかった。えいやー！ って感じで、捨てるように努力している。

でも、執着がまだある。執着がなくなり、ひっかからなくなり、自分の都合で考えなくなれば、私はもっと成長できるのだと思う。そうなれば、ようやく自分の夢に近づけるのだと思う。社会貢献とか世界平和を本当に望むなら、すべてをlet it goさせなければならない。自分自身へも執着してはいけない。ものや、技術には死ぬほど執着をしながら。

田中さんは、ソウル・オリンピックの銅メダリスト（小谷実可子さんとのペアでシンクロナイズド・スイミングに出場）として知られるが、人生やキャリアの転機をメンタル・スキルで克服することについて、多数の著作があり、それとかかわる諸活動をおこなっておられる。(13) しかし、ここぞという場面で高いテンションを維持できるひとが、人生のどの場面もいつもイキイキと過ごせているわけではない。堕ちることもあるのだ。でも、持論があればこそ、またモティベーションを高めることができる、田中さんは、その術《すべ》をつかみ、それをこのように言語化しておられる。いくつかのポイントがある。わたしがいちばん感銘したのは、すぐれた実践家でこのようになにが起こっているかを内省し言語化できるひと（MITのドナルド・A・ショーン、Donald A. Schön が「内省的実践家」と特徴づけたようなひと）がおられることだ。もう一つ心を打つのは、どんなに大活躍しているひとでも、いつもずっとテンションが高く維持できるだけではないことだ。それでも、このように持論を言語化しているおかげで、モティベーションをまた高めることができること、そういう弾力性をもっておられる点に注目したい。また、内省的実践家の持論は、完成しているのでなくいつも発展途上で、田中さんが折にふれ持論を改訂してこられたことだ。最初は、1の気づきがやる気を高めるという一項目でスタートしたのだから。今は、「捨てる」ことが最後に追加され、一〇項目になっているが、文字通り「捨てる」ことによって、将来は、四、五個の項目に集約されるかもしれない。田中さんの持論は、モティベーションの問題が、生き方やキャリアの問題と深くからみあって解説されている点に大きな特徴がある。

リチャード・J・ライダー（Richard J. Leider）が強調するように、キャリアの節目のやる気の問題は、しばしば「捨てる」ことによって、大きく喚起される。[14] とくに中年にさしかかるころには、人生を歩むためのメモリが満杯になっているので、空っぽに近くした方がいいという。彼は、そのことを体験するための探検の旅を推奨している。

どなたの持論を拝見しても思うが、持論の各項目、ひとつひとつのキーワードの背後にあるものが大切だ。持論のエッセンスを抽出した部分を項目だけで拝見すると、つまり背後の深い経験や洞察・内省について聞かずにながめると、ただのリストに見えてしまう。

モティベーション持論の実例その2――山下茂樹さんの場合

つぎに、日本イーライリリー製造部人事の山下茂樹氏がしたためたモティベーションの持論を、同氏の承諾を得て、ここに披露してみたい。[15]

持論の内容は、つぎの三項目からなり、モティベーションの強度がほころんだときに、それをどうやって修復するかということを念頭に書かれている。

どういうことでやる気になれるか？　自分自身のやる気がなくなったときどうするか、無気力になったときにどうしているかを振り返ることで〔わたしなりのモティベーション持論〕を考えてみました。

1)ひと（ロールモデルやメンター）に会う

無気力を感じたとき、重症になる前に人に会うようにしています。社内、社外を問わず、自分に元気を与えてくれるメンター（自分が勝手にメンターと意識している、ただし当人がどう思っているかはわからないひと）が数人いますので、社内であればランチに行く、社外であれば出張の合間に寄る（押しかける）ことで時間をもらいます。

私は人事、人材育成の仕事をしていますので、社外でお会いする方は、その分野で目標としている方が多いです（……お会いする限り、その方にとっての面談の価値も多少なりともあること、には気をつけています。Give&TakeのGiveの題材が必ずあるように意識しておくのがポイントです）。

一方、社内であれば、リーダーとしていいなと思える方にお会いしています。〝話していて元気をもらえる人〟に定期的にお会いすることで、自分の状況を話し、メンターの方の近況や現在の悩みをお伺いする時間をもらい、自分も元気になるというのが一連のプロセスです。

結果は、いつも高い効果があります。ひとに会う方法は、自分で自分を制御する方法に比べると、インパクトが大きいのです。声のトーンや表情、その方の持論が印象に残ります。多くの場合、勇気づけられ、元気づけられるポイントは、言葉にしてしまうと一般的なことかもしれません。〝自分の悩みのスケールが彼らのそれと違うことで、自分の問題が小さく感じられる〟〝そんな時もあるよと共感してもらえる〟〝悩み自体も楽しまなきゃ〟という前向きな考え方に触れる等々。しかし、そのようなアドバイスも、お会いする方々は自分が尊敬するひと、目標としてめざしているひとであるわけですから、影響力は非常に大きいです。以前は、そのようなひとの言葉に〝影響されすぎる〟こともありましたが、四〇歳を過ぎるころからは〃免疫〃もできて、自分なりの解釈を加えることができるようになり、自分の領域を壊してしまうほどの〃過剰な影響〃を受けることもなくなってきました。

ひとと定期的にお会いすることでいいことは、日々の生活や仕事の上でも、〃あのひとだったらどうするか？〃〃このひとだったら、今日の自分の仕事の決断をなんといってくれるか？〃を意識できることです。お会いするのは年に一、二回だったとしても、その時に、尊敬する彼らから、〃たいしたもんじゃない〃〃よくやったじゃない〃〃もうちょっと教えてくれる〃と言ってもらうこと。そのように言われるような仕事ができているかどうかを自分の仕事の基準にしています。会社の目標以外に、自分なりの、プロフェッショナルとしての倫理基準や目標をもつわけです。そのような自分自身の基準（目標）を構築すること自体も、自分の自信につながります。そのような基準（目標）をもつことが、やる気を失いにくくする材料となっています。

2)やる気が起きないことを、将来のキャリアゴールとの関連におきかえて考えてみる

仕事をしていて、乗らない、やる気が起きないことの原因として、意に沿わないことをしなくてはいけないということがあります。たとえば、必ずしも重要ではないが緊急性がある、データの報告、そのためのデータの整理や入力など。ましてやそのようなアドミニストレーションの仕事が複数あり、かつ報告の日程が重なっていることなど。部下のいるひとにとっては、部下に頼むのも一案でしょう。プレイングマネジャーで自分がやらなくてはならないケースが増えている昨今では、わたしも含め多くの方が自分自身でやらざるを得ないケースが多いのも事実です。

わたしの場合、将来のキャリアゴールと照らして、ほとんどすべての仕事を〝将来の準備〟にすり替えてしまうことにしています。たとえば、前述のデータ入力の件であれば、〝将来、人事のプロフェッショナルとして独立してコンサルタントとなった場合は何でも一人でやらねばならないから、今は神様がそのための修行を自分に求めているのだ〟と思うことにしています。

この方法は、昇進や評価の受け入れ方にも大変有効です。〝将来の独立のためには、管理職に昇進するよりも、むしろ現場での経験（たとえば研修のトレーナーをやる）を積んだほうがスキル、知識の蓄積に役にたつ。従って、〝昇進しない利益（ベネフィット）〟を楽しむ機会を得たと解釈すればいいのだと考えます。他人（上司）からの評価が、自分の思う評価ほど高くなかった時には、〝世間レベルで見て、まだプロフェッショナル基準に満たない〟ことを早めに教えてもらった、独立してから知ったならば顧客を失うわけだから、早めに教えてもらってよかった〟と思うことにしています。

（感情的に上記のことを受け入れるのには一定の時間を要します）

……ここでは、〔独立なども含め〕〝仮想キャリアゴールを複数もっておくこと〟自体が大切です。現在の会社のポジションや、他人との競争や比較だけではなく、自分のありたい将来像の夢や目標を、完全に決まっていなくてもいいので、〝仮想キャリアゴール〟として設定しておくこと（自分の生き方、働き方と同期できるものがよい）、つまり、直近の目標達成とは別の基準を自分のなかにもっておくことで、やる気がなくなったときの発想転換術として活用することができるのです。

この効用としては、やる気が起きないとき、ストレスがたまったときに、自分のやりたい仕事の確認ができることです。好きなことをやっていれば、やる気がなくなっても回復の手立てはあるでしょうし、ストレスもたまりにくいという研究結果があると聞きました。上記の〝仮想キャリアゴール〟がやる気回復につながらないときは、キャリアゴール自体が自分の求めるものと違うせいかもしれないというチェックができます。

3)やる気の持論を他人に語ってみる・会社の仕組みとして使えるように働きかける

管理職となると自分のやる気のことだけ考えているわけにはいきません。ましてや人事の仕事に携わっているのですから、部下や社員のやる気も大きな問題です。どうすれば、他人のやる気を高めることができるか？　他人のことを考えて提案をしているよりも、自分のことを語ったほうがより説得力があるということに気づいてきました。自分なりのやる気を持続するコツを語れないで、どうして他人のことが言えるのか？　という疑問はもっともです。

従って、自分の考えやコツは、なるべく部下や周りの方に伝えてみるようにしています。彼らの反応でよくあるのは、言っているイメージはわかるが、例が彼らにとってはわかりにくい（説得力がない）というものです。自分のやる気理論を活用するのと、それを他人にわかってもらい使ってもらうのは、また別のコツが必要だなと実感します。おそらく、たとえ話や例の引き出しを多数もち、話す相手に個別に合わせると効果があるのでしょう。

間違いなく効果がある点が一点。それは、話している自分自身が、他人に自分のコツを話すことで、自分自身へのコミットメントを高めている点です。人に話している以上、面倒だなと思っても言ったことは実践（たとえば、メンターと会うこと、苦手な仕事への取り組み）し続けなくてはなりません。ひとに話すことは自分を適度に追い込むことになります。

イーライリリーでは、管理職がリーダーについてTPV（Teachable Point of View）、自分のリーダーとしての持論を伝えることでリーダー育成につなげようという試みをやっています。リーダーとは必ずしも、上級管理職だけのことをいっていませんが、リーダーの持論を語ることに、いかにも高尚なことを話さなくてはいけないような、とっつきの悪さがあるのは否めません。社員全員の問題という意味では、〝やる気、モティベーションを語る〟ことのほうが、抵抗が少なく、自分の問題としてリーダーシップを考えて表現するステップとしては、より有効な方法ではないかと感じています。

このように自分の持論を、会社の仕組みに組み込める可能性を想像して自分なりに計画しているだけでも、ワクワク感が出てくるのです。

ここでのおふたりの記述に見るように、すぐれた実践家の持論は、自分のモティベーションの状態を左右する要因を説明するのとあわせて、実際に自分や周りのひとのモティベーションが落ち込んでいるときに、どのようにそれを再び高めるか、どのようにして必要なときに高度の意欲を維持するかについても、説明がある点に特徴がありそうだ。

モティベーション持論の実例その3——岡島英樹さんの場合

最後に、三つめの見本として、さきのエクササイズ（一一一－一一三頁）をもとにして、神戸大学MBA院生による、目標にまつわる、すぐれたモティベーション持論の例をあげておこう。

これは、わたしが同僚の高橋潔さんと担当する組織行動応用研究におけるレポートとして提出されたものだ。MBAのクラスへの準備やクラスでの議論を、持論を探索し、試しに書いてみて、さらにそれを改訂する機会にすることができる。

1．自分が調子よくがんばれているときと、無気力になってしまっているとき、この両者を分けている要因はなんだと思いますか。具体的な場面を念頭において考えてください。

自分が調子よくがんばれているときは、以下のような場合であると思います。

□ゴールの姿が見える。

□それを実行する前に思い描いていたストーリーどおりに進められている（漠然としたイメージだったのが、それを実行していくうちに具体的なストーリーが見え出す場合もある）。

□想像できる結果が自分なりに満足いくものになりそうである。

□周りの方々からそれなりに評価されていることが実感できる。

無気力になってしまっているときは、以下のような場合であると思います。

■ゴールの姿が想像できず、自分でも何のためにそれを実行しているかわからないと考えてしまったとき。

■実施していることが、なんの役にも立たない、と感じてしまったとき。

■周りの方々から、自分が行っていることに対してまったく関心をもたれていないと感じたとき。

これらから、両者を分けている要因は、以下の二点と考えます。

（1）実行していることに対し、目標や方向性などが自分なりに理解できているかどうか。
（2）実行していることが無駄ではなく、また周りからも評価を受けているかどうか。

なお、この方は、一一三頁のコラムにおける次の事項、

9．すでに、これまでなんらかのモティベーションの理論やリーダーシップの理論を、学生時代、自己啓発の読書、社内の研修、社外のセミナー・講演等を通じて、学んだことがあるひとは、上記の7．と8．の記述が、だれのどのような理論や概念の影響を受けているかについても、記してください。

については、「これまで特にモティベーションの理論やリーダーシップの理論を学んだことはありません」ということだった。

岡島さんのアフターの持論（一一二頁の項目7．参照）

7．（1．と2．をもとに）自分が信じる自分なりのモティベーションの持論を言語化してみてください。（1）キーワードを並べるレベル、（2）キーワードを相互に関連づけるレベル、（3）キーワード間の関連をうまく例示するレベル、（4）自分なりのセオリーとしてもっと整理されているレ

ベルのうち、できる限りより上位のレベルに至るような持論を書いてみてください。たとえば、（3）で例示される方は、例示に先立って、（1）キーワードのリスト、（2）キーワード間の関連の記述を記してください。

（1）キーワードを並べるレベル

□目的（問題）意識　□目標　□責任感

□興味　□達成感　□評価

（2）キーワードを相互に関連づけるレベル

□目標と達成感

□目的（問題）意識と責任感

（3）キーワード間の関連をうまく例示するレベル

□目的意識をもって目標を設定し、それを成し遂げたときに達成感を感じることや、他からの評価を受けることがモティベーションにつながる。

□興味があることを行うことや、責任感をもつことでモティベーションが維持できる。

□目的（問題）意識を持ってものごとを認識し、その重要性を理解することが、責任感につながり、その責任感がモティベーションにつながる。

（4）自分なりのセオリーとしてもっと整理されているレベル

他の方にモティベーションをもってもらうためには、問題意識の認識（重要性の理解）をさせ、目標設定と成果をきっちりと評価してあげることが重要と考える。自分自身でモティベーションをコントロールするためには、具体的な目標設定とその細分化、すなわち、完了（達成）の状態およびタイミングを明確に細かく設定し、達成感を継続して感じることができるようにすることが重要と考える（この場合の達成感は小さくてもよい）。

問の7．については、ビフォーと大違いに進展し、しかも自分の持論として提示された。参考にビフォーでは、項目7．（一一二頁）について、（1）キーワードを並べるレベルの記述のみにとどまっていた。その項目について、ビフォーの記述はつぎのとおり。

（1．）モティベーションを維持する、もしくは、高める方法として、以下が重要であると考えます。
□目的意識をもつ。
□行動の結果がどれだけ重要で有意義なものかを考え直す。
□アクションアイテムを洗い出し、プライオリティをつけてアクションアイテムを時系列で整理する。

コラム　マクレガー・ルネサンス——持論アプローチに対する意味合い

マクレガーがX理論、Y理論と呼んだのは実践家の持論であったということを正しく理解しよう。研究者の構築する諸理論のどれかと両立可能だが、それらとは別個の実践家の持論というものが、モティベーションとリーダーシップの領域では見られる。三名のモティベーション持論の例示をあげたが、読者の皆さんも第2章のエクササイズでメモした文章やキーワードにストーリーをもたせれば、自分なりのモティベーション持論をもつ第一歩を歩み出せる。持論をもって考えることと行動することをうまく連結させよう。モティベーションの持論があることで、やる気が仮に落ち込むことがあっても、なぜそうなっているのか診断できて、やる気を自己調整できる人間に近づこう。

第4章

外発的モティベーションと内発的モティベーション

内から燃えるものがあって、熱中している姿は、美しい。そういうものに惹かれるひとは多いだろう。模型づくりに熱中する子どもと同じように、研究開発の現場で時間を忘れて実験に没頭する大人もいるだろう。

ご褒美などなくても、やっているプロセスの楽しみや、できあがったときの達成感、そういう経験を繰り返すことから生まれる成長感などは、貴重だ。でも、わたしたちが本書で扱っているモティベーションは、仕事の場でのワーク・モティベーションだ。仕事をする一つの大きな理由は、生活の糧《かて》の原資となる報酬を得ることだ。外発的報酬だけでは物足りないというひとも、給与がないと困るだろう。昇進・昇給がうれしくないというひとは稀だろう。達成感があれば、褒めてくれなくても平気というすばらしいひとでも、尊敬するひとから「よくやった」と言われると励みになるだろう。

ここでは、外発的動機づけを考えるための理論的視点と、外発的動機づけのみに頼ることの危険について、議論していきたい。

外発的と内発的という区別

ひとががんばる理由のなかには、ご褒美をめざしてがんばるという側面がどこかにある。昇給、ボーナスなどの金銭的報酬に限らず、昇進、表彰、ひとからの賞賛や承認、メンバーからの受容、リーダーによる配慮なども広い意味での報酬（reward）のなかに含まれる。これらはすべて、働く個人に外から他のひとによって提供される報酬なので、外発的報酬(extrinsic reward)と呼ばれ、それを目当てにひとががんばる姿を、外発的動機づけ、あるいは外発的モティベーション(extrinsic motivation)と呼ぶ。これに対して、達成感、成長感、有能感、仕事それ自体の楽しみ、自己実現などは、外からいただく報酬ではないので、内発的報酬(intrinsic reward)と呼ばれ、これでひとが突き動かされる状態を、内発的動機づけ、あるいは内発的モティベーション(intrinsic motivation)と呼ぶ。

「どのようなときにがんばりましたか」というような問い(第2章のエクササイズ、四三 - 四四頁を参照)で、モティベーションの持論を聞き出すと、

- がんばった分、給料が増えたから
- うまくいったときに、上司が褒めてくれたので

というような言葉が聞かれたら、それが外発的動機づけであり、

- 仕上がったときの気持ちがなんともいえないから
- だれよりもうまくできることで、好きなことだから

というような回答があれば、その部分は、内発的モティベーションである。

動機づけという言葉は、なにか力の出るもととなるものを外からつけるような響きがある。動機は、内から湧き出るものなのか、外からつけられるものなのか。両方だろう。「動機をつける」というのは、なんかへんだが、思い当たる節はある。たとえば、おなかが減っている若手社員に、「七時までにワープロの入力を終えたら、夕食をおごるからがんばって」というときには、たし

かに、外から動機をつけているみたいなところがある。だから、あえて、外発的「動機づけ」と表記してももっともなことである——逆に、達成感や自己実現は、だれかがそのひとに外から付与できるものではなく、本人が内側から感じるものなので、「動機づけ」という言葉はなじまないので、内発的意欲とするか、カタカナのまま、内発的モティベーションと呼ぶのがいい。文字どおり、内から湧き出るものだ。持論アプローチの効果は、自分の持論を書いてみたら、そのメモを見ながら、自らの実践の世界とつなげながら理論と持論を接合できることだ。外発的にひとを動機づけることしかなかったひとが、持論を書くことにより、それに気づき、理論的枠組みを知ることによって、内発的な意欲を尊重するという方法にも目が向くようになる。

　われわれが、趣味やスポーツでなく、仕事に従事するのは、だれだって（大富豪を除けば）、どこかで生計のためという部分がある。会社で働く理由の一つとして、その部分のウェイトは大きいので、ここでは、外発的動機づけにかかわる理論的系譜を鳥瞰《ちょうかん》しておこう。あわせて、大切なことは、外発的報酬の範囲は広く、給与、ボーナス、昇給など金銭的報酬だけではないことにも注意をしておきたい。ひとは、パンのみで生きるのではない。また、ひとはひとりで生きているわけではない。それでは、ほかにどのような外発的報酬があるだろうか。そのなかには、暖かいヒューマン・タッチのものもある。たとえば、尊敬する上司に褒められる、敬意をおく先輩に励まされる、仲間に受け入れられる、お客様に心から喜んでもらう。これらもまた、外発的報酬に含まれる。スポーツや学問の世界でも崇高な成果の達成感は内発的報酬だが、オリンピックのメダルやノーベル賞は外発的報酬だ。ただし、たいへんに幸いなことに、「達成の証《あかし》」としての報酬だ。金銭的な報酬でも、達成の承認としてそれが付与されていることを本人が自覚しているなら、外発的だがそれに振り回されることなく自己調整は可能だ。

しかし、それは最近の議論で、まず、この種の研究のルーツにちょっとだけ遡ってみよう。

古典的条件づけ

外発的アプローチの源泉は古く、一九一三年に出たジョン・B・ワトソン(John B.Watson)の論文にまで遡る。われわれの心のなかまでわざわざのぞきにいかなくても、刺激と反応(S－R、stimulus-response)で、ひとやその他の有機体(生きている生物)の行動を説明できる。ワトソンは、このような考えを、「行動主義宣言(マニフェスト)」ともとれるような古典的論文で示した。それ以前の議論では、有機体の行動の説明に際して、どこかで本能の概念が想定されていた。それに対して、ワトソンは、本能の概念を捨てて、習慣の形成の問題として行動パターンを説明した。彼の理解では、習慣とは、学習された反応(learned response)にほかならない。

いくつか有名な挿話がある。たとえば、ワトソンは、アルバートという名の生後一一カ月の被験者を観察した。この乳児はなじみのない自然の刺激に対して平気だった。もし本能というものがあるならきっと怖がりそうなはずのものを目にしても平気だった。アルバートは、サル、イヌ、白ネズミ、ウサギ、コットン、ウール、髪のある仮面、髪のない仮面、燃える新聞のいずれにも、まったく恐怖を示さなかったと報告されている。燃える新聞を怖がらないなどというのは、進化心理学をわりと信じるわたしにとっては驚きだ。火を怖がるのは本能(ハードワイアード)で、それがないわれわれの祖先は、焼かれて死んでしまっている可能性が高いから。しかし、アルバートは、燃える新聞も怖がらなかった。

このことだけでも、有機体一般には、そして人間にも、生来、本能的な恐怖心というのがあるという考えに反論するのに十分だ。少なくともそれを疑問視する契機とはなるだろう。このことを踏まえて、ワトソンがアルバートに対しておこなったことは、パブロフがイヌでおこなったような条件づけにあたるものだ。おなじみのパブロフのイヌについては、おそらく説明は不要だろうが、おおむねつぎのとおりだ。イヌにとってベルの音と食べ物は本来なんのつながりもない。だが、いつも餌をあげるときにベルを鳴らしていると、ベルの音を聞くだけで、唾液を出してしまうようになった。ベルの音と食べ物との間につながりができたということだ。ベルが鳴るという条件に反応して、唾液が出てしまうというわけだ。こういう有名な古典的条件づけの話は聞いたことがおありだろう。

まず手始めに、実験者のワトソンは、被験者のアルバートが怖がるものがなにかあるかと探した。その結果、頭上あるいは頭の後ろ側で金槌で金属音を三回ほど鳴らすと、おちついた状態だったアルバートが泣き出すことがわかった。そこで、アルバートがまったく怖がらなかった白ネズミ（自然の中立的な刺激）を見せ、条件づけなくとも自然に怖がって泣いてしまうほどの大きな音（自然の嫌悪的な刺激）を同時に聞かせると、やがてアルバートは、白ネズミを見るだけで泣き出すようになった。これをワトソン流の行動主義の言葉でいえば、恐怖で泣くという情緒的反応が、体系的な環境の刺激の操作（systematic manipulation of environmental stimuli）を通じて条件づけられた（学習された）ということになる。

オペラント条件づけの世界

ワトソンが行動主義を世に問うマニフェストを表明してから、ちょうど四半世紀がすぎた一九三八年に、バーハス・F・スキナー（Burhus F. Skinner）は、古典的条件づけとは異なるスキナー流の行動主義を提唱した。それは、一般に、古典的条件づけと対比して、オペラント条件づけ、もしくは強化理論として知られるようになった。オペラント条件づけの人間に対する応用は、行動変容（behavior modification、B.Mod と略称）あるいは、応用行動分析（applied behavior analysis）と呼ばれた。経営学の組織行動論のなかでも、アメリカ経営学会の会長経験者のフレッド・ルーサンス（Fred Luthans）によって、この方法が組織行動変容（organizational behavior modification、O.B.Mod と略称）の名で導入されて久しい。オペラント条件づけは、経営学の組織行動論のなかで、そこそこ古い歴史をもつ。最初に『組織行動変容』というタイトルの書籍が出てからもう三〇年にもなる。(1)

ハーバード大学のスキナーの研究室を訪ねたひとたちがそろって話題にしたのは、スキナー・ボックスとも呼ばれる実験装置と、そのなかで実験のために飼われているハトなどのおびただしい数の動物のことだ。お腹をすかしたハトやサルは、スキナー・ボックスという環境のなかで試行錯誤して動く間に、レバーを押せば餌が出てくることを学習していった。学生時代の心理学の講義などで、スキナー・ボックスのなかで「学習をした」動物の映像を見たことのある読者もいるだろう。いったん学習すると、いかに動物が一生懸命に「がんばって」レバーを動かすことか。そういう映像を見れば、そのスピード、回数に驚くかもしれない。外発的報酬のパワーを知るには、十分に説得力のあるがんばり屋さんの生き物の姿がそこにある。

では、新たなオペラント条件づけと、かつての古典的条件づけとの決定的な違いは、どこにあるのだろうか。パブロフのイヌも、ワトソンのアルバート君も、どちらも自ら環境への働きかけというものがない。それに対して、スキナーの実験箱の世界では、有機体の側から環境への積極的な働きかけがある。スキナーのハトやサルは、環境へ自ら働きかけた結果、餌という報酬を受け取ったり、電気ショックなどのマイナスの報酬（罰）を回避したりする。環境への能動的なかかわりを示す言葉こそが、「オペラント（働きかけ）」なのだ。パブロフの実験では、強化因子（餌）が刺激（ベルの音）とペアにされるだけだが、スキナー・ボックスでは、そこにどのような結果がもたらされるかは、反応に依存する（contingent upon response）。この行動と結果との関係を、言葉は硬いが「随伴性（contingency）」と呼ぶ。結果の随伴性、もしくは随伴的結果というのが、オペラント条件づけのキーワードだ。がんばった結果、なにがもたらされるのか。反応しただけ、環境の側が報いてくれるから、行動を起こすというわけだ。

これは、なにも、スキナー・ボックスのなかの動物に限ったことではない。人間にも幸か不幸かおおいにあてはまる。子どものときのわかりやすい例でいこう。お手伝いをしたら、お小遣いをもらえるという経験を繰り返ししたとしよう。お手伝いという行動に、お小遣いという結果（報酬）が随伴していると、子どもは学習することになる。結果の随伴性をいったん学習すれば、手伝ってくれないかというお母さんの声が聞こえると（これは、状況のなかで先行する合図、先行要因という意味で、言葉は硬いがもとの英語は、antecedent cue あるいは単に antecedents と呼び、Aと略す）、掃除する、買い物に出るなどのお手伝いの行動（behavior を略してB）、お小遣いやお駄賃をもらったら、それが随伴する結果（consequences を略してC）という流れができる。このような三要素で学習と動機づけを分析することをＡＢＣ分析、もしくは機能分析と呼ぶ。

この結果のタイプには、このお小遣いのように正の結果（報酬、ニンジン）のこともあれば、勉強しないと怒られる、おやつがなくなるというような負の結果（罰、ムチ）のこともある。プラスの結果を得られるので、特定の行動が強化されれば、正の強化（positive reinforcement）という。これに対して、電気ショックのようなマイナスの結果を、逃避行動を起こせば回避できるので、ショックがあればすぐに逃げる（親に怒られそうになったら、外に遊びに出る）。こういうのは、負の強化（negative reinforcement）ということになる。ほしいものを得るため、いやな目にあわないためにがんばるのを、それぞれ正の強化、負の強化という。さらに、消去というメカニズムもある。いつものようにお手伝いをしているのに、もう中学生にもなったのだから、手伝うのは当たり前だと思ったお母さんが、お小遣いをあげるのをやめたとしよう。その結果、子どもがお手伝いをしないようになってしまったら、それを消去（extinction）と呼ぶ。経営学のなかにおける組織行動変容（O.B.Mod）という技法に系譜が残されているとおり、オペラント条件づけ、結果の随伴性、ＡＢＣ分析は、子どもだけにあてはまるわけでなく、会社で一生懸命がんばる大人の説明にも使える。

このようなスキナーの考え方の背後には、エドワード・L・ソーンダイク（Edward L. Thorndike）の有名な「効果の法則」（law of effect）があり、それが理論的支柱となっている。おかれた状況とそこで経験する反応との間に関係があり、その関係が修正可能なときに、ある状況である反応をすることが、満足のいく結果をもたらすならば、その関係の強度は増大し、逆に、反応した結果、不快な状態が招来されるなら、そのつながりの強度は低下していくというものだ。

最近では、あとで紹介するような期待理論、目標設定理論のように、先行要因と行動と結果だけを見るのでなく、心の状態（認知や知識、できるという気持ち）などを重視するようになっているので、スキナーのアプローチだけでは、きっと物足りなく思うことだろう。しかし、この「だけでは」というところが味噌だ。ご褒美をめざして、また、いやなことを避けるためだけに、大の大人が働いているのなら、少し情けない気がする。それ「だけではない」からだ——仕事に打ち込む充実感や達成感、自己実現などもありえるからだ。

かといって、ひとは、いいことがあったらがんばるし、いやなことを避けられるのなら、そのためにもがんばる。これまでやってきたことでも罰せられるのなら、その行動をやめる。そういうオペラント条件づけの基本の基本は、無視できない。古臭い理論なのでまったくあてはまらない、ということはないだろう。ただし、これ「だけで」説明しようとしたら、見落としがあるということだ。

最近の成果主義をめぐる議論も、より多くの成果により多くの報酬をというほど単純なもので

表４－１　強化理論の例示

行　動	結　果	効　果	名　称
① 正の強化			
何らかの言動	望むものを獲得できる	行動の増進	正の強化
② 正の強化の例			
レポート作成がうまくいかず、上司に相談する	上司が必要な情報を与えてくれる	次に情報が必要になったときもその上司に相談する	正の強化
③ 罰			
何らかの言動	望まない物を与えられる	行動の減少	罰
④ 罰の例			
レポート作成がうまくいかず、上司に相談する	「私１人に全部押しつけようというのかね。自分で情報を集めなさい」と上司が答える	次に情報が欲しくなったときは上司に相談する前に躊躇する	罰
⑤ 消去			
何らかの言動	中立的反応を得る、あるいは何の反応もない	当初行動は増進するが、時間とともに次第に減少する	消去
⑥ 消去の例			
レポート作成がうまくいかず、上司に相談する	「質問に答える時間が今はない」と上司が答える	情報を求めてその後も何度か上司に相談するが、何の反応も得られなければ尋ねるのをやめる	消去
⑦ 負の強化			
何らかの言動	望まないものを避けることができる	行動の増進	負の強化
⑧ 負の強化の例			
レポート作成がうまくいかず、上司に相談する	「そのレポートは似たようなものがあるからやらなくてもよい」と上司が答える	その次、与えられた仕事がうまくいかなかった場合あるいはその有用性に疑問が生じた場合は上司に尋ねる	負の強化

出所：ジョセフ・Ｈ・ボイエット、ジミー・Ｔ・ボイエット『経営革命大全』金井壽宏監訳、大川修二訳、日本経済新聞社、1999 年、278-279 頁。

はけっしてないが、背後にあるのは、スキナー流の言葉では、行動が結果に随伴しているようにするための試みでもあったといえる。わが国のリーダーシップ論の大御所だった三隅《みすみ》二不二《じふじ》先生が、米国にはまだまだスキナリアン（スキナーの考えを信奉するひとたち）が多いとしばしばいっておられたが、たしかに、根っこにおいて強力な考え方として脈々と君臨している。また、実践面でも、行動変容や治療面での行動療法などに、明白に生き残っている。

さきに、子どもの手伝いの例をあげたが、ビジネスの世界でも作用している強化理論の例示を、経営書から引用しておこう（表4－1）。

持論は、自分のやる気を、さらに周りの人びとのやる気を説明するのが理想だといってきた。外発的モティベーション論は、自分にも周りの人びとにもあてはまるなら、モティベーションの持論をつくる一つの素材となるだろう。ただ、持論をもつ目的がやる気の自己調整だという観点からはパラドクスだ。なぜなら自己調整とは外発的なものにふりまわされないことだからだ。

ただし、経営学のなかで扱うワーク・モティベーション論は、会社のなかのやる気を考えているのだから、給料や昇進などの外発的な報酬の効果を考えるときに、やはりこの種の考え方を、無視して通るわけにはいかないだろう。これ「だけでは」足りないということを認識しながらも。

外発的動機づけに過度に依拠することのマイナス

内発的意欲と外発的動機づけは、後者だけを悪者に仕立てて済ますべき対比ではない。両方に出番があるに決まっている。でも、わたし自身も、どこかで、外から駆り立てられるよりも、内から湧き出るものを大切にしたいという気持ちをもつ。たとえば、大切にしたいのはつぎのような瞬間だ。

やっている仕事そのものが興味深く意味が感じられるとき。仕上がったときに達成感を感じられるとき。そういう仕事を繰り返しやっているおかげで成長感がしみじみともてるとき。仕事を通じて大人になっても一皮むけたと実感できるような経験ができるようなとき。

これらは、大切なモティベーターだ。他面で、勤務している先の組織は生計の糧を得る場という側面があるから、外発的動機づけにも依拠する側面があってもしかるべきだから、それを悪し様にばかりいうのもいただけない。

とはいうものの、外発的動機づけに過度に依存すると、いくつかの弊害が出てくる。そのことを最もラディカルに批判してきたのは、米国の評論家、アルフィー・コーン（Alfie Kohn）だ。その諸説をまるごと鵜呑みにすることは、また行き過ぎだが、そこからいくつかの興味ある視点を得られるので、議論の材料として、そして読者の皆さんの持論をこの観点からチェックするために、紹介しておきたい。外発的報酬が悪影響をもたらす理由としては、コーンはつぎの五点に注目している。[2]

（1）報酬は罰になる（Rewards punish）
（2）報酬は人間関係を破壊する（Rewards rupture relationships）
（3）報酬は理由を無視する（Rewards ignore reasons）

（4）報酬は冒険に水をさす（Rewards discourage risk-taking）
（5）報酬は興味を損なう（Rewards kill interest）

さらに、この問題の先鞭を切ったデシの主張も二点加えておこう。[3] 報酬、強要、脅し、監視、競争、批判的評価によってひとを統制するように動機づけるのに反対の烽火をあげた元祖は、デシであるので。

（6）報酬は使い出したら簡単には引けない
（7）報酬はそれを得るための手抜き（最短ルート）を選ばせる

（1）報酬が罰になってしまう（Rewards punish）というマイナス面

ほとんどのひとは、罰はよくないが、褒めたり、褒美をあげたりすることならいいだろうという。コーンは、報酬と罰とは、同じコインの表裏にすぎないと主張する。報酬がその場にあることが罰となるという言葉は、英語では、たった二語、Rewards punish という絶妙な字句だ。彼の本の原著のタイトルは、『報酬によって罰せられて（*Punished by Rewards*）』となっている。これには、つぎの二つの意味合いがある。

一つは、報酬も罰と同じく、ひとの行動をコントロールするという点だ。「これをすれば、あれをあげるよ」という行動は、すべて人間操縦という側面をもっている。「肩をもんでくれたら、お小遣いをあげるよ」といういいことへのご褒美を、「これ以上ちょろちょろ走り回って仕事の邪魔をすると、怒るよ」という罰の脅しと比べてみよう。たしかに、怒るよりは褒める方が気持ちはいい。それでも、両方とも、子どもの行動をコントロールしようとする点では同じだ。もう一つの意味合いは、報酬を通じての働きかけは、できたら自分も報酬にありつきたいと思っていたのに、それをもらえないひとを生み出すということだ。このことが、実際上、罰と変わらない効果をもつ。ある事柄について、褒められる生徒がいるということは、ほかに褒められない生徒がいるということだ。アメやニンジンをぶらさげることもできれば、「あげないよ」ということもできるからだ。賞賛や褒美がお預けになることは、罰の一種だろう。とくに、もらえるかもしれないと思ったのにそれがなくなったり、ほかにはもらっているひとがいるのに、自分がもらえなかったら。

経営者も教師も親も、従業員、生徒、子どもがいうことをきかなかったら、この手を使う。「これをすれば、あれをあげるよ」と言われるのは、そのまま紙一重で、「これをしないと、あれはあげないから」と言われるのと同じ状況を作り出す。このように、報酬そのものがコントロールにつながり、外からの報酬のせいで、ひとによっては自由がなくなり他のひとのいうままになってしまう。自由を失うのは、ふつうに考えると、そのこと自体が罰である。外発的にひとを動機づける世界では、褒美をご破算にするという巧妙なやり方まである。そのために、報酬が結局は罰になりうる。このことを、コーンは、Rewards punish とたった二語のフレーズで表したのだった。

冷静に考えるといっぱい反論もあるだろうが、初めてこのフレーズを耳にしたとき、たいていのひとは驚く。たしかに、そういう面もあると、うなずきながら。とくに、愛するひとや大切に思うひとには、この二語のフレーズでは接したくないと思うのではないだろうか。恋人や子どもに対して、「これをすれば、あれをあげる（あげない）」という姿勢で接するのは、それがいつものことなら、おぞましいことだ。

（2）報酬が人間関係を破壊してしまう（Rewards rupture relationships）というマイナス面

経営の分野でも、デミングは、個人ベースの誘因プログラムには働く人びとの協働、協力を低下させるマイナス面があることを指摘してきた。最近の成果主義も、導入、運営によっては、個人の力を高めるつもりが、集団の力や団結、集団内での自然なスキルの伝承や相互学習を阻害する。そのような可能性が指摘されてきた。報酬の受け取りにおいて、勝ち組と負け組が出てくるなら、人間関係はどうしてもぎすぎすしたものになるだろう。競争が不安を生み出す。勝つ見込みがないと思うひとは努力しなくなる。競争の結果について努力でなく運や能力など（自分でコントロールできない要因）に帰属しがちだ。このような事実を報告する研究にコーンは注目する。個人にインセンティブを与えるからこうなる。ならば、集団にインセンティブをということになる。たとえば、教師が「皆がいい子にしていたら、おやつにしましょう」と約束する。でも、残念ながら、わんぱくな子どもたちが騒いで、結局「皆がいい子ではなかったので、おやつは中止」と宣言することになってしまったとしよう。このときに行儀をよくしていた子どもたちは、いい子にしていなかった（元気で）わんぱくな子どもに、少しは敵対心をもってもおかしくない――「また、あいつらのせいだ」と。ここで、コーンがもう一つ警告する問題は、（1）の点でも述べたコントロールしたいという先生の側の発想だ。ほんとうに子どもたちの幸せを願って「おやつにしよう」と言っているのか、それとも先生の都合で、「いうことをきかせよう」「自分が教えやすい環境をつくろう」と思ってそう言っているのかで大違いだ。往々にして後者のケースが多く見られ、教室だけでなく、職場でもそういうことが頻繁に起こりうる。報酬にはひとをコントロールする面があると気づくのはコントロールされる側だ。同時に、報酬が協力関係をぎすぎすさせる場合もある。このことにより鋭敏に気づくのも、先生や管理職の側ではなく、コントロールされる側だ。さらに困ったことに、先生や管理職のなかには、コントロールしたがるひとがけっこう多い。ひとをコントロールすること自体が、教室や職場での自分の役割であると思っているようなひとがいる。もちろん、競争がいい緊張感を生み出し、ゲーム的状況をいい意味で創り出し、やる気を高めることもあるだろう。その場合にも、まず大きな信頼があって、ちょっとやそっとのことで人間関係が壊れないという状態になっていなければ、やがていつまでも続く競争に疲弊するであろう。

(3) 報酬に頼ると行動の理由を無視してしまう (Rewards ignore reasons) というマイナス面

お手伝いすれば褒美をあげる、しないと褒美なし、場合によっては罰を与える。このときに問題なのは、問題となる行動(お手伝いしないこと)の原因の追究がおろそかになることだ。修正したい行動のそもそもの原因を追究する代わりに、正(や負)の報酬だけが目の前にニンジン(やムチ)のように提示される。そうすると、修正したい行動が生まれるもとの原因を絶つことができなくなる。同様に、ビジネスの場面でも、成果をあげたひとにより多く報いるというのはけっこうなことだ。でも、成果をうまくあげられなかったときに、いちばん大切なのは、報酬をあげないこと、罰をもたらすこと以上に、つぎはどうやったらよくなるかを前向きに議論することのはずだ。

報酬でひとの行動をコントロールしようとする親や課長が、文字通り、「報酬の管理者」となってしまって、共同問題解決、議論の促進者でなくなってしまったら情けないことだ。遅刻するひとに、ルーサンス流の組織行動変容で臨む場面を想定しよう。まるで行動療法で高所恐怖症を治すのと似ている。さて、「遅刻したら罰する」「間に合ったら褒める」ということだけで行動を変容させようとするのと、遅刻が起こる理由、原因を探ることによって大本《おおもと》から問題を解決するのと、どちらがいいか。答えは自明だろう。しかし、ニンジンをぶら下げてムチをちらつかせて、安易に行動だけ表面的に変える方が楽だから、ついそうしてしまう。

コーンは、自分宛に来た読者からの手紙で、褒美や罰による行動修正を批判するのはいいが、まもなく三歳になる娘が寝る時間なのに、何度も何度もベッドルームから出てくるときに、どうしたらいいのかと質問されたそうだ。

つぎに記すのは選択肢の会話例である。

（1）「三つ数えるうちにベッドに戻らないと、テレビは一週間禁止よ」
（2）「今夜から三晩、ちょろちょろせずにすぐに寝たら、欲しがっていた縫いぐるみのクマを買ってあげるわ」

（3）「なぜベッドから何度も起きてくるのか、理由を探さなくっちゃね」

子ども相手に、（3）の案をとる母は少なく、たいていスキナーの行動主義者のように、（1）か（2）で子どもの行動をコントロール、もしくは修正・変容させようとする。原因や理由をみずに、Rewards punish の世界を実現してしまう。要は、つべこべ言わず、言うとおりにさせたいのだ。議論する間などないと思っているのだ。しかし、ほんとうに子どもを変えようとしたら、原因をしっかり探しだして、そこから変えていくのがいい。子どもがすぐにベッドでおとなしく寝ないのには、いろいろな理由がありえる。

・昼寝を長くしていて、時間も早いので眠くない
・両親に甘えたり、お話をしたりできる時間が夜しかない
・興奮するような楽しいことがあって、それが覚めやらない
・ベッドの下にお化けがいると思っている（眠るまでベッドルームにいっしょにいて欲しいと思っている）
・自分には眠れといった両親が居間で楽しそうに話し合っているのが気になる

報酬に頼ってしまうと、理由を探すために、子どもを観察したり、話し合ったり、ほかの親たちと意見交換したりすることが、ないがしろにされてしまう。このように原因を並べると、実は行動を変えるべきは親の方なのに、子どもに賞罰を加えていることだってありえる（職場でも、実は行動を変えるべきは管理者の方なのに、部下に賞罰を加えていることが多いのではないだろうか）。親の方が気をつけて子どもの昼寝の時間を少し減らす、昼間からもっと子どもの相手をする（そ

のために夜遅くなる前に、子どもが起きている間に早く帰る）、眠る前にやたら興奮させないようにする、添い寝してあげる、眠りにつくまで子どもが起きないように静かに読書する。このように、変容すべきは、子どもの行動である以前に、親の行動だということもありえる。自分の行動のことは棚にあげ、子ども（部下）をコントロールしたがる親（管理職）が、賞罰に頼ることのマイナス面を、捨象《しゃしょう》してはいけない。

相手が子どもでなく、成熟した大人の部下である場合には、なおいっそうのこと、行動の理由について対話するのがいい。たとえば、成果主義を導入した場合でも、成果と報酬を結びつけるだけでなく、成果があがらなかったとき、その理由を部下たちとしっかり話し合う、探ることの方がいっそう大事なはずだ。成果そのものだけでなく、成果に至る行動を問うときには、部下の行動だけでなく、自分の行動もどう変えるべきか問うような管理職でないと、話にならない。その意味では、会議はいやだというひとも多いが、成果に至るプロセスについてしっかり議論がされているなら、会議の場は成果主義のもとではより大事になる。(4)

（4）報酬が冒険（危険負担）を阻害する（Rewards discourage risk-taking）というマイナス面

「これをすれば、あれをあげるから」というひとの動かし方は、基本的には、報酬を管理する側の言うとおりにやれ、という世界だ。だから、創造、工夫、冒険、危険負担、革新、広い視野、総合という美徳とは、基本的には相容《あいい》れない。言うとおりにやれというメッセージを読みとり、どこかで行動が操作されていると思いながら、伸びやかに振る舞うことはむずかしい。コントロールする側が思いもかけなかったイノベーションが起こせたとしても、コントロール狂は、創造より秩序を好むので、その場で歓迎されるとは限らない。言われたことを超えて工夫することが、「これをすれば」という、おきまりの行動の範疇《はんちゅう》に入っていなかったら、コントロールする側の機嫌を損ねるかもしれない。勝てば官軍で結局、上司が望む以上に創造的な解決がもちろん褒められることもあるだろう。

しかし、視野狭窄《きょうさく》のマイナス面は大きい。コーンの懸念は、報酬によってひとが動くときには、そのこと自体が楽しくてがんばっているときに比べて、視野が狭くなるという点にある。ここに働く基本原理は、「報酬目当てに働くときは、報酬を得るのにちょうど必要なだけの仕事をやり、それ以上はやらない（when we are working for a reward, we do exactly what is necessary to get it and no more）[5]」と要約できる。評価システムができあがると、ひとは評価される項目の範囲で動きをとる。また、往々にして最終成果の数字など量的なものが中心にもなりがちだ。美的、総合的な判断は、指標化、定量化しにくい。モティベーション論をコントロール・システムの設計の問題に応用したエドワード・E・ローラー三世（Edward E. Lawler, III）は、ひとは測定される項目だけに目を向けるようになる点を警告した[6]。「測定できないものはコントロールできない」というのは至言だが、同時に、測定されることがなければ、大事なことでも軽視されるし、測定が可能なことでも、褒美の対象にならないことは、無視される。心理学者のジョン・コンドリー（John Condry）は、端的に報酬とは「探求の敵（enemies of exploration）」と言ってのけた。

創造性の心理学で名高いテレサ・アマバイル（Teresa Amabile）によれば、迷路から抜け出る最も安全で確実で速い道は踏みならされた非創造的な道である。スキナー・ボックスで餌に向かうネズミを思い浮かべてほしい。

もちろん、スキナーの強化理論、もしくはオペラント条件づけのストレートな応用として、創造や革新に対して報酬を出すというやり方がありそうに思えるだろう。しかし、実際に、スキナー流の実験をハトやヒトにおこなってみると、独創に対して報酬を出すことで、独創が生まれるわけではないことがわかった。ひとたび報酬を得るルートがわかったら、アマバイルの示唆した思考実験で想像したとおり、過去の成功と同じパターンを繰り返すことになるのだ。

独自な心理療法で知られるポール・ワツラウィック（Paul Watzlawick）は、「自発的に動け（Be spontaneous）」という矛盾をかつて指摘したことがある。(7) 大人が子どもに、「自発的に勉強しなさい」と指示したとしよう。それを聞いて勉強しだしたら、自発的に勉強していることにならない。同様に、会社の研究開発部門で、研究室長がスタッフに、「自発的に工夫してどんどん実験しなさい」と命令したら、これも同じ矛盾を生み出す。その言葉で、実験に着手したら、自発的であれという部分には背くことになる。「自分が主人公」という自己調整とは、なじまない罠がここにある。さらに、「自発的に創造的成果を生みなさい。そうしたら、ご褒美をあげる」などと言った日には、誠に困った状態となる。Be spontaneous という指示が、随伴的な報酬と結びついたらどうなるか。「言うとおり自発的にしてくれたら、外発的報酬をあげる」というのは、そういう意味で、困惑させる指示だ。

（5）報酬に目が行き、やっていることへの興味を損なう（Rewards kill interest）というマイナス面

報酬が効果的でなくなる第五の理由は、アンダーマイニング現象としてよく知られていることだが、報酬がやっていることへの興味を損なうということだ。もう少し正確にいうと、外発的報酬は、やっていること自体がおもしろい、興味深いと思ってがんばる気持ち（つまりは、内発的モティベーション）を阻害する。この点については、デシの実験でこの章ですぐ後でふれるが、別にご褒美をもらわなくても楽しくて没頭できる事象に、お金など外発的報酬をあげるのは有害だ。それは、楽しくてやっているのでなく、お金のためにやっているのだというように、自分の認知が変わってしまうからだ。コーンの紹介する有名なジョーク、学校の帰りに、家の前で悪口を言う子どもに報酬を与え、その額を順次下げていくことで、悪口をやめさせた老人の話を、聞いたことがあるだろうか。

コラム

悪口をやめさせた老人の話

ある日、いつものようにバカだのキタナイだのhow stupid and ugly……だのという悪態を聞いたあと、老人はある計略を思いついた。次の月曜に彼は庭に出てきて、子供たちに向かい、あしたもまた悪態をついた者には一ドルずつやると言った。腕白たちはびっくりし、また喜んで、火曜日にはいつもより早く来、悪態の限りを尽くした。老人は悠々と出てきて、約束どおり皆に金を与え、「あしたも同じように来てくれれば二五セントずつあげるよ」と言った。子どもらは二五セントでも

大したものだと思って、水曜にまた現れて悪態をついた。声が聞こえるとすぐに老人は、一巻たっぷりの二五セントを持って出、悪童連に支払った。「これからは」と彼は言った、「一セントずつしかあげられないよ」。子供たちは信じられないといった様子で顔を見合わせ、「一セントだって?」と馬鹿にしたように口々に言った。「もういいよ!」。こうして二度と来なくなったというわけである。(8)

（6）報酬は使い出したら簡単には引けない（Once you have begun to use rewards to control people, you cannot easily go back）

第五点までが、コーンの主張だが、さきに予告したとおり、あわせてデシの論点を二つ足しておこう。

いったん、やってほしいことを相手にしてもらうために、報酬を使い出したら、相手の側に、それをするのは報酬のためだという期待が生まれてしまう。行動は金銭を得る手段、用具だという認識ができてしまったら、同じ行動を期待するためには、報酬を与え続けるしかなくなる。お手伝いでも、デートでも、試合でも、一回でもお小遣い、夕食、優勝旗なんかを使うと、どうなるか。子どもは、手伝えば、またお駄賃がもらえると思い、彼女は、今度もおいしいフランス料理をと期待するかもしれないし、スポーツイベントも、旗やカップを手にしてしまうと、少なくともそういうのがある試合に、より惹かれてしまう。よほど、お母さんが「今回だけよ」と、彼が「ボーナスが出たので今夜だけ」とか言わない限り、それ以後子どもも彼女も、小遣いや食事を、ちょっとは期待してしまうことになるだろう。それを責めることはできない。

報酬を使った側は、そのいったん使い出した手を簡単にやめられなくなる。相手にも、不要だった報酬への期待をもし抱かせてしまったなら、純粋な手伝いの喜び、デートの楽しさに対して、よけいなことをしてしまったことになる。ましてや、統制される側にも、報酬へのアディクション（中毒）を導いてしまったら、最悪だ。デシは、オットセイの芸も、餌がなくなると幕となるように、人間様だって、同じことになってしまうと警告する。

（7）報酬はそれを得るための手抜き（最短ルート）を選ばせる（Once people are oriented towards rewards, they will be too likely take the shortest or quickest path to get them）

ひとがいったん報酬への関心ゆえに行動をするようになると、その行動そのものも、報酬をもたらすに足る最短のルート、往々にして手抜きのやり方を選ぶようになる。デシは、自分が子どものとき、クックという名の先生に学んだ。クック先生は、読書を奨励するために、教室のなかに本箱をおき、そこから借りる手順を教えた。読書を励ましてくれたのはいい。だが、一年間で最も多数の本を読んだ子に褒美をあげるというインセンティブがそれを台無しにした。結局、本をじっくり読まずに読み飛ばす、果ては、読んでいるのかどうかわからないがとにかくたくさん借りた子どもが、褒美を得てしまった。これが最短ルートの例だ。このことに気づいたデシは、次々と本を借り出すサインをすることに精を出した。学年の終わりに褒美のクレヨンをもらったが、そうでなければ、借りるだけでなくほんとうに心をこめて読んだかもしれない本のことを思うと残念だとデシは言う。読んでいたら感じたかもしれない感動や発見を失った。ただとにかく借りるという報酬への最短ルートに行動がはまった。そのために、子どものときの純粋な読書の喜び、楽しみのいくつかを逃したかもしれない。コーンのあげた第四の点に、これはかかわっている。革新や創造のためには、しばしば最短ではない遊び、糊しろ、いい意味での脱線、寄り道が必要だ。効率とスピードだけが問われると、リスクを伴う工夫への時間や余裕がなくなってしまう。目的に至る最短の道を選ぶことは、それがふさわしい状況では、それ自体わるいことではない。ただ、最も手っ取り早い経路を選ぶ理由が、報酬を得るためだけになっていたら、その選択は、自律的ではない。報酬に統制されている。コーン流によると、報酬に罰せられているようでもある。

内発的モティベーションのすすめ

内発的モティベーションの代表的研究には、達成感、フロー経験（楽しみ）、有能感、自己決定（自律）、自己実現、成長感などの諸研究がある。ここでこのすべてを詳しく論じるわけにはいかないが、共通の特徴がある。いずれの説においても、ほかのひとを介して「外からもらう報酬」ではなく、うまくいったことや自分で決めたことにいそしむこと自体が、「内側から生じる報酬」となっている。自分らしさにかかわることからの納得感。自分の潜在力を生かしきっていると思える喜び。一生懸命にやっていることが自分の成長にかかわっているという感覚。がんばることで一皮むけつつあるという実感。これらがお金や昇進、昇給、他者からの承認とはまた一味違う、内面から生まれるご褒美になっている。

達成感（feeling of achievement）は、途中いかにたいへんでも、うまく成し遂げることができたというポジティブな感覚だ。デイビッド・C・マクレランド（David C. McClelland）がこれに注目した（第5章を参照）。たとえば、開発成果が、実際に製品になって世に出たときのことを思ってほしい。あとで詳しく述べるように、経済発展や起業の活発さは、達成動機の強さにかかっている。

これに対して、フロー経験（flow experience）は、対象に熱中、没頭して、流れるかのごとく自然に、楽しく時間がすぎるが、その行為をコントロールしているのはすべて自分自身だという絶妙な感覚だ。ミハイ・チクセントミハイ（Mihaly Csikszentmihalyi）によって提唱された概念だが、今では、フローは、「よい趣味」だけでなく、「よい仕事」「よい創造性」「よいリーダーシップ」「よい社会」を特徴づける条件だと彼は考えている。

開発の成果、結果ではなく、開発のプロセスそのもので、実験にわれを忘れるほど没頭しているような経験が仕事の世界でのフローの例だ。仕事以外の世界では、将棋に熱中する棋士、プレー中のサッカー選手、ステージの熱狂で即興演奏に興じるギタリストを想起してほしい。仕事の世界でも、開発の現場だけでなく、手術室の外科医、接客そのものが楽しめるもてなしの達人、筋書きどおりに営業が進むときのMR（医療情報提供者）などが、フロー経験の存在に言及してきた。

おもしろいことに、わたしのゼミ生のアルバイト経験によれば、レジのチェッカーのような単純な仕事でも、忘我の境地に入ることがあるそうだ。しかし、多くのひとがフローを経験するのは、コンサート、ヨット、テニス、チェスなど、仕事以外の楽しみだ。それでも、趣味や余暇での楽しみが、仕事の場ではまったく起こらないなどと断言しないでほしい。かのマクレガーがY理論で述べたなかに、「仕事に体力、知力を使うのは、遊びや休みのときと同じくらい自然なことだ。平均的な人間は、生まれつき仕事が嫌いなわけではない。統制可能な条件しだいで、仕事は満足の素になるかもしれない（その場合には、自発的になされるであろう）」という考え方が入っていた（第5章、二二四－二二八頁に後述）。これは、言い換えると、仕事のなかにもフロー経験が生み出せるという考えだ。

有能感（feeling of competence）に目を転じよう。「ぼく、こんなに勉強できるもんね」といういやな響きが「有能」という言葉にはつきまとう。しかし、ロバート・W・ホワイト（Robert W. White）が、最初にこの概念を提唱したときには、もっと素直かつ同時に崇高なものだった。そもそも有機体が、環境のなかで、よりよく生きていくためには、自分がおかれた環境を探査して、そこでうまくやっていくことが不可欠だ。有能感は、「よくできる」だけでなく、「環境との相互作用のなかでよりうまく生きられる」ことにかかわっている。同じく英語ができるといっても、TOEICのスコアだけなら、スキルとしての語学力を示すだけだ。しかし、グローバルに活躍したいと思うひとが、語学を駆使して、よりそのひとらしくうまく生きることができるなら、それが有能感だ。今、世を騒がせている「コンピテンシー」がこの延長上の言葉だが、ホワイトは、有能感という言葉をこんなにいい感じで用いていたのだ。

内発的動機づけの最も有力な論者として君臨するのは、デシだ。彼が注目してきたのは、この有能感と自己決定（self-determination）だった。われわれが、外から、他のひとからいただく報酬のためではなく、内から湧き出るものゆえに、がんばる場面を思い起こそう。だれよりもうまくマスターできていること、自分でそれをやりたいと決めてやっていることなら、ひとは、外発的な報酬がなくてもがんばれるだろう。たとえば、テニスがすごくうまくできるひと、そしてお母さんや先輩に言われてでなく、自分でテニスをやると決めて打ち込んでいるひとは、内発的に動いているわけだ。自己決定とは、チェスや将棋のたとえで別の言い方をすれば、「駒になるよりは、指し手になる」ということだ（このたとえを使った、ドゥシャームは、自己決定に近い心理状態のことを、自己原因性 personal causation と呼んだ）。

成長感は、成長欲求（need for growth）を満たすものだが、古くは、フレデリック・ハーズバーグ（Frederick Herzberg）が、例外的によかったと思えるほど稀な仕事経験を特徴づけるキーワードの一つとして提示した[9]が、そのあと、マズローの欲求階層説を検証したクレイトン・P・オルダーファー（Clayton P. Alderfer）、仕事や職務の特性そのものがもつ動機づけ効果に注目したJ・リチャード・ハックマン（J.Richard Hackman）が、経営学のなかに定着させた。成長感は、わたし自身が携わってきた調査で使用してきた用語では、仕事を通じて一皮むける感覚といってもよい。数十分、数時間でも得られる達成感よりは、息の長い概念であり、数カ月から数年の経験を通じて自分が成長したと感じられる感覚までも含む。これは、モティベーションの問題をキャリアの問題と結びつけるのに有益な概念だ。

外発的報酬を授けるマイナス効果――アンダーマイニング現象の意味合い

一九七〇年代前半に、当時三〇代だった若いふたりの心理学者、ロチェスター大学のエドワード・L・デシ（Edward L. Deci）とスタンフォード大学のマーク・R・レッパー（Mark R. Lepper）によって、独立に相互に関連した有名な実験がなされた。

デシは、ソマというパズルを用いて、三セッションからなる実験をおこなった。[10]

ソマは、学生が楽しめるようなパズルだ（イメージの湧かないひとは、ルービック・キューブでも思い浮かべてもらえばいい）。セッションはつぎのように流れる。

セッションⅠ　全員が課題を四つ与えられ、ふつうに（特別な条件はなく）ソマ・パズルに従事する。

セッションⅡ　同じく四課題が与えられるが、実験群の被験者は、一つ課題が解ける度に、一ドルの外発的報酬が与えられると告げられた。統制群では、そのような報酬を与えるという教示はない。

セッションⅢ　さきのセッションでは課題が解けるたびに金銭が支払われた実験群では、予算の関係で、このセッションでは金銭はもう支払われないと告げられた。統制群は、三つのセッションを通じて報酬などなく、ソマに従事してもらっている。さて、このセッションⅢでは、セッションの予定時間が終わる前に、実験者は、所用があるという口実で、その場を八分間だけ出て行くことになっていた。そのときに被験者には、退室しなければ、なにをやってもいいと指示される。実験室には数種類の雑誌や新聞などの娯楽物が備えてあるので、それらを読むこともできる。好きなことをやったらいいと言われている。この八分間に、一方視窓（マジックミラー）を通じて、ソマ・パズルを解いていた時間が計測された。

この三セッションを通じて、ソマ・パズルに従事した時間（つまり、内発的モティベーションの強さ）の変化が、実験群と統制群で比較された。結果として、もともと楽しいはずのソマ・パズルに金銭的報酬が付与された実験群では、ソマに打ち込む時間が短くなった。このことから、デシは、内発的に意欲がもてる課題に、外発的報酬をつけてしまうと、好きだからやっているという気持ちを阻害することを強調した。このときに起きたことは、アンダーマイニング現象としてよく知られるようになる。アンダーマインというのは、足下から掘り崩すことをいう。

他方で、レッパーも、同種の現象に対して警告をおこなった。一九六四年から、米国ではヘッドスタート計画（Project Head Start）という連邦政府の教育福祉事業があった。文化的に恵まれない子どもたちの、教育を支援することをめざした計画だった。そのためによくおこなわれたのは、生徒たちに学習につながるゲームをしてもらうために、教師が賞を出すことであった。ただし、賞がもらえなくなると、子どもたちは、楽しく仕組んだはずの学習ゲームに見向きもしなくなる。賞など出さない学校でこそ、子どもたちは、嬉々として、学習ゲームに取り組んだ。どのようなゲームをするのがいいか、自己決定した子どもたちは、選んだものを熱心におこない続けた。レッパーは、保育園児を被験者とする実験で、三群の比較をおこなった。(11)

第Ⅰ群　マジックを使ってお絵描きをしたら、賞状をあげると事前に伝えて、絵を描いたら賞状を渡した。

第Ⅱ群　事前に賞状があることなどふれずに、お絵描きをしてもらって、絵を描き終えたら、賞状を授与した。

第Ⅲ群　とくになんの教示もなくお絵描きを始め、できあがってもなんのご褒美もなかった。

実験前は、マジックで絵を描くのはおもしろいと言っていた保育園児が、一週間後に観察すると、第Ⅱ群、第Ⅲ群の子どもたちは、なんら変わらずに、褒美のためでなくお絵描きを楽しめたのに対して、第Ⅰ群では、内発的にお絵描きをする保育園児の数は減退した。デシの実験では、セッションは連続しておこなわれ一時間内のできごとだ。他方、レッパーの実験では、幼い子どもの場合でも、もっと長い一週間という期間が過ぎても、もとからおもしろい課題に外発的報酬を与えることとのマイナス効果が持続していた。

この二つの研究が契機となって、アンダーマイニング現象は、多数の実験と、いくつかの理論的解釈とともに、論争を生み出してきた。

しかし、これを極端に解釈してはいけない。つまり、それ自体が楽しいこと、おもしろいことに、ご褒美をいっさいあげてはいけないというわけではない。もし、そんなことがまかりとおったら、職場でつぎのコラムのような対話が蔓延するだろう——読めば、短絡的に解釈して、「おもしろいことにはご褒美をあげるな」というようにアンダーマイニング現象を理解するのは曲解だということがわかるだろう。

コラム　おもしろいことにはご褒美をあげない上司――アンダーマイニング現象の曲解

上司「最近どうだ。開発の仕事うまくいっている?」
部下「ずっと苦労してきましたが、さきが見えてきました」
上司「一カ月前は、落ち込んでいたけど、……」
部下「あれは、実験がうまくいかないので、がっくり来ていたのに、励ましの声がなかったからです。落ち込んでいたのではなく、実験はそれこそ連続して失敗で、お先真っ暗だったんです」
上司「独力でやるのがいいと思って、助けなかったからな。それでもがんばった結果、やっと光明が見え始めたというわけだね」
部下「いやぁ、こうなるとほんとうに実験そのものがわくわくするほど楽しくなってきました」
上司「今、なんて言った?　実験していること自体が楽しくなった、と!」
部下「そうです」
上司「それなら、金銭的報酬をあげると、その楽しみを足下からすくう（アンダーマイン）ことになるので、もう、今月は給料なし」と言って、デシの実験を紹介する。
部下「やっていることが楽しいなら、報酬はいらないでしょうなんて、それはないでしょう」
アンダーマイニング現象をこのように誤解すると、やる気をほんとうに殺《そ》いでしまう。

おもしろいことでも、激励、口頭のフィードバック、達成や有能の承認としての報酬をあげる上司

上司「最近どうだ。開発の仕事うまくいっている?」
部下「ずっと苦労してきましたが、さきが見えてきました」
上司「一カ月前は、落ち込んでいたけど、いっしょに話し合えてよかった」
部下「あれは、実験がうまくいかないので、がっくりきていたところ、ちょうど議論のなかで相談に乗ってもらいながら、〈できるぞ〉というヒントと励ましの声をもらえたので、ほんとうによかったです。だから、後半は、うまくいかなくても、ただ落ち込んでいたのではなく、いい結果が簡単に出ないからこそいっそう一生懸命実験やっていましたよ」
上司「任せたといっても、肝心なところで相談に乗ってフィードバックするのが研究リーダーの役目だからな。それでも、君ががんばった結果、やっと光明が見え始めたというわけだね」
部下「いやぁ、ほんとうに実験そのものがわくわくするほど楽しくなってきました」
上司「楽しみになるとしめたものだ。実験していること自体が楽しくなってきたんだね」
部下「そうです」
上司「そのうえで、この研究で君ががんばった証に、社長表彰に推薦して、また、昇給があると思うけれど、それも達成の承認の印だと受け取って、継続していい開発成果をあげてほしいよ」と言いながら、アンダーマイニング現象について、はるかに深い理解を部下にもさりげなく述べる。
部下「没頭できるぐらい楽しくなった仕事で、自分で決めたことで自分でしかできないような成

果をあげた印としてそのようなものを受け取れるなら、ますますがんばる気になります」

元々おもしろい仕事に、外発的報酬が付与されても、(報酬でひとを操るという)コントロールの側面が希薄なら有害ではない。外発的報酬には、有能感を授けるフィードバックという意味もある。このように報酬がもたらす情報的側面がコントロールの側面よりも目立つ場合には、外発的報酬のアンダーマイニング現象は、大幅に緩和される。むしろ、報酬におぼれずに、達成の承認、有能感の確認、自己決定の機会とセットになっていれば、外発的報酬をプラスのフィードバックとして、活用することさえできる。

アンダーマイニング現象再考――おもしろいことにはご褒美をあげるな、ということではない

コーンのような有益だがやや極端な議論や他の論者によるアンダーマイニング現象の浅い理解を、素朴な成果主義批判に使ってはいけない。このことについて、もう一歩理解を深めるために、いくつかコメントをしておこう。

1. コーンの議論は、あえて極端になっているので、これを真に受けると、よくがんばった生徒、選手、部下に、先生、コーチ、マネジャーは、褒めることさえほんとうにできなくなる。「外発的報酬にはそういうひとをコントロール下におきたいために用いられる面もある」というのと、「外から動機づけることだけが主眼になるとだめだ」という二面に限って、受け止めるべきだ。たとえば、たしかに、「あれをすればこれをあげる」と言うだけで、親が娘

や息子に、先生が生徒に、コーチや監督が選手に、また、職場では管理職が部下に、接していたら、ちょっとコントロール主眼だという面がある。「そういう面もあるかな」と気づいてもらうのに、アンダーマイニング現象という考え方は役立つ。ご褒美などの外発的動機づけは、わかりやすいけれど、お小遣いだけで動く子どもにはしたくないだろう。つまり餌で釣る「だけではだめ」なのではないかとときに反省するのに、いい議論なのだ。とくに、元々楽しんでいることにご褒美を付与することが濫用されると、楽しいからやっていたはずのことをやっている理由づけが、「褒美のため」というように、心のなかで変わってしまうことに注意したい（この理論的解釈を、デシは、認知的評価理論 cognitive evaluation theory と呼んだ）。そういう物質主義的風潮に強く警告したいと思って問題の書を書いているので、コーンはあえて極論しているのだと思った方がいい。

2. 子どもが模型をつくる、学生がパズルを楽しむ、大人がゴルフをするのに、うまくいくたびに賞金やトロフィーばかりあげていると、さきにも述べたとおり、元々は楽しくてやっていたことの認知がうすれてしまう。お金のため、褒めてもらうため、応接間に飾るトロフィーをもう一個増やすためというふうになってしまったら、困りものだ。だけど、成果主義の議論は、会社などの生計を得るための組織での議論だ。今回の開発プロジェクトはチャレンジングでおもしろかったと言ったエンジニアに、上記のコラムにみる会話の仮設例と同様に、「楽しい仕事だったのなら、給料はいらんだろう」とは言えないだろう。また、よりがんばったひとにご褒美がより多く授けられるというのは、褒美がコーンのいうように行動のコントロール、あるいは罰と同じように使われてしまうような極度に人間操縦的な状況でない限り、ここで最初にふれた強化理論の立場からは正しい報酬制度だ。

3．しかも、肝心のアンダーマイニング現象の提唱者であるデシとライアン自身が、つぎのような解釈を示している。外発的報酬でさえ、がんばった分だけ手に入る報酬で、自分の有能さを示し、また、ほかのだれかに操られているのでなく、自分で決めてそれをやっている場合には、働くひとが自分の働きぶりを自己調整（self regulation）できる。有能性や、自律性や自己決定と両立する情報フィードバックとしてご褒美（口頭で励ましたり、褒めることも含む）が授けられる限り、さほど報酬のマイナス面を問題にすべきでないと主張している。認知的評価理論では、内発的に意欲の湧く活動に外発的報酬が付与されるとき、その報酬の「統制的側面（controlling aspect）」と「情報的側面（informational aspect）」とが区別されている。アンダーマイニング効果というマイナス面が報酬に生じるのは、前者の場合に限定される[12]。

第三の点については、ほかならぬデシ自身の言葉で、認知的評価理論のポイントが三つの基本命題にまとめられているので、ここに引用しておこう。通常は、なぜか第Ⅰの命題のみが引用されるが、第Ⅱ、第Ⅲの命題も非常に重要である。

認知的評価理論の命題Ⅰ　内発的動機づけが影響をこうむりうるひとつの過程は、認知された因果律の所在が、内部から外部へと変化することである。これは、内発的動機づけの低下をもたらすであろう。そのようなことが生じるのは、一定の環境下においてであり、内発的に動機づけられた活動に従事するのに、ひとが外的報酬を受け取るような場合である。

認知的評価理論の命題Ⅱ　内発的動機づけが変化をこうむりうる第二の過程は、有能さと自己決定の感情における変化である。もし、ある人の有能さと自己決定に関する感情が高められるようであれば、彼の内発的動機づけは増大するであろう。もし、有能さと自己決定に関する彼の感情が低減すれば、彼の内発的動機づけも低下するであろう。

認知的評価理論の命題Ⅲ　すべての報酬（フィードバックを含む）は、二つの側面を有している。すなわち制御的（コントロールの：金井注）側面と、報酬の受け手に対して彼の有能さと自己決定に関する情報を与えるところの情報的（フィードバックの：金井注）側面とがそれである。この二つの側面の相対的な顕現性が、いずれのプロセスで働くかをきめる。もし制御的側面がより顕現的であれば、それは、認知された因果律の所在のプロセスに変化を始発するであろう。他方、情報的側面の方が比較的に顕現的であれば、有能さと自己決定過程の感情に変化が生じるであろう。[13]

はっきり言って、デシの書き方は、（翻訳の日本語であるせいもあって）わかりにくいが、しっかりポイントをつかんでもらって、この章を閉じよう。

命題Ⅰは、パズルが楽しい学生、模型が好きな少年、老人をからかういたずらっ子に、パズル解き、模型の組み立て、からかうという行為に、お金をあげるようになると、学生も少年もいたずらっ子も、自分がそれに従事しているのは、お金のせいだというように認知を変えてしまうことをいう。逆に、相当いやな仕事をさせられていても、たんまり報酬をもらっていたら、納得がいくし、平気で「退屈な仕事だった」とひとはいうものだ。しかし、超退屈かつ超ひどい仕事なのに、まったく報酬がなかったら（こういう状態のことを、正当化が不十分な条件、insufficient

だ。

justification と呼ぶが)、無理してでも、「けっこうおもしろかった」とやせがまんを言い張るものだ。

命題Ⅱは、デシのその後の関心が内発的動機づけそのものから、有能さと自己決定の方に向かっていくことを予期させる。デシは、ひとがご褒美のためにでなく、やっていることそれ自体に内発的に動機づけられるのは、それがとてもうまくできること、また、自分で選んだことをできているときだと主張し、この二つのうち、後者の自己決定を、紙一重に有能さよりも重視した。うまくできることでも、ひとからやらされている場合、逆に、まだそれほどうまくはできないけれども、自分でこの道と決めたことに打ち込んでいる場合、どちらでいっそう内発的な発露が強いと思われるか。有能感と自己決定が内発的な意欲を左右する二大要因であるなら、外発的報酬の付与そのものが悪なのではなく、その報酬が有能さの感覚と自己決定感を阻害したときにのみ、アンダーマイニング現象が起こるということになる。この二大要因にマイナスの影響を与えなかったら、外発的な報酬が付与されたとしても、内発的な意欲は阻害されない。それどころか、金銭的報酬や褒め言葉などのフィードバックなども、有能さと自己決定を高めるように付与されるなら、実は、内発的なやる気を高めることになりうるのだ。

そのようなハッピーな状態が起こりうるための条件として、外発的報酬とフィードバックの情報的側面を、有害なひとを仕切りたがるという操縦的・制御的側面から区別したのが、命題Ⅲなのだ。

やたら引用頻度の高いデシの研究ではあるが、Ⅰ以外の二つの側面にも、しっかりご注目のほどをお願いしたい。

コラム　外発モティベーションと内発的モティベーション――持論アプローチに対する意味合い

モティベーションには、外から刺激されて生じるものと、内から湧き出るものとがある。持論を探すのに、いずれか一方に傾斜していたら、この分類軸が教えてくれることは貴重となる。外発的なものに頼りがちだったひとは内から湧き出るものに気づく。絶えず内発的に自分をかりたててきたひとは、達成の証としての報酬なら、けっして「自分が主人公」という姿勢をくずすものではないことを知ることになる。こんなふうに、第2章のエクササイズで書いたメモにさっそくチェックを入れ、自分のモティベーション理論を改訂していこう。

第5章

達成動機とその周辺——成し遂げる

経営学でモティベーションを扱うなら、仕事のうえでなにかを成し遂げるということが、中心テーマの一つとなるだろう。実際に、日本企業のミドルやトップに、一皮むけた経験やそのキャリアのなかでのベスト・ジョブについて聞くと、「自分が実際に達成したこと」にまつわるストーリーがよく聞かれる。二要因理論というフレデリック・ハーズバーグ（Frederick Herzberg）のモティベーション論では（本書では詳しく取り上げていないが）、実際に「達成」は、顕著な動機づけ要因として浮かびあがってきた。また、ここで最初に取り上げる期待理論では、モティベーション喚起プロセスの要《かなめ》に業績の達成という変数がおかれている。この章で焦点を合わせるデイビット・C・マクレランド（David C. McCelland）のモティベーション論では、達成動機が文字通り、彼の生涯を通じての中心となるテーマとなった。しかし、見逃してはいけないことは、二要因理論でも、「達成」と並んで「（達成したことに対する他のひとからの）承認」がモティベーターの一つにあがっており、マクレランドも、達成動機ばかりでなく、他のひとどともにいることを望む親和動機、他の人びとを巻き込んで影響力を行使したいという勢力（パワー）動機にも注目した。

ひとは、なにもかもひとりでやっているわけではない。達成のテーマが、常に他の人びととの協働ともつながっているからこそ、そこに組織があり、リーダーシップとマネジメントが存在していることになるのだ。期待理論は、包括的なモデルで最もよく知られた過程理論なので、ここからこの章の幕を開けよう。親和動機のもつ深い意味については、章をあらためて第6章で論じることにする。

1　期待理論でわかること、わからないこと

モティベーションの期待理論（expectancy theory）は、経営学における経営管理や組織行動のテキストで必ず紹介される理論モデルだ。努力すればその分、業績があがり、業績があがれば、その分、広い意味での報酬が手に入り、それが公正だと思える程度に左右されながらも、満足水準が決まる。どの程度、満足だったかの過去の経験は、これから「がんばらなくっちゃ」という状況に直面したときに、努力すれば結果として手に入りそうな報酬の価値をどのように認識するかに影響する。努力次第でそのような報酬（実際には、多種多様な報酬の束）にありつける主観的確率（期待）とその報酬（の束）の価値との相乗効果（掛け算）で、実際にどれくらい努力を投入するかという大きさで示されるモティベーションの水準が決まる。

これが期待理論の概要であり、期待×価値（誘意性）理論とも呼ばれる（さらに別名として、誘意性〈valence〉、用具性〈instrumentality〉、期待〈expectancy〉のイニシャルをとって、ＶＩＥ理論とも呼ばれる）。

さすがによく引用されるだけあって、この期待理論は包括的であり、この理論でわかることも多い。他方で、このような見方だけでは、見落としてしまっている点もある。長所も短所も含め、

例によってここでも、自分のモティベーション持論をチェックし、さらに改訂する一助として、期待理論を実践的にながめてほしい。そのために再度、第2章でのエクササイズで書き記した、持論探しのメモを手にとろう。期待理論は包括的なモデルだし、達成動機はモティベーション論の根幹にかかわる。だから、これらをもとに、持論を書いていこう。

コラム　うまくいけばいいことがあるという期待でがんばる

「なぜ、がんばるのか」「仕事の場で、どのようなときにやる気になるのか」という問いに対して、

・がんばれば、がんばっただけ、なんらかの形で報われるなら、がんばれます
・努力次第では達成可能な水準が自分なりに予想できるので、やる気になれます
・業績をあげたら、そのことが認められ、ボーナスにも反映されると、ハッスルします

などという回答が聞かれたら、これらの発言は、期待理論でだいたいうまく説明できる。

動機のメカニズムを包括的に説明する「期待理論」

ひとは、どのようなプロセスを経て努力しようと思うのか。それを説明するとき、よく語られるのが期待理論である。ひとはどのような欲求で動くのかという内容を明らかにする内容理論に対して、モティベーションが喚起されていくプロセスやメカニズムを説明するのが、過程理論と呼ばれている。過程理論のなかで、経営学のなかの組織行動論では、最もよく引用されるのが、

この期待理論だ。理由は、それまでのさまざまな研究がうまく統合されており、完成度の高いモデルだからだ。

これから紹介する期待理論にみる限り、一九六〇年代半ばから七〇年代の初めに完成された理論が、今日までしっかり生き延びているわけだ。基礎学問分野の古典的研究をはじめ、四〇年前後、特定の理論に寿命があるというのは、誇らしいことだ。しかし、経営管理のテキストのなかに、一つだけモティベーション理論が紹介されるとしたら、いつもこれだ。そのことに、わたし自身は、大きな危惧をもつ。だから、持論アプローチでもう一度、モティベーション論のブレークスルーをめざすべきだと思っている。包括的で完成度の高い、いろんな変数が入っているモデルよりも、自分と自分のおかれた状況をうまく説明するローカルでパーソナルな持論をもつことの方が大事だ。まずなによりも実践家にとって、モデルを精緻化するのは目的ではない。役に立てば、単純なほどいいのだ（学問の世界にも、節約の原理——同じ現象、たとえばモティベーションを説明するのに、より少ない変数で済むのなら、お化けみたいにたくさんの変数があるモデルより、変数の数を節約したモデルの方がいいという原理——がある）。これから紹介する期待理論は、この節約の原則に反する。ただ、持論を構築する一助としては、一度、いろいろな変数の入った包括モデルをざっと概観するのは意味のあることだろう。

アトキンソンの「期待×（動機×誘因）モデル」

ジョン・W・アトキンソン（John W. Atkinson）は、マクレランドの共同研究者なので、ひとがもつ欲求の中味を解明する内容理論としては、達成動機、親和動機、達成（パワー）動機を想定した。ひとによって、この三つのうちそれぞれの動機がどの程度の強さなのかについては、個人差があるが、動機がモティベーションの大きさを決めるひとつの要素となり、それをM（motive のイニシャル）と表記する。もしも、がんばった結果、目標が達成されたときに、どの動機がどの程度満たされるかという度合いを、誘因（incentive）もしくは誘因値（incentive value）と呼び、インセンティブという語のイニシャルをとってIと表記する。この両者の掛け算、つまり（動機×誘因）、M×Iで、目標が達成されたときの満足の大きさが決まる。[1] この三通りの動機を前提にするなら、より正確に書けば $\sum_{i=1}^{3} M_i \times I_i$ となる。しかし、それは、実際に目標が達成されたときのことなので、これからいざ取り組むという前には、目標達成の期待（Expectancy、略称はE）が、当然、問題となる。これら全体の組み合わせの相乗効果、つまり、

期待×動機×誘因、あるいは、E×M×I

で、特定の状況であるひとに喚起されるモティベーション（aroused motivation）の大きさが変わってくる。どれか一つでもゼロなら、ほかの要因が非常に恵まれていても、効果はゼロになるので、三つの要因の効果は、加算的でなく相乗的である。たとえば、目標達成の期待（主観的確率）が1、つまり一〇〇パーセント、目標を達成できると思っていても、（現実にはありえないが）そのひとにそもそも動機や欲求がいっさいなかったら、モティベーションの喚起はない。

動機と誘因との掛け算は、目標達成がその個人をどれくらい満足させるか、達成することの価値を表しているので、(M×I)をセットにして、

喚起されるモティベーション＝f〔期待×(動機×誘因)〕
＝f〔E×(M×I)〕

というふうに表記できる。この意味合いは、わかりやすく言えば、モティベーションは、つぎの二つの要因の掛け算、「目標達成の期待の大きさ×目標達成のもたらす満足や価値」で決まるということだ。期待理論の骨子を最も簡素(節約的)に表記する場合には、(期待×価値)理論と言及されることが多いのは、この理由による。なにかが味わえる(内発的モティベーションの場合)、なにかが手に入る(外発的モティベーションの場合)という期待と、その「なにか」から個人が得る価値との掛け算、「期待×価値」が、後に続く期待理論の基本的発想をよく表している。

もう一つの考え方として、変数の順序を変えて、( )を別のところにつけて、

喚起されるモティベーション＝f〔動機×(期待×誘因)〕
＝f〔M×(E×I)〕

というように表記すれば、Mは、どの動機がどの程度強いかという側面から捉えた個人特性で、

表5－1　モティベーションの期待×価値理論のいくつかの源流

提唱者	分　野	行為への推進力の決定因	行為への推進力
トールマン	迷路での行動	目標の期待、目標への要望	遂行ベクトル
レビン他	要求水準、 意思決定	勢力（potency）×誘意性	力（フォース）
エドワーズ	経済的決定	主観的確率×効用	主観的に期待される効用
ロッター	社会的学習と行動	期待、強化の価値	行動の潜在力 （ポテンシャル）
アトキンソン	達成指向の行動	期待×（動機×誘因）	行動への傾向 （ないしは、喚起されたモティベーション）

出所: John W. Atkinson and David Birch (1978). *An Introduction to Motivation,* New York: D. Van Nostrand Company, p.348.

パーソナリティ要因である。他方で、Eは、その場において目標が達成できそうかどうかの期待で、Iは、その場で当該目標が達成されたときの誘因の大きさで、ともに状況要因をなしている。（E×I）は、状況の特性というわけだ。そう考えるなら、M×（E×I）という表記は、個人特性×状況特性ということになる。

高いモティベーションを喚起するには、動機の強さで測定される個人のパーソナリティ特性と、どのような動機をどのように刺激するかという状況の特性とが適合している必要がある。この面において、マクレランドの三つの動機という観点から、組織風土という状況特性が、モティベーションにどのような影響を与えるか、また、リーダーシップのあり方が、その組織風土にどのような影響を与えるかを調べ上げた経営学的な応用として、ジョージ・H・リットウィン（George H. Litwin）とロバート・A・ストリンガー（Robert A. Stringer）の研究[2]が名高い。

われわれは、期待理論の原点というと、これをあげることが多いが、ほかならぬアトキンソン自身は、表5－1にみるようにさらにいくつかの源流の存在を指摘している。

ブルームの定式化

アトキンソンは、達成モティベーションの研究のなかで、期待理論につながる考え方に到達したが、経営学のなかの組織行動論のなかで、期待理論の体系化の嚆矢《こうし》と見なされているのは、ビクター・H・ブルーム（Victor H. Vroom）の一九六四年の著作(3)である。

ブルームの展望するところ、経営学（彼の使った言葉に忠実に従えば、産業社会心理学）のなかでのワーク・モティベーションの研究には二つの源泉がある。一つは、職業上の関心（vocational interests）の諸研究で、もう一つは、エルトン・メイヨー（Elton Mayo）らの人間関係論とクルト・レビン（Kurt Lewin）のグループ・ダイナミクスに代表される組織行動論の原点となった諸研究だ。今日では、前者は、どちらかというと、モティベーションの文献よりは、キャリアの文献で目にすることの方が多いだろう。もし、皆さんが診断を受けたことがあるとしたら、今日ＶＰＩやＲＩＡＳＥＣという名のもとで実施されているような職業選択をそのひとのもつ関心から支援するのが、職業関心の研究のねらいだった。他方、人間関係論とグループ・ダイナミクスは、人事制度やリーダーシップへの応用から、どのように人びとを動機づけるかという問題に行き着いた。

ブルームがこの古典的労作の執筆を考えるころには、産業や仕事の分野に応用されたモティベーション関連の実証的研究がずいぶん蓄積されていた。しかし、そのまま放置していれば、それらを体系的に捉える視点が与えられないという危惧が、同時期に仕事と組織への心理学の応用においてリーダー格であったメイソン・ヘアー（Mason Haire）によって表明されていた。それに答えるための試みが、ブルームの『仕事とモティベーション』であった。この著作は、ある意味では、経営学におけるミクロ組織論の膨大な諸研究の「期待理論的統合」であった。そのモデルの特徴として、ブルーム本人が指摘するのは、（1）人間行動を主観的に合理的なものと捉えて、あわせて、（2）人間行動を目的指向的なもの（望ましい結果にはそれを獲得するように、逆に、嫌悪すべき結果からは逃れるようになされるもの）とみなした点にある。この後、説明するとおり、結果（outcome、Oと略記）、誘意性（valence、Vと略記）、用具性（instrumentality、Iと略記）、期待（expentancy、Eと略記）など、比較的少数の概念で、仕事や組織の場面でのモティベーションにまつわる複雑な現象を同じ枠組みで捉えようとする。この三つが中心的な変数となるので、ブルームの期待理論は、しばしばVIE理論とも呼ばれる。彼は、五〇〇以上の先行研究を展望したが、それを期待理論で統合的に論じた。

ブルームが定式化したモデルは、つぎのように示される。(4)

結果jの誘意性×行為iが結果jをもたらすだろうという期待＝行為iを遂行する力（フォース、F）

この二つの要因は、さらにつぎのように定式化されている。

$$V_j = f_j \left[\sum_{k=1}^{n} (V_k I_{jk}) \right] \quad (j = 1 \dots n)$$

$f_j' > 0$; $iI_{ij} = 0$

ここで、V_j＝結果 j の誘意性

I_{jk}＝結果 k の獲得に対する結果 j の認知された用具性

（$-1 \leq I_{jk} \leq 1$）

$$F_i = f_i \left[\sum_{j=1}^{n} (E_{ij} V_j) \right] \quad (i = n + 1 \cdots m)$$

$f_j' > 0$; $i \cap j = \phi$、ϕ は空集合

ここで、F_i＝行為 i を遂行するよう作用する力

E_{ij}＝行為 i が結果 j をもたらすとの期待の強度（$0 \leq E_{ij} \leq 1$）

V_j＝結果 j の誘意性

せっかくこのように（ブルーム本人としては、わかりやすくするつもりで）数式で表示しても、この複雑さのままでは、モデルの検証はできない。五〇〇点に及ぶ組織行動論の初期の諸研究を首尾一貫して説明する枠組みとしてこの定式化が提示されたのであった。

思えば、ブルームが意思決定論をすべての経営学研究の基礎に据えたカーネギー・メロン大学で、本書を仕上げたということは大変に興味深い。カーネギー・メロン大学は、わが国では一橋大学の伊丹敬之教授の母校だが、組織のなかの人間によって、制約された合理性のなかでおこなわれる主体的選択の問題として意思決定を捉えてきたのが、その伝統だ。ノーベル賞学者のハー

バート・A・サイモン（Herbert A. Simon）がその礎《いしずえ》を築いた。ブルームのモティベーション論や、最近までアメリカ経営学会会長だったデニス・ルソー（Denise Rousseau）のキャリア論を見ていると、カーネギー・メロン風意思決定論の基盤が随所で垣間見られ、その伝統がずっと生きている。

この学派の立場からは、代替案からの意識的選択（conscious choice）としてモティベーションを捉える。そもそも朝、起きて会社に行くかどうか。会社に行くとしても遅れずに間に合おうとして通勤するか。会社に着いても、どれくらい働くか。どの程度の努力を投入するか。すべて意思決定の問題だ。最初にこう考えたのは、ほかならぬサイモンだった。期待理論は、がんばればどれだけのことが成し遂げられ（期待）、それが成し遂げられたらいったいさらに結果としてなにがもたらされ（用具性）、もたらされたものそれぞれにどれだけの値打ちがあると予想されるか（誘意性）、についての知覚、信念や態度という心理的過程がモティベーションを左右していると想定する。そういう過程理論であり、合理的な認知的過程に注目する認知理論なのだ。

ポーター＝ローラー・モデル

さて、それにしてもΣだの添え字iなど、高校のとき以来、数学的なモデル表示が苦手というひとのために、図示されたものを見ればより直感的にわかりやすいモデルを紹介しておこう。ブルームの影響を大きく受けたポーターとローラー三世が、『管理職の態度と業績』という一九六八年の著作で提示したモデルがそれだ。こちらは、数式でなく、ハコを矢印でつないだ図5-2

図5－2　期待理論のポーター＝ローラー・モデル

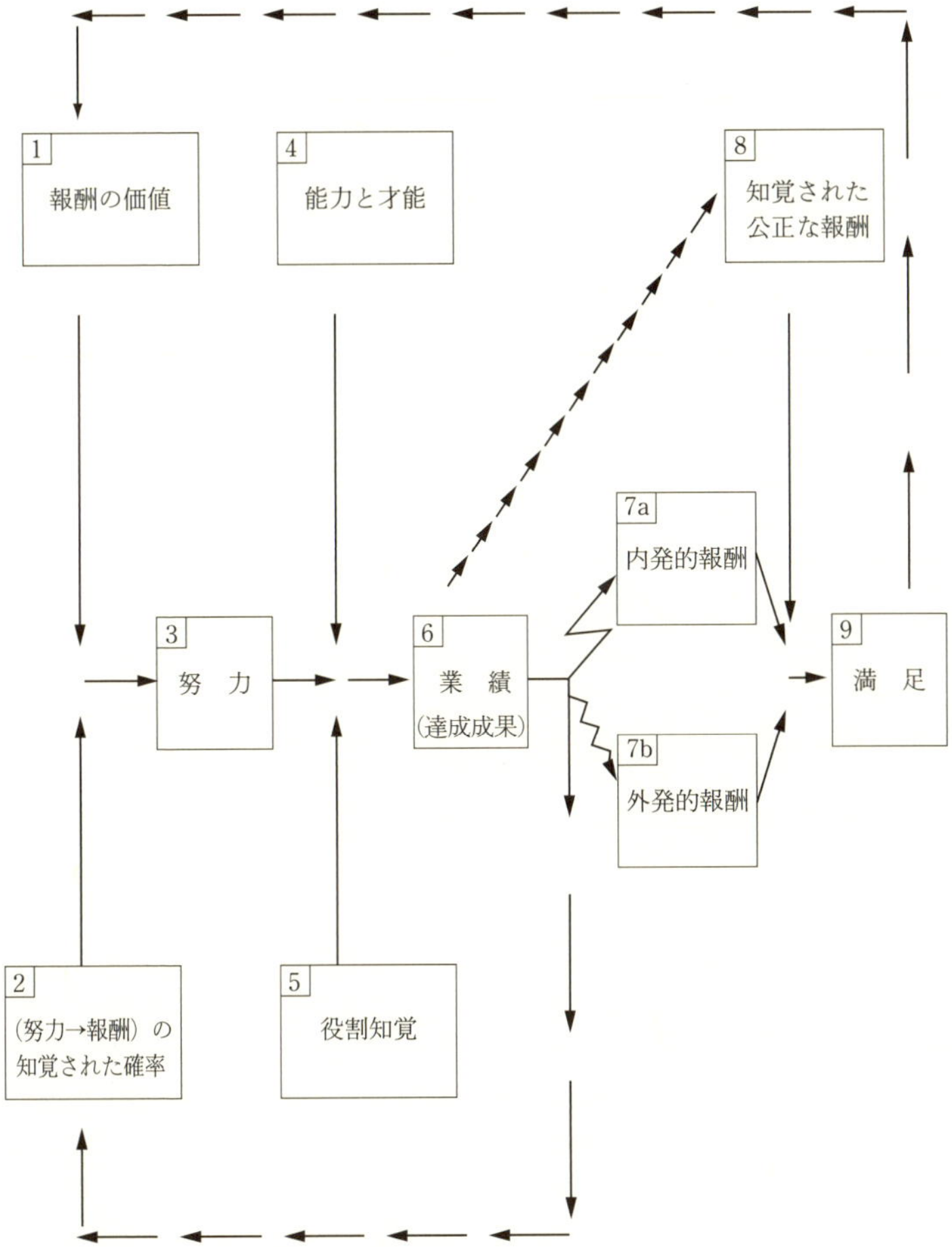

出所：Lyman W. Porter and Edward E. Lawler, III (1968). *Managerial Attitudes and Performance,* Homewood, IL: Richard Irwin, p.165.

になっており、期待理論がモティベーションの過程（プロセス）にかかわる理論であることが、よく理解できるはずだ。

この図を見れば、これがモティベーションの過程（プロセス）理論の代表格だという意味合いがよくわかるだろう。一つには、文字通り、モティベーションがどういう認知的メカニズムで生じていくのかのプロセスがハコからハコへとつながっていく↓で示されている。

まず、ハコについた番号の順にたどっていくと、1と2の二つのハコで、課題の遂行のために投入される努力の大きさが決まってくる。一つは、報酬の価値（ハコ1）で、ブルームでは、誘意性（V, valence）と呼ばれたものがこれにあたる。*Vi*と表記しよう。もう一つは、努力をそれだけ投入すれば、どのような報酬に最終的につながっていくかについての主観的確率（ハコ2）で、（努力→報酬）期待とも呼ばれる。ここでは、（E→O*i*）と表記しよう（Eは、努力effortの頭文字で、Oは、業績の結果もたらされるものという意味でのアウトカムoutcomeの頭文字）。したがって、ハコ1とハコ2でハコ3の水準が決まるというのは、E＝Σ（E→O*i*）*Vi*。

努力すれば（ハコ3）、その大きさに応じて、業績（performance、Pと略称）もしくは達成成果（accomplishment）が決まってくる（ハコ6）が、両者の関係は、そのひとの能力（ハコ4）と役割知覚（ハコ5）に依存している。ひとそれぞれに課題に合った能力をどの程度備えているか、磨いているかに個人差があるから、同じだけ努力しても、能力や才能に恵まれていなければ（あるいは、日ごろから精進して磨いていなければ）、達成の水準は低迷するだろう。同様に、せっかく同じ量の努力を投入しても、努力をどこにどのように向けていくかが適切でなければ、直接的に成果につながりにくいものだ。努力は、ベクトルのようなもので、大きさだけでなく、方向を含む。努力が課題や役割に合った正しい方向に向けられているかというのが、ハコ5の役割知覚(role perception)だ。言葉はわるいけれど、皆さんの身の回りにも、ひとりやふたり、よくがんばってはいるのに、勘のわるいひとっているだろう。そういうひとは、やる気が問題なのではなくて、能力開発やコーチングの機会を得て、課題や役割にまつわるコミュニケーションを密にすることが大切だ。コーチングもつまるところ、見本や手本を示しながらやり方を説明したり、本人がやっているところ、あるいはやり終えた直後にアドバイスしてよりよいやり方を話し合うことにほかならない。だから、4と5を高め、ひいては努力が業績に、より密接につながるようにする一助となるのは、まさにコミュニケーションなのだ。ここからも、モティベーションの問題は、コミュニケーションの問題と背中合わせになっていることがわかるだろう。

業績(達成成果)をきちんとあげれば、それに応じて広い意味でのご褒美、なにかいいもの(=正の報酬、あるいは場合によっては、いやなもの=負の報酬)がもたらされる。これが、6から7への矢印で示されている。当初のモデルでは、7のハコは一つだったが、改訂モデルでは、内発的報酬(ハコ7a)と外発的報酬(ハコ7b)とに分けられている。ハコ7aの内容にあたるのは、達成感、成長感、有能感、自己実現などだ。これらは、他の人びとや管理システムを通じてでなく、うまく業績をあげたことそれ自体からもたらされる。その意味で、ハコ6とハコ7aとの関連はストレートなので、まっすぐの線で表されている。これに対して、あるひとが高い業績をあげても、それが外発的な報酬とつながるかどうかは、そのひとの職場が業績に依存した外発的報酬を生み出す体制、規範を伴っているかどうかに左右される。すべての組織、すべての職場、職種に業績依存報酬（素朴な成果主義）が導入されているとは限らないので、また、成果主義を標榜《ひょうぼう》している組織でさえ、成果と外発的報酬との間でプロセス評価が介在したりするので、ハコ6とハコ7bとの関係は、それほどストレートではない。むしろ両者の間を介在するものが存在する分、その関係は間接的で迂遠《うえん》である。そのことを図で表示するために、この二つのハコは直線ではなく、蛇腹の線で結ばれている。この折れ線（蛇腹）を伸ばせば、ハコ6とハコ7aとの関係は、そこそこ間接的と思えるほどの距離がある。たとえば、成果をあげても、報酬システム、業績評価システムのあり方によっては、給与、昇進、昇給、ボーナスに反映されないし、上司との折り合いによっては、褒められたり、役得を授かったりということもない。他の外発的報酬、仲間からの承認や賞賛も、成果をあげれば必ず得られる達成感ほどは、直接的ではなく、仲間次第なのでその分、間接的になる。

つぎに、広い意味での報酬が、そのひとの満足の水準につながっていく。これが、ハコ7からハコ9への矢印だが、両者の関係は、ハコ8の公正感（公平感）に媒介されている。そして、どの程度の報酬を自分が受け取るのが適切で公正（公平）かという認識に影響を与える要因として、当然のことながら業績（ハコ6）がある。業績と公正感の間にも線が入っているのはそのためだ。つまり、研究開発の世界で新製品を世に送り出して、成長感を得ていても、自分がいつも比較の対象にするライバルがもっと画期的なものを生み出してそれを誇りに思っていたら、まだ足りないと思うかもしれない。また、営業でMVPに輝き、それがボーナスにも反映されて、七〇〇万円年収があった若手の証券マン（あるいはウーマン）がいたとしよう。もしも、外資系に行ったゼミ仲間が九〇〇万円もらっていたら、そのひとはこの年収にあまり満足できないかもしれない。しかし、成果に応じた報酬にかなり大きな差の出るボーナス制度をその会社が導入していたとしたら、同じ会社の同期と比べたら、実入りが多く大満足だろう。ここではこれ以上詳しく立ち入らないが、このハコ8に関する研究として、期待理論とは（関連あるが）別個に、公正（公平）理論（equity theory）というモティベーション研究が蓄積されている。[5]

図には、二つの重要なフィードバック・ループがある。一つは、業績（ハコ6）と報酬（ハコ7a、7b）とのつながり具合（これは、ブルームの用語では、用具性）が、（努力→報酬）期待（ハコ2）に影響を与えるという経路だ。もうひとつは、実際にどれだけの満足を得たか（ハコ9）が、報酬の価値（ハコ1）に影響を与えるという経路だ。このループを通じて、このプロセス・モデルは同時にサイクル・モデルとなる。

これまでのがんばりで報酬がどの程度得られ、そこからどのぐらいの満足が感じられたかの実績が、これからさきのがんばり度合いに影響する二つの認知（ハコ1とハコ2）に影響するのだ。これで、さえないときの悪循環も、調子のいいときの好循環も説明できる。また、不調になったときに、意識的に悪循環を断ち切るために、自分の認知をどう変えていかないといけないか、自己調整するためのヒントもこのモデルがくれる。がんばっただけいいことがあれば、そのつぎもがんばれるし、いったんやる気が失《う》せても、どうしてそうなったかが診断できる。単純にがんばらなかったのかもしれない。それなら、このつぎは、心を入れ替えてがんばるしかない。がんばったのに業績につながらなかったら、課題に対して能力不足なのかもしれない。もしそうなら、そこを磨く。努力の方向づけがまちがっていたのなら、一度、上司か仕事上の師と話し合ってコーチングを受けるのがいい。業績をしっかりあげたのに広い意味での報酬が手に入らなかったとしよう。内発的なものに欠けるなら、やっている仕事が空しいのか、容易すぎるのか、チェックを入れよう。外発的なものが不足しているなら、上司や人事にアピールしないといけない。あるいは業績と報酬がリンクしていないのが気に入らないのなら、業績依存の報酬システムを採用している会社に移るのが、選択肢となる。せっかく報酬が手に入っても満足が十分に得られないのなら、報酬のタイプと自分の動機との適合性がどうなっているのか、検討してみよう。また、公正（公平）でないため不満なら、だれとどのように比べているのか、自問して手を打つ必要がある。

両モデルの問題点

ブルームのモデルも、ポーター＝ローラーのモデルも、モティベーションの問題そのものが、どれだけがんばるかを自分で決める意思決定のモデルとして想定されている。同時に、そのモデルで自分のモティベーションを診断すれば、どういう手を打つべきかの意思決定を促すのにも役立てることができる。

とはいえ、このモデルにもいくつかよく言及される問題点がある。

その筆頭は、「さぁがんばろう」というときに、ひとはいちいち、こんなにいろんなことを考えめぐらしているのかという批判だ。モデルの複雑性への批判といってもいい。ブルームは、組織行動論の期待理論的統合をめざした。ポーター＝ローラーも、モティベーションの理論のいくつかを認知的モデルとして包括的に論じようとした。だから、モデルが込み入ったものになっている。実務家に、このモデルを説明してみると、「あてはまっている面もあるけれども、いつもこんな計算していないね」という声をよく聞く。この意味では、複雑さ以上に、計算高い人間モデルについていけないという批判もある。

第二の批判は、報酬のハコを二つに分けて、内発的なものを明示的に導入しているが、ポーター＝ローラーのモデルは、給与などの外発的報酬をまず念頭に構築されているきらいがある（それは、この時期以降にローラーが、給与を中心とする報酬制度の書籍を二冊も著していることからもわかる）。ポーターとローラーは報酬を広義に捉えているし、内発的報酬もモデルに入れているというが、基本は、ご褒美への期待とその褒美の値打ちの掛け算で、ひとは働くというモデルだ。この批判は、さきの計算高い人間モデルを前提にしているというのと関連してくる。

第三に、モデルのなかに取り込まれている変数がすべてポーターとローラーの実証的な調査研究のなかで測定され、その効果が検証されているわけではない点が指摘されてきた。たとえば、モデルは、能力・才能の重要性を明示しているが、提唱者がその部分に検証のメスを入れたわけではない。

第四に、単なる用語上の批判のようにも思われるが、報酬の価値（value、ハコ1）は、期待される報酬からの誘意性（valence）と呼ぶべきだという根強い批判がある（とりわけ、クレイグ・C・ピンダー、Craig C. Pinder による）[6]。レビンにまで遡る誘意性とは、手にした諸結果（アウトカム、いろんな報酬）から期待される価値の認識なのであって、実際に報酬にどれだけの価値があるかではない。もしそれを手にしたらという想像のなかにある魅力なので、予期的な誘意性は、事後的に実際に感じる価値のことではない。過去どのようなアウトカムからどのぐらいの満足を得たかの履歴が、この予期に影響を与えるであろうが、概念的には混同してはならないものだ。

第五は、時間幅にまつわる疑義だ。今日、日本の人事制度が大きく変わりつつあるが、このモデルが想定する時間幅よりも、長期的な視点をもつひとがこれまで多かった。日本のミドル・マネジャーとの議論のなかで、わたしもこれまで二〇年以上もの期間モティベーションが問題になるたびに、期待理論を議論の素材によく取り上げてきた。よく聞かれた意見として、「計算高い」という感想以外に、「現実はもっと息の長い話なんだよ」というコメントがあった。ボーナスなら、強化月間にがんばって成果をあげたら、一月《ひとつき》のがんばりで金額が跳ね上がったということはたしかにあるだろう。しかし、昇進などは、最初は同じペースで長らく進む。やがてキャリアの途中から最初の管理職に登用されるころには、早い遅いというスピード面での違いがようやく十数年を経て出てくる。二〇年以上経過すれば、とうとう、部長になるひとと課長どまりのひと、役員までいくひととそうでないひと、というように勝ち抜き戦が始まる。このような違いが出てくるに至るまで、会社によって違いはあるが、十数年、あるいは二〇年以上かかる。だから、努力していれば、やがて結果に違いが出てくると展望する時間幅が、同じく（努力→報酬）期待といっても、高校三年のときに数カ月がんばれば、いい大学に入れたというのとは、仕事の世界は異なる。期待理論は、時間幅についてどう考えているのだろうという疑問や批判が、この第五の点だ。

第六の限界は、高いものを志す無垢《むく》な気持ちと相容《あいい》れないことだ。わが国の力のある経営学者によって、期待理論では、同一化メカニズムが説明できないと指摘されてきた[7]。組織メンバーが自分の所属する組織全体、あるいは部門に同一化（identification）しているとき、同一化ゆえにがんばることがある。これは期待理論では説明しづらい。同一化は、松下電器という会社が好きでその一員であることが自分のアイデンティティにかかわるなら、あるいはプラズマ・ディスプレーの茨木工場の躍進と自分の成長とを同一化し、その職場が自分の生活の重要な一部であるように思えるなら、同一化メカニズムがそこに生まれている。精神分析を持ち出すまでもなく、この種の感情は、通常、組織や職場そのものというよりも、むしろ、社長、工場長への敬意、憧れ、それがさらに高じて、社長、工場長への一体感、同一視からも生まれる。

思えば、だれかへの憧れ、同一視ゆえにがむしゃらにがんばるという経験は、もっと幼いときまで遡りうる。少年野球の子どもが公園で一生懸命に素振りをしているのを見た大人が、「がんばるねー」と言ったとしよう。「どうしてそこまでがんばるの」という問いに、「イチロー選手のようになりたいから」と言ったときに、夢のある大人なら「そりゃ、無理やで」とは言わないだろう。関西弁の「……やで」は、そんなきつい言葉ではない。でも、子どもは、なれるかどうかという期待以上に、まず心からイチローに憧れ、イチローのようになりたいという思い（これを同一化と呼ぶ）で、一生懸命に素振りしているかもしれない。イチローになりきっているかもしれない。もしそうなら、それは、ポーター＝ローラー・モデルの描く認知過程など経なくてもいい。純粋な憧れの感情からがんばる姿を尊重すべきだ。さきほどの計算高いという批判との関連でいえば、ここでのがんばる気持ちは、勘定でなく感情に基づくのだ。

キャリアの調査研究でわたしなりに深いレベルのインタビューをしてきた人びとのなかで、高いものをめざす強い志がそのひとを引っ張っていることに気づかされることが多かった。この点は、期待理論ではうまく扱われていない。この批判は、第一の計算高いという点ばかりでなく、第五の時間幅ともかかわる。ひとには、生涯かかってでも、こういうことをしたいという強い意志力をもつことがある。また、同時に、ずっと若いときから、○○さんのようになりたいという憧憬の気持ちが根深いことがある。高いものを志す無垢な気持ちは、イチロー選手を思ってバッティング練習する野球少年だけでなく、尊敬する経営者のようになりたいと思って仕事にいそしむビジネスパーソンにも見られるのだ。

さて、このように期待理論の限界、とりわけ最も包括的なモティベーション理論だといわれるポーター＝ローラー・モデルの問題点を、六点も述べてきた。なるほど、現実の感覚と照らし合わせれば、どのようないいモデルでも、欠陥はあるものだ。また、「一つの理論とだけ心中しないで」というのが、本書での標語の一つだ。期待理論のように包括的なモデルでもそうだ。だから、前述のような批判があてはまってはいても、この期待理論の有用性が失せてしまうわけではない。モティベーションについて自分の持論を探し、それを改訂する途上で、一度はチェックを入れてもよい包括的モデルだ。

特定の理論を目の前にしたとき、それを批判的に見て、自分に引き寄せて評価するのは、実践家としての持論を磨くうえで重要なステップだ。
既存の理論の価値と限界を自分の頭で考えること、その自分としての考えを、すぐに自分で実践に生かすことが、モティベーションに限らず持論を磨き上げる有望な道筋だ。

コラム

期待理論の考え方

この章の前半で取り上げた期待理論は、第2章の持論探しのエクササイズで、つぎのような考えにたどり着いたひとには、持論を磨く素材として、たくさんのハコからなるポーター＝ローラーの過程理論は、有益だろう。

その考えとは、

- 「わたしは、これだけやると決めてからがんばるものなのよ」
- 「やっぱりなんだかんだいって、報酬につながると思うからがんばっているところがあるなぁ」
- 「おれって、打算的だというひともいるかもしれないが、自分を安くは売らないようにしている」

などの言葉に代表される。

さらに、仕事の場面だけでなく、受験のときなどに、

- 「今ぐらいがんばれば、どの程度の大学に入れるか、そこに入学するとどういういいことがありそうか、などと具体的に見通しをもって、勉強していましたよ」

というふうに考えたところがあるなら、だれもの経験のなかにも、期待理論的な側面があるのではないだろうか。

2 達成動機の高いひとたち

やる気といえば達成動機

かつてMIT留学中に、日系三世の同期でわが友のエレーン・K・ヤクラさんは、オーバーアチーバーズ（過度に達成するひとたち）の研究をしたいとかねがね言っていた。彼女は、エール大学の経済学専攻を三年で卒業し、UCLAのロースクールでJD（法学の学位）を取得して、ロサンジェルスで弁護士をやっていた。それだけでは成し遂げた気持ちが足りないのか、さらにMITの博士課程で経営学を極めるためにボストンにやって来た。彼女自身もオーバーアチーバーのひとりだ。

「オーバー」というのはたいてい行き過ぎるとだめで、達成動機の非常に高いひとのなかには、自分だけががんばればいいと孤立し浮いてしまい、プライドだけ高く、しんどい人生を送るひともいる。しかし、エレーンは、よく「できる」が「いやな」ひとではけっしてなかった。その逆に、きびしい博士課程の修行の身の間、同期の仲間を思いやる気持ちもひと一倍で、イベントなどがあるたびに、明るく前向きに皆に尽くす形でリーダーシップをとっていた。いつかオーバーアチーバーの研究をしたいと言ってのけたとき、光栄なことに、わたしにもインタビューをしたいともらした（その調査は実現していないが、それだけに将来に期待したい）。達成動機とその周辺の動機を探れば、ひとのがんばりだけでなく、なぜ、チームやリーダーシップが必要なのかまで見えてくる。この点は、達成動機というテーマが、絶対に親和動機とのつながりで解明されるべきだというわたしの姿勢にかかわる。持論づくりに、複数の動機や欲求の間に、つながりをつけ、できればストーリーを見つけ出すのが自己調整を促進する。

その親和動機は、第6章で、達成動機との関連を意識しながら取り上げるが、ここではまず、達成動機をしっかりと見てみよう。回復期の経済に、達成動機はよくなじむ。ようやくマクロ経済にも明かりがさし始めた（しかし、心配がまだまだ多い）ご時勢だが、ここでは、そういう思い切り前向きのトピックを取り上げてみたい。

がんばり屋さんは集う

エレーンに限らず、わたしの身の回りには、がんばり屋さんが多い。自分がそういう方々から刺激を絶えず受けたいと思うから、また、自分も（及ばずながら）それなりにがんばるタイプなので、いつのまにかそういうつながりの輪ができたのだろうか。もちろん、ひとりがんばるだけでなく、他の人びとともにいることを暖かく喜べる気持ちや、大勢の人びとの達成意欲をうまく束ねるようなリーダーシップをとるひとも、とてつもなく大きな偉業のためには不可欠だ。がんばり屋だけど、いやなひとにも、学校時代の〈がり勉〉以来、しばしば成人になってからも出会う。好きなことをとことんがんばるのは大事だけど、それだけでは足りないもの（たとえば、親和動機）も、達成動機の研究の副産物として学べる。
数あるモティベーションの諸理論のなかで、通常われわれが日常語で「おまえやる気あるのか」というときの〈やる気〉に一番近いものを照射しているのが、達成動機の研究だといえそうだ。実際のところ、第4章でもふれたモティベーションを〈外からの〉動機「づけ」でなく、〈内からの〉やる気と考えたときに、まっさきに思い浮かぶひとの姿は、成し遂げること、達成すること、とことんやり抜くことに喜びを感じるひとだ。内から湧き出るものの代表格が、当然のことながら他者の承認でなく、達成そのものをすなおに喜ぶ自分の達成感だ。

　達成動機の研究を高い達成動機をもってとことんやりぬいたのが、ハーバード大学のデイビッド・マクレランド（David McClelland）だ。達成動機の高いこのひとが、達成動機に興味をもってその研究を高い水準で達成した。メソジスト派の牧師の息子で敬虔《けいけん》なクウェーカー教徒にして、語学の達人（六カ国語に精通）であった。マクレランド自身、まさに高達成動機のひとであり、自分の身の回りに達成動機の高い、ひとのやる気を喚起するような個人を集め、学派＝集団をつくり、そして、達成動機の高さが、一国の経済発展にまでかかわることを探求してきた。

　ある研究（マイケル・ラッパ、Michael Rappa）によれば、化合物半導体のような研究の最先端では、もう二〇年も前から、国境を越えて、グローバルな世界で、互いに切磋琢磨するオーバーアチーバーズの地球レベルのネットワークが、知の創造のフロンティアを形成してきたことがわかっている。高達成動機のひとたちは、お互いがそうと気づく特徴をもっているし、なによりも学問にせよ、起業にせよ、スポーツにせよ、そのひとの達成したものが、書籍、会社、記録として残る。張り合うこともあるし、切磋琢磨するなかで、接近し合うこともある。

達成動機とプラスアルファ――親和動機、勢力動機の存在

ここでは、この達成動機に焦点を合わせているが、同時に、それだけでは足りないと思えるところにも、このあとの第6章で注目していきたい。

われわれには、成し遂げるということを、ほかの人びととといっしょにできたときに感じる喜びというものがある。いくつになっても、自分が一等賞をとることだけを考えているひととは付き合いにくい。ひととともにいること、他の人びと、特に若手を育《はぐく》むこと、ときに大切な人びとに依存すること、好きなひとと親密になれることがひとにとって大事だ。達成動機だけでは足りない一つの領域は、親和動機や親密動機だ（詳しくは次章参照）。また、基本はひとりで起業したひとも、業容が大きくなるにつれて、他の人びとを通じてことを成し遂げたり、また、大きな絵を描いて人びとを巻き込んでいったりすることがもっともっと必要になってくる。達成動機だけでは足りないもう一つの領域は、こういう影響力や勢力、パワーへの動機だ。マクレランドは、これらのテーマの扉を開き、経営学のモティベーション論にも大きな影響を与えた。

さて、このなかで中心をなす達成動機は、マクレランドにとってハーバード大学での恩師にあたるヘンリー・A・マレー（Henry A. Murray）によれば、つぎのように定義されている。

むずかしいことを成し遂げること、自然物、人間、思想に精通し、それらを処理し、組織化すること、これをできるだけ速やかに、できるだけ独力でやること、障害を克服し高い標準に達す

ること、自己を超克すること、他人と競争し他人をしのぐこと、才能をうまく使って自尊心を高めること(8)

マクレランド自身は、この定義の影響を受けながら、つぎの三つの基準に達成動機の所在を見究めようとした。

（1）達成の卓越した水準を設定し、それに挑む。

（2）自分なりの独自なやり方で達成しようとする。

（3）長期間かかるような達成に取り組み、その達成を期待する。

恩師のマレーは、パーソナリティの個人差に興味があり、しかもフロイトの影響を受けていた医者であったので、意識には上っていなくても、ひとの空想のなかに投影される無意識の渇望として欲求を捉えた。欲求（need）という概念化に対して、動機（motive）とわざわざいうときには、行動につながる傾向のことを含意している。達成動機は、達成に向かう行動を導く。「できるだけ独力でやること」をマレーは達成動機の特徴に入れているが、マクレランドは、達成のためにうまくひとからの支援を動員できることも、高達成動機のひとの特徴のなかに含めている。実際に人類の長い発展の歴史は、ひとりのひとの孤高な達成物だけでなく、ひととともにいることを楽しんだり（親和動機にかかわる）、他の人びとに影響力を振るったりする（勢力〈パワー〉動機にかかわる）ことから生まれてきた。人間の歴史という大きな舞台だけでなく、身近な職場やその他の集まりや組織をイメージしてみてほしい――暖かいチームの形成も、そのチームメンバーを束ねる影響力の発揮も、リーダーシップの根幹である。親和動機と勢力（パワー）動機の中身についてては、すぐ後で示す表５－２（二〇七頁）の、親和と支配の欄を参照されたい。

投影法による測定

さて、マクレランドは、ＴＡＴ（Thematic Apperception Test、主題統覚検査）と呼ばれる深層心理を投影的に探る方法で、個人の動機・欲求（ここでは、両者を同義に用いる）の強さを測定した。質問紙の項目でストレートに、各項目がどの程度あてはまりますかと聞くのではなく、曖昧な図版を被験者に見せて、そこから本人がどのような空想的物語を書くのか、その内容をコーディングして達成動機（achievement motive、あるいは達成欲求 need for achievement; n-Ach と略される）、親和動機（affiliative motive、あるいは親和欲求 need for affiliation; n-Aff）、勢力（パワー）動機（power motive、あるいはパワー欲求 need for power; n-Pow）が測定される。ここでコーディングとは、物語のような定性的（数字ではない）データに対して、テーマに応じたカテゴリー（この場合、三つの動機）が登場する頻度をきちんと勘定していく手順のことをいう。

動機の強さを測定する対象となったひとたちには、バイオリンを手にして考えごとをしているように見える少年の図版、発明家とおぼしきふたりの男が現場で機械を動かしている図版（二〇五頁、上）、重厚な調度の事務所で語り合うふたりの弁護士風の男の図版（二〇五頁、下）など、それぞれを一〇～二〇秒見てもらって、五分ほどかけて、つぎの問いに答える形で、ストーリーを書いてもらう。

コラム　動機をTATで測るための問い

（1）なにが起こっているのでしょうか。このひとたちはだれですか。
（2）この状況の前に、過去になにが起こったのでしょうか。
（3）なにを考えているのでしょう。なにを望んでいるのでしょう。そう考えたり、望んだりしているのはだれですか。
（4）これからなにが起こりそうですか。この先、なにがなされるのでしょうか。

これらについて空想的に描かれた物語は、まず、達成にまつわる物語か、日常の課題や仕事をしている姿か、達成とはまったく無縁かに分けられる。そのうち達成にかかわる物語については、達成したいという欲求の有無、成功裡に達成する（あるいは失敗しそうな）予想、成功に対する喜びと失敗に対する悲しみの感情、達成に対する外的な障害の存在、自分の側の足らざるところに起因する障害、目標を達成するために利用できる手段の活用、目標達成のための援助者の存在などの一〇個の下位カテゴリーへの言及のあるなしによって、さらに詳しく分析される。

本書では掲載していないが、たとえば、バイオリンを手にもつ子どもの絵を見て、（やや誇張ぎみに書いているが）つぎのようなストーリーを思い浮かべるならば、達成動機のスコアは相当高いひとだ。

（1）この子は、バイオリンの練習中、休憩しているところだ。バイオリニストを母にもち、ま

マクレランドらの図版

出所：林保・山内弘継『達成動機の研究』誠信書房、1978 年、口絵。

欲求の名称	説　　明
顕示 exhibition	印象づけること。見られたり聞かれたりすること。他人を興奮させ、おどろかせ、魅惑し、おもしろがらせ、衝撃を与え、惑わせ、楽しませ、嘆かすこと。
障害回避 harmavoidance	苦痛、肉体的傷害、病気、死を回避すること。危険な事態から逃避すること。用心深い措置をとること。
屈辱回避 infavoidance	屈辱を回避すること。やっかいな事態から去ったり、あるいは他人に軽んじられたり、軽蔑されたり、あざけりを受けたり、冷淡にされたりするような状態を回避すること。失敗するのをおそれて行為をさし控えること。
擁護 nurturance	無力な者、すなわち幼児、または弱く、無力な、疲れた、無経験な、虚弱な、打ちまかされた、侮辱された、落胆した、孤独な、病気の、精神的に混乱しているようなものの要求に同情と満足を与えること。危険に陥っているものを助けること。食べさせ、援助し、支持し、慰め、保護し、楽にしてやり、看護し、癒すこと。
秩序 order	ものを整然とさせること。清潔、整頓、組織化、均衡、こぎれいさ。清楚、正確さを達成すること。
遊戯 play	「面白さ」のみのために、それ以外の何ものも目的とせず、行動すること。笑い、冗談をいうことを好むこと。緊張を愉しく和らげることを求めること。ゲーム、スポーツ、ダンス、宴会、トランプ遊びに参加すること。
拒絶 rejection	負のエネルギーの充当された対象から遠ざかること。劣等なものを除外し、放棄し、追い払い、あるいは無関心となること。対象を冷淡にあつかい、振りすてること。
感性 sentience	感性的印象を求め、愉しむこと。
性 sex	性的関係を形成し促進すること。性関係をもつこと。
求援 succorance	味方の同情的な助けをかり自分の要求を満足させること。養育され、支持され、励まされ、つきそわれ、保護され、愛され、助言され、導かれ、甘やかされ、大目にみられ、慰められること。献身的な保護者に寄りそっていること。常に支持者をもつこと。
理解 understanding	一般的な質問を出したり、解答したりすること。理論に興味をもつこと。思索し、公式化し、分析し、一般化すること。

表５－２　20の人間の基本的欲求に関するマレーのリスト

欲求の名称	説　　明
屈従 abasement	外的な力に受動的に服従すること。障害、非難、批判、罰を受け入れること。屈服すること。運命に身をまかすようになること。劣等。過失。まちがった行為、敗北を認めること。告白し、償いをすること。自己を責め、軽んじ、骨抜きにすること。苦痛、罰、病気、不幸を求め、それを享受すること。
達成 achievement	むずかしいことを成し遂げること。自然物、人間、思想に精通し、それらを処理し、組織化すること。これをできるだけ速やかに、できるだけ独力でやること。障害を克服し高い標準に達すること。自己を超克すること。他人と競争し他人をしのぐこと。 才能をうまく開花させ自尊心を高めること。
親和 affiliation	自分の味方になる人（自分に似ていたり、自分を好いてくれる人）に近寄り、よろこんで協力したり、好意を交換すること。エネルギーの充当された対象（cathected object）の愛情を満足させ、それをかちとること。友と離れず忠実であること。
攻撃 aggression	力ずくで反対を克服すること。戦うこと。傷害に対し報復すること。他のものを攻撃し、傷つけ、あるいは殺すこと。他のものに力ずくで反対するとか、他のものを罰すること。
自律 autonomy	自由になり、束縛をふり切り監禁から抜けだすこと。強制や束縛に抵抗すること。横暴な権威によって命令された活動を回避し、逃れること、独立して、衝動に従って自由に行動すること。何ものにも縛りつけられず、責任をもたないこと。因襲に挑むこと。
中和 counteraction	ふたたび努力することによって失敗を克服し、償うこと。ふたたび行為を続行し屈辱をぬぐい去ること。弱さを克服し、恐怖を抑圧すること。行為によって不名誉を消すこと。障害や困難を求めて克服すること。自尊心と誇りを高く保つこと。
防衛 defendance	暴力、批判、非難から自己を守ること。悪事、失敗、屈辱をかくしたり正当化すること。自己弁護すること。
恭順 deference	優越している人に敬服し、支持すること。賞讃したり、尊敬したり、讃美したりすること。味方の影響にもっぱら従うこと。規範に負けまいと努めること。慣習に従うこと。
支配 dominance	自分の人間的環境を統制すること。示唆、誘惑、説得、命令により他人の行動に影響を与え、方向づけること。思いとどまらせ、禁止すること。

出所：Henry A. Murray,（1938）、*Exploration in Personality*, Oxford University Press, quoted in Edward J. Murray（1964）.*Motivation and Emotion,* Englewood Cliffs, NJ: Prentice-Hall.（『動機と情緒』八木冕訳、岩波書店、140-141 頁）。

だ小学生なのに、いい音が出だしたと思っています。
（2）ちょうど、パガニーニの超絶技巧曲を素材に、出だしの部分を何度も練習し終えたところです。
（3）バイオリンがどうやればもっとうまくなれるのか考えているし、大人が使うようなさらにいい楽器をもちたいと望んでいます。
（4）同じ曲の続きを練習し続けるところで、この日のレッスンのうちに、全体がひととおり弾けるようになることを強く望んでいます。

達成動機だけでなく、親和動機や勢力（パワー）動機の強さも、TATで思い浮かぶ空想物語から測定される。

自記式の質問紙法で容易に測定する方法に比べると、TATによる測定はむずかしい。本人も意識しているとは限らない深いレベルの欲求は、曖昧な図版にどのような空想を抱くかによって、その物語に投影された無意識レベルの動機まで探るのでなければ、把握がむずかしい。そういう考えが投影法の基盤にある。心理学者になる前は医者であったマレーも、フロイトの影響もあり、そのように考えていた。マレーは、欲求の存在と強度で個人差を説明できると考え、表5-2に示すとおり、なんと二〇個もの欲求をリストした。マクレランドは研究の初期には、飢えているときや飲酒しているときの空想物語を収集したりしてきた時期もあった。だが、なんといっても達成動機の測定とそれに基づく研究で有名だ。あわせて、表5-2のリストのなかでは、親和動機と支配（勢力）動機に注目した。

ついつい達成動機と達成欲求をほぼ同義で用いるが、さきにも少し言及したとおり、厳密には、違いがある。第2章で説明したズレ、つまり充《み》たされない不均衡な状態が「欲求（ニーズ）」で、その欲求を解消する方向に行動を起こそうとする状態が「動機（モーティブ）」であるという意味で、区別はされている。

マクレランドは、自分が興味を抱く動機を恩師マレーのリストから選び、そしてその強度の測定法もこの恩師のTATに学んだ。このうちの達成、親和、支配（マクレランドは、勢力＝パワーというネーミングに変えた）を、マクレランドは引き継いだのであった。焦点を合わせる動機・欲求の選択と、測定法の選択の両面において、彼は、恩師の影響を深く受けている。このような具合に、達成動機の高いマクレランドが、ひととの関係に学び、そこから自らの達成への支援を得ているのは興味深いことだ。また、わが国における達成動機の研究のリーダーである宮本美沙子教授が、数々の著作のなかで、ひととのかかわりのなかでのやる気の問題、周りからのやる気の支援という問題にも、大きな重点をおいてきた点に、われわれも注目したい。経営学の組織行動論のなかで、マクレランドが巨人としてそびえる理由は、「ひとりだけの達成」に話を終わらせなかったことだろう。

達成を刺激しやすい状況——やる気を左右する状況特性

達成欲求の強さは個人の特性だが、他方で、達成へひとを向かわせやすい状況（achievement situations）の特性というものがある。状況の特性によって、どのような動機がより強く喚起されるかが異なってくる。動機は、個人の欲求から生まれるが、どのような動機が強く喚起されるかは、状況の影響を受ける。ベンチャーの研究で名高いカール・H・ベスパー（Karl H. Vesper）によれば、シリコン・バレーに起業家が多いのは、達成動機の高いひとを刺激するチャンスと、起業の達成を支援する状況からの支援（situational help）がこの地にあるからだ。類が友を呼び、達成動機の高いひとが集うと、その場は、達成動機を喚起しやすくなる（これに、チームスピリットやリーダーシップの存在まで備われば、理想だろう）。

神戸大学経営学部の金井ゼミは、募集のオリエンテーションのときに強調しているのだが、選抜の基準において、なにごとか自分の誇る達成経験が顕著なひとを選ばせてもらっている。なにに打ち込み、なにを達成してきたかは多様だが、そこに一つの共通点があり、ゼミ生のだれかがリーダーシップを発揮し始めると、そこは元気の源泉の場にいつもなってくれる。そういう個人特性のひとに入ってもらうと、ゼミという場（状況の特性）がまた達成動機や親和動機を喚起する。

大事な教訓は、われわれはひとりで生きているわけではないということだ。周りから妨害や障害がある半面、周りから刺激も支援もある。だから、やる気の乏しいひとでも、やる気のあふれそうな状況でははじけるし、どんなやる気の高いひとでも、それを萎《な》えさせる環境ではつまずく。しかし、ひとには望むところに移っていくだけの目利きの力があり、場にはその場にふさわしいひとをひきつける磁石のようなものがある。だから、達成動機を喚起しやすい場に、達成動機の高いひとが、より多く、より強く群がることになるはずだ。達成動機とて、孤高に終わらず、切切磋琢磨しつつも協働する輪が生まれてくるし、それは、とてもビューティフルなことだ。達成を旗印とするひとが、いつまでも個人プレーに終始するのは、見ていてしのびない。

もっとも、朱に交われば赤くなるといい、また、類は友を呼ぶという傾向があるとすれば、周り皆がやる気満々の進学校、オーバーアチーバーを好んで採用している企業、あるいはやり手が揃っている部署や、そういうひとたちの多い起業家コミュニティでは、もともと達成動機が高いひとが、その場に浸ることで、いっそう達成動機を喚起されやすい状況に刺激されることになり、その場に入ってきたひとたちは、ますます励む。

達成動機が喚起されやすい状況の特徴として、マクレランドは、つぎの点を指摘している。

(1) 成功裡に達成できるかどうかは、(運ではなく) 努力と能力しだいである状況

(2) 課題の困難度、あるいはリスクが中程度 (つまり、成功・失敗の主観的確率が五分五分ぐらい) の状況

(3) 努力の結果、うまく目標が達成できたかどうかについて、曖昧さがなく明瞭なフィードバックがある状況

(4) 革新的で新規の解決が要求されそうな状況

(5) 未来志向で、将来の可能性を予想して先を見越した計画を立てることが要請されるような状況

最初の三つは、達成動機に訴える状況の基本特性だが、輪投げの例がわかりやすいので、これで説明しよう。子どもに輪投げの輪を一〇個与えて、どこから投げてもいいと言ってみよう。輪

投げは、強風や野次《やじ》の吹き荒れるなかでしない限り、自分の努力しだいで、何個成功するかが決まる（（1）にかかわる）。一〇個のうち努力しだいでがんばれば、半分の五個ぐらいの輪が棒のあるところに入るような絶妙な距離から投げるときに、いちばん達成動機が刺激される（（2）がこれにあたる）。しかも、輪投げはゲームの性質上、盤が自分の目に見えるところにあるので、他者にうまくいったとかいわれなくても、一〇個のうち何個の輪がうまく棒にかかったかが、明瞭に見て取れる（（3）も満たす）。

これらは達成動機を喚起しやすい状況の基本三特性だが、逆に、達成動機の高い子どもも大人もそういう状況を求める。せっかく輪投げがあっても、だれが投げても一〇個とも入る近さから投げて「わたしってすごいでしょ！」と叫ぶ子どもも、運任せに投げないといけないほど思い切り遠くに離れて投げて「ぼくって挑戦者？」とおどける子どもも、達成動機が高いとはいえない。しかし、達成動機が高いひとなりに、失敗の恐怖もあり、不安があるので、面子《メンツ》を保つために、あえてそういう行動をとりたくなる日もあるだろう。

会社のなかの仕事では、営業の仕事が、達成動機を喚起しやすい。それに対して、本社スタッフ部門、たとえば人事部は、人事制度改革が目標だとしても、達成目標がしばしばはっきりしないし、したがって目標達成の困難さを推し量るのがむずかしく、また、改革後、それがうまくいったのかどうかは、少し期間をおいて、しかも社内外の声を聞いてみないとわからない。よく自分のことも仕事のことも知らずに、就職活動のときに、「営業だけはいやだ」と食わず嫌いを述べる学生がいる。もし、スポーツなどを通じて、自分の達成動機の高さを信じるなら、営業は仕事のスタートの場として、たとえば、人事などスタッフ部門よりも高達成動機のひとにふさわしい状況を提供してくれる。

達成動機と起業家活動、経済発展

これら三つの状況特性に加えて、革新志向、将来志向の二特性を加えれば、達成動機の高いひとに向いた仕事の場は、起業家の世界にあることがわかる。起業家は、古くは松下幸之助氏も、新しくは三木谷浩氏も、努力し、成功・失敗が五分五分ぐらいのリスクのある課題に挑戦し、成果のフィードバックを気にかけつつ、イノベーションを起こし、それを支える起業のビジネスプランやそのあとの長期的成長の見通しを抱いてきた（ただし、欧米の起業家、創業者企業家と比べたときに、松下幸之助氏をはじめ、成功した理由に、「運」をあげるひとが多い。この点は、マクレランドの主張と違っている点が、かえって興味深い）。実際に、自ら事業を起こすようなひとは、そうでないひとに比べて、達成動機が高いことがマクレランドによって確認されてきた。

職場にせよ、会社にせよ、地域社会にせよ、これから述べるように、さらに大きくは、社会全体（国）にせよ、達成動機を刺激しやすい場というものがある。

心理学者でありながら、天下国家、世界の歴史というようなマクロ・レベルの問題にまで興味をもったのは、マクレランドのユニークな点だ。彼は、達成動機が喚起される程度が高く、達成動機の高い人びとが多い国ほど、経済発展の度合いが進行しているという大胆な仮説を立てた。語学の達人で研究面でも工夫の好きな彼らしい方法で、この壮大な仮説をなんとか検証した。

まず、国ごとの達成動機のレベルは、代表的国民をサンプリングしてTATの物語を聞くのでなく、それぞれの国に存在する民話、文物、国民性を描写する小説などの文献が利用可能なことに注目した。なかでも、一九二五年と一九五〇年時点で、その国で使われている国語の教科書の内容分析を通じて、各国の達成動機のスコアをはじきだした。一九二九年から一九五〇年、および一九五二年から一九五八年にかけての電力生産量（発電量）の推移を経済発展の一つの尺度として使用して、達成動機と経済発展を関連づけた。達成動機を高めるような素材で教育をしていた国の間では、そうでない国よりも後の経済発展がより高度であるケースが多かった。一九二五年における各国の国語教科書の達成動機のスコアと一九二九年から五〇年までの各国の長期的な（人口ひとりあたりの）発電量の増加との相関係数の大きさは、非常に大きかった（r＝.53）。ところが、一九五〇年の教科書から測定された達成動機のスコアと、同じ期間の電力の増加との相関はほとんどなかった（r＝.03）。ほかの分析においても、このようなタイムラグが見られた。つまり、達成動機を喚起する物語が教育のなかで増えて、子どもがそれに影響を受けて育って、実際に経済発展のもととなる活動水準を天下国家レベルでも高めていくのには、それなりの期間がかかる。

なお、プロテスタントの国一二カ国とカトリックの国一三カ国の比較では、国民ひとりあたりの発電量で見ると、前者の方が多いことも確認された。また、プロテスタントとカトリックの両方がいる国（当時の西ドイツ）では、プロテスタントの少年の方がカトリックの少年よりも、（他の要因をコントロールしても）達成動機が高いこともわかった。この結果から、マクレランドは、

図5－3　ウェーバーの影響を受けたマクレランドのマクロの仮説

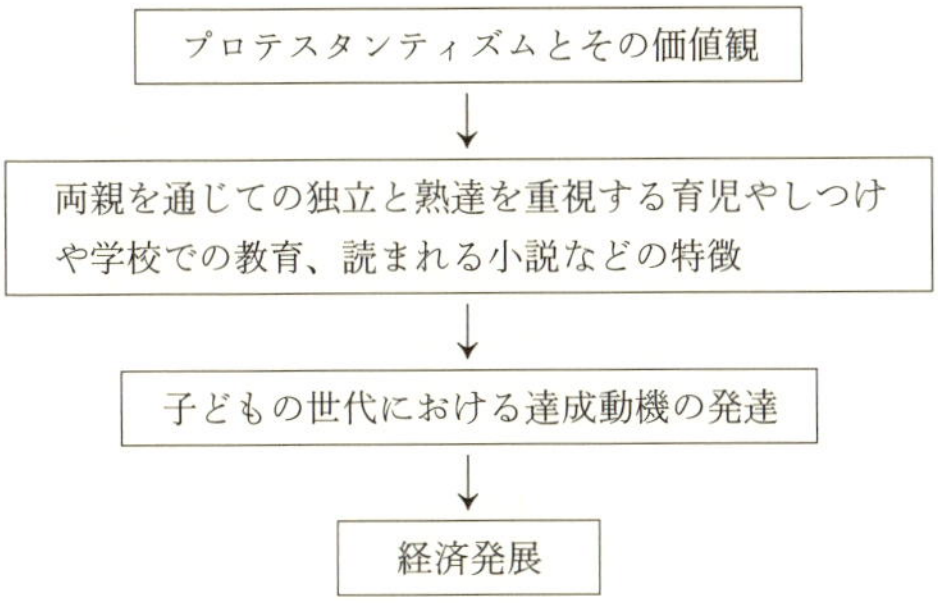

社会学者マックス・ウェーバー（Max Weber）の仮説に、達成動機という視点を付加して、図5－3に見るようなマクロ現象の心理学的展開を試みた。

　このような達成志向の社会（achieving society）への関心が経済発展との結びつきで探求されたのであった。そのことをきっかけに、マクレランドは起業家に目を向けるようになり、経営学にも歩みよる。実践面にも強い関心があったので、インドで達成動機を喚起する訓練プログラムを作成し、実施した。そのようなプログラムが人間操縦だと批判されがちなことから、あるひとが他の人びとの動機に影響を与えうることに、かえって、興味を抱くようになった。とりわけ勢力（パワー）動機がリーダーシップ発揮には必要であるにもかかわらずネガティブに捉えられていることを、危惧した。時代的には、ベトナム反戦やヒッピーの動きのなかで、既存勢力（エスタブリッシュメント）が若者に嫌われた時代に、リーダーシップの発揮には、（良性の）勢力動機が必要であると主張した。このような関心のおかげで、ハーバード大学の社会関係学部（心理学、社会学、人類学などにまたがる学際的な学部）

の教授、学部長でありながら、経営学系の雑誌『ハーバード・ビジネス・レビュー』誌にも名論文を残すこととなった。また、経営学のなかのモティベーション研究にも大きな刺激を与えることになった。

経営学に対して残した足跡──リットウィンとストリンガー、およびボヤティーズ

現代、世を騒がせている成果主義との関連で耳にするコンピテンシー・モデルは、マクレランドに起因する。この達成動機のチャンピオンは、起業家の特性、経済発展との関係において、パワー動機とリーダーシップとの関連を探り、さらにコンピテンシーという概念を今風に提唱したさきがけとなった。また、さきに社名にだけ言及したが、マクレランドが、盟友、デイビッド・バーリュー（David Berlew）と創設した心理測定の会社にマクバー（社名のスペル McBer は、マクレランドから Mc、バーリューから Ber をとって合成した）がある。わたしもボストン郊外に同社を訪ねたことがある。同社は、今や成果主義の旗手ともなったヘイ社に吸収合併されている。コンピテンシーとあわせて、組織風土とモティベーションとの関係についての古典的研究もまた、マクレランドの影響下、ハーバード大学でなされている。その結果、興味ある形で、マクレランドは、経営学にも影響を与え、かなり大きな足跡を残した。

最高水準のパイロットを集めたトレーニングの場と実践の場を描いた映画『トップガン』を見れば、だれだって達成動機が高まるし、また、ウィンブルドンで勝ち進む選手の成し遂げている姿を見て、翌日は、テニスコートに立つひともいるだろう。見ただけで、うまくなるわけではな

いが、達成をテーマにした映像を見れば、達成動機が喚起される。

リーダーシップを発揮する立場にいるひとたちは、部下の達成動機、親和動機、勢力動機を喚起する風土を生み出すことによって、部下の行動に変化を起こすことができる。たとえば、高い標準を掲げ、それに挑戦させる風土を創れば、達成動機が喚起され、また、達成動機の高いひとがそのような職場に引き寄せられる。同様に、リーダーが暖かい雰囲気やメンバーを援助する支持的な環境をもたらせば、親和動機が刺激され、また、そのような会社や職場の特性に気づいた社員がそこに集うようになる。組織構造がリーダーによって大切にされれば、勢力動機が行使されやすい場が生まれ、その結果、部下の行動や成果が影響を受けることとなる。マクレランドの指導を受けた、リットウィンとストリンガーは、コンピュータ・ベースでなく、実際にひとが動きまわるシミュレーションを用いて、リーダー行動が組織風土、さらにモティベーションに与える影響を検証した。

達成動機は、元々は個人の特性を語るための言葉であったが、このようにして、特定の動機が喚起されやすい程度に注目することによって、それは、職場やリーダーシップを特徴づける言葉となった。親和動機や勢力動機で特徴づけられる場もあるが、達成動機で特徴づけられる場もあり、そういう場をもたらすのは、人事部の力でも、偶然の所産でもなく、ライン・マネジャーの言動の積み重ねなのだ。

さきにも第1章（三三頁）と第4章（一六二頁）でふれたとおり、コンピテンシーの概念は、マクレランド、また彼に先立ち、ハーバードで教鞭をとったロバート・W・ホワイト（Robert

W. White）の名誉のためにいえば、ひとが環境との相互作用のなかで、よりうまく生きる姿を捉える概念で、本来、ひとの元気を削《そ》ぐよりは、ひとを元気にする概念であった。日本での、成果主義と、コンピテンシー・モデルの捉えられ方のひずみを嘆くのは、わたしだけではない。

コンピテンス概念のより正確な理解に向けて

コンピテンスは、現代の息吹で古典が蘇る典型的な概念だ（発音からはコンピタンスだが、人事、心理系では、コンピテンス、コンピテンシーと表記されることが多い）。どちらかというと前向きの経営書が少なかったなかで、ハメル＝プラハラード（G. Hamel and C.K. Prahalad）の著作が広く読まれたのは、将来に向かって蓄積的に経営を展開するうえで、コア・コンピタンスと（ややこしくて恐縮だが、戦略論ではコア・コンピテンスと表記するのは稀）という前向きな概念を提示したからであろう。[9] これは、組織レベルの概念である。他方、個人レベルでもこれまでのスキルや能力でなく、人材育成の文脈でもコンピテンスという言葉が使われるようになってきた。たとえば、成果主義の導入とともにいろんな会社において、新たな人材開発体系では、スキル開発とキャリア開発とあわせて、柱の一つとしてコンピテンス開発とそれを通じての評価が注目されるようになってきた。[10]

コンピテンスは、単なる能力やスキルとどのように異なるのだろうか。また、なぜ今それがあらためて注目されつつあるのであろうか。第4章でも、ほんの頭出し程度にふれたが、ここでは、より詳しく説明を加えたい。この問いを解く鍵は、「モティベーション再考」と名づけられたホワイトの古典的名論文[11]にある。動物心理学と精神分析という一見両極端な研究領域を検討して、ホワイトは、それぞれの領域で動因や本能と呼ばれているものは、コンピテンスというモティベーションの観点から捉え直すべきだと主張する。

たとえば、未知の環境を探索する動物を考えてみよう。これを動因理論で説明するには、三通りの方法がある。

(1) 探索は、二次的強化によって生じる（つまり、探索した結果、獲物が得られたりすれば、そのことによって、探索という反応が強化される）。

(2) 探索は、不安の減少によって強化される（未知な環境の不気味な感覚や不安を低減させるために、探索をおこなう）。

(3) 探索自体が、基本的動因の一つである（未知の環境を探るということ自体が、動因の一つとなっている）。

同様に、精神分析の論者の間でも、自分のおかれた環境を自分なりに支配したいという本能(instinct to master)が、自我機能の発達との関連で想定されてきた。また、環境をマスターするという行動は、不安の低減になるというようなアイデアもある。動物心理学での探索行動の研究と議論とともに、これも無視できない。ホワイトの目的は、これら二つの分野での諸研究を参考にしながら、しかし、動因でも本能でもないコンピテンスという、モティベーションの新たな概念を抽出することであった。ホワイトは、コンピテンスを「環境と効果的に相互作用する有機体の潜在能力(capability)のこと」と定義して、さらにつぎのように主張する。「ほとんど学習することのできない有機体なら、この潜在能力は、生まれつきの属性ということになるだろうが、ほ乳類、とりわけ人間においては、高度に柔軟な神経系があるので、環境とうまく相互作用できるように適合していくことは、長期にわたる学習という偉業によって徐々に獲得されていく。この偉業を成し遂げていく行動の方向性や執拗性を鑑《かんが》みると、わたしは、コンピテンスにはモティベーションの側面があるとみなすことが必要だと考える」[12]と。

コンピテンスとスキルや能力との違いは、つぎのように考えるとわかりやすい。歩くこと、哺乳壜《びん》を握ることのまだできない乳児は、ミルクがほしいときには泣くしかない。やがて、はいはいをし、さらには歩行し、哺乳壜のあるところまで行って自分でそれを握れるようになったとしよう。そのときに、環境との相互作用のなかでこれができるようになったことが、コンピテンスなのである。ミルクを飲む、さらには生きること、成長することとはかかわりなく、歩行力があるとか、把握力があるというときに、どんなにうまくできても、それはスキルや能力にすぎない。環境との相互作用のなかでそれが定義され、自分は自分の生きている世界をマスターしているという感覚がコンピテンスなのである。こう考えると、feeling of competence という言葉が、「有能感」と訳され、コンピテンスを「有能」と訳すと、原語とは語感が違ってくる。単に「できる」というのではなく、「うまく生きられる」ことにまでかかわってくるのが、コンピテンスの意義なのである。

成果主義の導入時に、成果の測定に困難があったために、コンピテンスは注目を浴びることとなった。ではなぜ成果の測定は困難なのか？　一つには、異なる仕事分野で成果指標を比較可能にすることがむずかしいことがある。第二には、同じ職能、たとえば営業でも、支社・支店・営業所の地盤・土壌によって、成果のあげやすさが変わるため、売上のようなわかりやすい指標でも、公正で納得のいく比較は困難になる。これらの困難から、成果そのものよりも、成果に至る行動（プロセス）あるいは、もっているだけの能力よりも発揮された能力を見た方がいいという考え方が出てきた（コンピテンシーという言葉に、「成果行動」とか、「発揮能力」というかわった訳語が生まれた）。また、これは単なる困難への対処というよりも、成果を報酬に結びつけて動機づけるという素朴な成果主義よりも、成果につながる行動を磨くためにはプロセスも見ないといけないという動きから、成果主義のなかに、コンピテンス・モデルが織り込まれるようになった。

一部の会社では、富士ゼロックスのように、コンピテンシーを詳細にリスト し記述する「コンピテンシー・ディクショナリー（辞書とまでいかないが大部なものとなる）」が作成される。そこまでやらなくても、上司と部下の間で、コンピテンシー（成果に至る行動）を意識した対話を促進するのも、ただ忙しいふりだけしていたひとに、なにをなすべきか考えて実行してもらうのに有効だ（慶応義塾大学の高橋俊介氏の用語にならえば、「what 構築能力」を高めることになる）。

内発的モティベーション論で圧倒的な地歩を築いたデシも、自己決定と並べて、有能性（コンピテンス）に特に注目した（自己決定を最終的には、より重視するようになるが）。また、コンピテンスは、ひとの発達ともかかわっているし、スプリッツァーの研究[13]で、とりわけミドルを芯から元気づけるためのモティベーターとして、意味、自己決定、インパクトと並べて、有能性を重視した。コンピテンスを発揮できているという気持ちは、彼女によれば、ミドルのエンパワーメントの契機の一つにあげられている。さらに、スキルと異なり、コンピテンスは、環境との相互作用のなかでよりよく生きていくこと（さらには自分らしく生きていくこと）にもかかわってくるので、今がんばるというモティベーション開発の世界だけでなく、長期的によりよい生き方ができるというキャリア発達の世界にもかかわっている。ここから、大きな異動や転職があってもうまくやっていける力を、キャリア・コンピテンシーと呼ぶようにもなった。

思えば、コンピテンシー・モデルの最も初期のものは、マクレランドの創設した既述のマクバー社（McBer、今は、人事コンサルティング会社ヘイの一部）で開発された。ホワイトは、マレーとともに、マクレランドのいたハーバード大学の先輩格だ。同じ大学なのでマクレランドとホワイトの間につながりがあって当然だが、さきにも述べたことの繰り返しになるが、コンピテンス、コンピテンシーの概念の深さ、豊かさを考えると、最近のコンピテンシー論議は、表層的だ。原点に返り、「環境との相互作用のなかでよりよく生きる力」という本来の定義をじっくり再考してほしいものだ。人事に成果主義との関連で適用されるようになってしまった個人レベルのコンピテンスというものの見方よりも、組織レベルの概念として使用したハメルらのコア・コンピタンスの方がもとの概念に、どれほど忠実なことか。

変化する環境のなかで、いかにうまく、そして自分らしく、生き抜くか、そのために必要なコンピテンスをどう磨くかは、モティベーションの問題の射程を超えて、実は、生き方、人生の選び方の哲学にまでかかわっていく問いでもある。剣豪なら「おぬし、できるなぁ」と言われて喜んでいる場合ではない。剣術がうまくできることが、自分が上手に充実して生きるうえでどうかかかわるかが問題なのだ。また、存在にかかわる有能さをどのような分野で磨くかを、ひとに決めてもらっているようではだめだ。リチャード・ドゥシャーム（Richard De Charms）の言い方にならえば、チェスの指し手ではなく、駒になってしまう。コンピテンスに自己決定・自己調整という概念が融合すれば、このコンピテンスという概念は、ある単発的な場面をしのぐというのでなく、もっと長期にわたる個人のパーソナリティが多種多様な場面を貫いて、どのように発達していくかに大きくかかわるのである。

キャリアをなんとなく歩むのではなく、自分なりにキャリアをデザインしていきたいと思うひとにとっては、有能さと、自己決定と、やっていることの意味づけは、重要な鍵となるであろう。この点について、神戸大学の社会人MBAの金井ゼミのひとたちが、かつてグループ研究でおこなった調査データがある。外資系企業に勤める日本人と日本企業に勤める日本人とのキャリア指向性について、その比較調査は、興味深い発見事実を提示していた。外資系をわざわざ選んだひとは、ふつうに日本の企業に入っていくひとと比べて、入社当初、自己決定感は高いが、有能感は低い。しかし、有能感は、入った組織のなかで経験を積むにつれて高まっていたのであった。

モティベーションの問題とキャリアの問題を有機的に結びつけて議論することは、別の書籍を要するほどの課題であり、今後、取り組みたいと思っていることの一つだが、ここでの議論に、その一端がうかがい知れる。

モティベーション論と生涯発達を結びつけるもう一つの視点――フロー経験や至高経験のもつ意味

内発的動機づけの理論に、デシとは異なる立場でユニークな貢献をおこなった（第4章でもふれた）ミハイ・チクセントミハイ（Mihaly Csikszentmihalyi）と、（第8章で詳述する）自己実現の概念で知られるアブラハム・H・マズロー（Abraham H. Maslow）は、それぞれフロー経験と至高経験の意義を強調している。

フロー経験の例には、たとえば、転落して死んでしまうかもしれないリスクをかけながらロック・クライミングに熱中するひとや、チェスの勝負にすっかり没頭してしまうひとの経験などがある。わが国の研究でも、暴走族や祭りの参加者の間でもフロー経験が存在することが確認されている。[14] しかし、仕事でそれほどまでに熱中し没頭することがあるのだろうか。チクセントミハイ自身の研究によれば、仕事の世界でも、（これは驚かせる話だが）外科医は、難度のほどほどに高い手術の最中にフロー経験をするらしい。

フロー経験には、つぎのような特徴がある。[15]

（1）行為と意識の融合（おこなっていることと頭で考えていることが不可分になる）
（2）限定された刺激領域への注意の集中（岩肌、チェスの駒の動きにすっかり集中できる）
（3）自我の喪失や忘却、および世界との融合感（このわたしが歩いている、わたしの手が駒を指しているという自覚のレベルを超えた没頭があり、そのとき、登ることやつぎの手を打つことを超えて、自分がいる世界と一体になっていると感じる）

（4）自分の行為や環境を自ら支配できているという感覚（自我を忘却し世界と融合していると感じながらも、その世界を支配しているのは、自分の足どりであり、自分の勝負感であるという自覚があり、これはコンピテンスにかかわる）

（5）首尾一貫した矛盾のない行為が必要とされ、そこに明瞭なフィードバックがあること（つぎつぎと足場を選び、あるいは駒を進め、そして、登る、あるいはつぎの手を打つ度に、それがいったいうまくいったのかどうかが、明瞭にわかる）

（6）自己目的的、つまり他の目的や外発的報酬のためにそれをしているのではないこと（内発的動機づけにかかわる）

この六要素がフロー経験の特徴である。

他方、マズローは至高経験（peak experience）についてつぎのように言っている。「至高経験」の一つの側面は、一時的にせよ、完全であること、恐怖、不安、禁止、防衛、制御のないこと、断念、遅延、気兼ねを捨てるということである。自己分解と自己消滅に対する恐怖、「本能」によって圧倒されるのではないかという恐怖、そうしたものが、しばらくの間にせよ、消滅し停止する。いいかえれば恐怖によってゆがめられることなく、広い知覚の世界が開かれるのである。[16]

フロー経験や至高経験というとステージの熱狂のなかでギターを弾くプロのミュージシャンや、神との合一感をもつ神秘経験のある宗教家などを思い浮かべがちだ。そう思うと、自分のような凡人にはかかわりがない、そんな能力がないと思ってしまいそうだ。しかし、興味深いことに、マズローは、至高経験を覚えないひとは、その能力を欠いているひとではなく、至高経験が弱かった、それまでそういう経験に浴していないひとだと考えている。そして、仕事の場面にも（自己実現をめざすなら）至高経験にあたるものが必要であろうことを、つぎのようにほのめかす。「生態学者ならば、経験のあることだが、もしあなたがアヒルのことを研究したいと思い、しかも、アヒルについて知りうる一切のことを知りたいと思うのなら、あなたはアヒルを愛した方がよい」[17]と。たとえば、ほんとうにアヒルとともに泳ぎ、アヒルの親のように振る舞ったコンラート・ローレンツ（Konrad Lorenz）博士を思い浮かべればよい。

ロック・クライミングのようなフロー経験や、動物比較行動学者とか生態学者ならありうる至高経験は、仕事の場にはないと断定してよいのであろうか。外科医は特異な例なのだろうか。社会人大学院での議論や、組織変革やイノベーション、新製品開発で燃えたひとの話は、フロー経験や至高経験の存在を感じさせる。ある社会人院生は、組合活動にエクスタシーがあるといい、ある有力企業の重役は、仕事に燃焼しきっていたより若いころに、社長から怒られるときでさえ、わくわくするような楽しさがあったという。経営管理論や組織行動論のモティベーションの書では、これまで、このような経験は語られてこなかった。しかし、これらの経験は、まぎれもなく（これまでは明示的には）語られざるモティベーションの一側面をなしている。「なぜ働くのか」という問いに、「どきどきするから」「おもしろいから」さらに「仕事で、いってしまうんだ」と答えるひとがいたら、そのひとのモティベーション持論は、フローや至高経験の理論に近い。

フロー経験や至高経験も、単に褒美を期待して動機づけられているというよりは、生き方にかかわっている。チクセントミハイやマズローの議論では、一見したところ、生き方の生涯発達的な長期的課題というよりは、時間幅の短い絶頂経験が注目されている。しかし、このようなとてつもない経験に出会うまでには、通常はそれまでに多種多様な経験の蓄積を要するであろう。その意味では、フロー経験や至高経験は、長い人生やキャリアとも関連づけて位置づけされるべき問題であり、通常のモティベーション論の射程を超えている奥行きの深い話であるともいえる。

われわれ自身の研究の世界で自問しよう。フロー経験の六要素を満たすような経験を、研究において実感することがあるだろうか。稀だと思う。しかし、長くいい研究に従事しているひとには経験しうることだと考えたい。また、それを経験すれば、そのことがもつインパクトは、その時点ごとに報酬を期待して瞬間風速的にがんばるという動機づけの世界よりも、それを経験したひとの心深くに根づき、長期的に持続するものであることだろう。

その意味で、フロー経験や至高経験は、一見ある時点での瞬発力にかかわる経験のようだが、その実、より長期的なキャリア・ダイナミクスのなかに位置づけることによって、既存のモティベーションの射程の短さを補う視角を提供することであろう。瞬間のなかに人生を垣間見ることがあるか。これが、この視角が照らし出す問いだ。また、「プロローグ」に引用したヤマハの伊藤社長の言葉も、このことにかかわっている。ここぞという瞬間に打ち込むことができるひとは、人生全体を引っ張るエンジンもより強固になる。集中力が問われるスポーツや勝負の世界では、この一球、この一手という瞬間がある。決定的瞬間の一球、一手が、その投手、その棋士の人生を垣間見させる。われわれの仕事でも、それがないと断言せずに、凝縮した瞬間のモティベーションに、生涯のキャリアを構想する材料を見つけよう。

達成動機を主として扱った章だが、やり終えた後の達成感だけでなく、やっている最中の楽しみや没頭、また、ある期間がんばって達成してみせるというのでなく、集中している絶頂の瞬間に人生を垣間見る展望について最後にふれた。

達成動機そのものではないが、その周辺にもこのように重要なトピックが存在する。

次章では、達成動機との関連もおおいに意識しながら、親和動機、親密動機について述べることにしよう。

コラム

達成動機——持論アプローチに対する意味合い

内から湧き出るものを大切にしてがんばってきたひとたちは、ごく自然に達成感を持論のキーワードにあげる。日常語がそのまま自己調整に役立っている好例だ。話を聞いていると、達成に至るまでの道筋では、修羅場をくぐるようなたいへんな思いをしていることも多い。でも、一度でも達成の喜びを味わえば、途中苦しくても、このキーワードを胸にがんばり通すことができるだろう。困難な課題ほど、達成感が大きいことも知っているのだろう。キーワードに「成し遂げたあとの達成感」をリストするひとは多いが、「やっている最中の楽しみ」をリストのなかに入れるひとは少ない。でも、フロー経験も大切だと、実感できたら、第2章のエクササイズでメモを作成したリストに、「楽しみ」もしくはフロー、至高経験にあたるそれ以外の日常語を加えよう。

第6章

親和動機——ひとともにいる

オーバーアチーバーだけだと困る

「親しい仕事仲間がやる気の源泉」と持論のなかにメモしたひとはもちろん、やる気満々だけど、ひとととともにいること、ひとととともに成し遂げることの喜びを忘れているひとも、この章で取り上げる親和動機の観点から、新たな自己調整の道をぜひ探してほしい。

前の章の出だしでも、達成だけでは足りないものがあることに、注意を促した。オーバーアチーバーだけだとチームも、組織も、国も息苦しくなる。イメージしてみよう。ひたいに鉢巻、いつも必勝、達成、合格、一等賞というスローガン。このまま中年までいったら気持ちわるい。子どものときでも、ただの孤立したガリ勉ではなく、気に入った先生と出会ってがんばるようになったとか、親父の支援やサポートがあった、といったことが大事だ。いい意味で友だちがライバルでもあり、ひとりで勉強しているのでなく、切磋琢磨する仲間やより広いコミュニティが身近に感じられるのがいい。運動に打ち込むひとも、個人競技でさえ、コーチ、仲間、ライバルとの関係のなかでこそ、〈がんばり〉が生まれる。ましてや集団競技では、ひとりではなくて、他の人びとととともに成し遂げることがより自然になされる。また、オーバーアチーバーどうしも互いに切磋琢磨する仲間になっていることも多い。

このように考えると、デイビッド・マクレランド（David C. McClelland）は、主として達成動機を研究したが、親和動機を、彼が注目する三大動機のなかに入れていた点が、興味深い。われわれは、ひとりで生きているのではない。だとすれば、ひとととともになにごとかを達成するのも大事だが、さらに遡れば、ひとととともにいること自体が喜びだ。社会関係資本（ソーシャル・キャピタル）の最近の諸研究が注目するように、それが豊かな方が、仕事の達成が大きいだけでなく、そもそも幸せで健康的なのだ。

ひととのかかわりのなかで、周りから暖かい支援をソーシャル・サポートとして受けながら、ひとは、がんばることを覚えるようになる。これは、わが国における達成動機研究の中心的存在である宮本美沙子教授によって、かねがね指摘されてきた点である。だれも、ひとりでがんばるのでなく、自分に目をかけてくれたお気に入りの先生の助けのおかげで、また、互いに相手を蹴落とすようなライバルではなく、友だちともいえる相手と切磋琢磨しつつ、さまざまな喜びや悩みを共有しながら、達成動機を高めるということがある。

また、達成動機の研究とは異なるが、第5章の末尾でふれたアブラハム・H・マズロー（Abraham H. Maslow）のピーク経験の研究でも同種のことが報告されている。自己実現の心理学を築いたマズローは、自己実現がなかなか凡人には訪れないし、また、それを経験するのは、かなり年をとってからなので、それに近い経験ができる場面として、ピーク経験に注目した。環境に溶け込み、自己が頂点に達するように崇高に高まる瞬間のことをピーク経験というが、マズローの伝記を書いたエドワード・ホフマン（Edward Hoffman）と神戸外国語大学の村本詔司教授の調査研究によれば、日本人の子どもたちのピーク経験の最大の特徴は、それがひとりで経験されるのでなく、大切と思える他の人びととの交わりのなかで、経験されていることだ。皆さんも、自分がいちばん感動した経験を思い浮かべてほしい。またとないようなコンサートでも、蛍狩りでも、山から見る日の出でも、その感動をともに味わったひとがいるからこそ、より大事な経験、記憶になっているということがないだろうか。また、ダン・P・マッカダムズ（Dan P. McAdams）も、親密さにかかわるピーク経験を報告している。ピーク経験とは、なにも神秘的・宗教的なものに限定されない。もちろん神との近接感、合一感を報告するような調査協力者もいるが、たとえば、他のだれにも示したことがないような、深い自分を正直かつオープンにお互いに語り合うときに、ピーク経験を感じたと報告するひともいる。また、他のひとともにいるときに、そのひとを同志だと深く感じた経験を、（親密動機にかかわる経験としてではなく）パワー動機にかかわる経験として物語るひともいた。[1]

もし、そういう他の人びととの意味のあるかかわりがなければ、達成動機だけに生きるというのは、孤立の道であるように思えるし、自己実現やピーク経験も、へたをすると我を忘れ、周りから浮き立つ道ともなりうる。

ところで、マクレランド本人は、親和動機については、さほど大きな足跡を残さなかった。そんななかで、マクレランドの一番弟子のひとり、マッカダムズが、生涯発達という視点から、ひととの関係性にまつわる動機として親密動機、欲求としては親密欲求（need for intimacy; need to be close）を取り上げているのが、いっそう貴重に思える。親和動機をさらに深めるために、また動機づけだけの問題ではなく、生涯にわたってよりよく生きるためにも、親密さを中核的な問題として捉えようとしてきた。

マッカダムズの注目する親密欲求は、ともすれば相手に依存的にもなってしまう親和欲求と異なり、アイデンティティ（自分らしさ、自我同一性）を確立しつつも、他の人びとと共働したり、他の人びとを育成したり、ケアできる欲求、また、そういう行動を取りたいという動機にかかわっている。それは、相手にとろけるような若いときの初恋とも、また、カリスマ的リーダーに依存し溶け込むような帰依《きえ》とも異なり、自分を堅持したうえでの、つながりの形成だ。ある意味では、このレベルの親密さを知らなければ、孤独はない。また、孤独であることさえ味わい楽しめるようにならないと、相手をいたわり育てる気持ちで、親密になることができない。

中年の発達課題である世代継承性（generativity）でも名高いマッカダムズが、このように親密さの価値を認めているのは、達成動機の研究の延長上に一味違う光明を放っている。

〝エージェント〟は仕事人

心理学者デイビッド・ベイカン（David Bakan）は、『人間存在の二重性――西洋人の孤独と共同』[2]という著書のなかで、人間には〝エージェンシー〟として生きるという面と、ひとりではなくみんなと一緒だという〝コミュニオン〟な面の二重性があると説いている。前者は、大きな力を背に受けて、世界に働きかけ、何かを生み出す活動を指す。また後者は、辞書的には共有、親交、交わりであり、同時に神を崇拝して霊的交流をすることも指す。無味乾燥になるが、日本ではこれを「主体的」「共同的」と訳すことが多い。

主体性（agency）というのは、なにかより大きな力を背に受けて、世界に働きかけて、なにかを生み出す活動をすることを指す。宗教だけでなく、学問の世界でも、ニュートンにとっての力学、ダーウィンにとっての進化論は、神のエージェントとなって、自然や生物の世界を解明する試みであった。ゲーテの描くファウストが「事業だ」と叫ぶときも、また、文字通りビジネスの世界で、ひとが仕事で偉業を成し遂げることも、神のエージェントとしての主体性の発揮だ。

前述のとおり、communion の辞典的意味合いは、共有、親交、交わりであるが、神を崇拝して霊的交流をすることもこの言葉で表される。マックス・ウェーバー（Max Weber）がプロテスタンティズムのなかに見いだしたものは、ある意味では、agentic personality だった。大げさだが、ベイカンによれば、「宇宙における究極のエージェントは神だった。もし、個人というものが、なにがしかの意味ある存在であるとしたら、それは、神の意志の道具としてだ」[3]。科学のなかでも、物理学と数学は、神の作品を知ることであった。プロテスタントの天職観と勤勉（禁欲）、および予定説は、神の声に従うことだった。時代が下って、「時は金なり」とやはり勤勉を強調したベンジャミン・フランクリン（Benjamin Franklin）も、現代の社会は達成というテーマにとりつかれた社会だといったマクレランドも、agentic なもの、活動、達成、自己拡大（さらにネガティブにいうと、飽くなき自己増殖）という側面に注目してきた。

ベイカンが人間存在の二重性というアイデアで警告したかったことは、主体性だけでは、神の代理であったひとがやがて自ら神であるかのように不遜な発想や行動にとりつかれ、やがては自己破壊をもたらすということであった。ベイカンが選んだ究極のメタファーは、がん細胞だった[4]——主体性がもしも真に共同的なものにも誘われなかったら、尊大なまでに自己の世界を大きくしようとする指向が、自己も自組織も社会も破壊させてしまう（ヒットラーのレベルから、エンロンの経営者に至るまで)。だから、「交わりのなかに生きる主体性」「関係性のなかから生まれる(孤立して探されるのではない)アイデンティティ」が大事だというわけだ。これらの考え方は、しばしば男性を念頭に理論化したエリクソンでなく、その影響を受けた女性の学者(エリクソンの弟子のキャロル・ギリガン、Caroll Gilliganや、わが国では岡本祐子氏)によって提唱されてきた。

マッカダムズは、中年のころの発達課題である世代継承性(generativity)の研究者として知られている。彼は、世代継承性のなかの主体的な(agentic)部分を「なにかを創り出す(create something)」こと、共同的な(communal)部分を「なにかを残す(leave something)」ことというように、平易な対比の言葉で説明している。[5] 将来の世代になにかを継承しようと思ったら、まずなにかを創出しないといけない。

「エージェント」とはなかなか興味深い言葉である。以前、オフィス機器のメーカーの研修に講師として招かれたときに、その研修は変革の担い手を養成することを目的とするものであったので、「チェンジ・エージェント・プログラム」という講座名だった。

そもそもエージェントとは、「ほんとうに動くひと」という意味だ。たとえば、広告代理店が「エージェント」であるとしたら、だれのエージェントとして、なにを代行しているのか。それはテレビなどの媒体にとってのエージェントとして、広告主を探してくれるのだ。旅行代理店は、どうか。かつて、旅行をするのが一生で、数えるほど稀で特別なことだったときに、列車の切符の手配や旅館の予約を旅行者に代わっておこなってくれるのが、エージェントとしての旅行代理店だった。物騒な例だが、テレビの〝必殺仕事人〟なら、依頼人に「あいつを殺《や》ってくれ」と言われたら、それを実行するおっかない役割がエージェントだ。

こんなことを思い出してもらった後に、この研修の受講生の方に問いかけてみた——「チェンジ・エージェントというのは経営学のなかの組織開発論では有名な言葉ですが、皆さんはだれの代わりに、なにをなさるエージェントですか。さきの代理店のようにわかりやすく説明するとしたら、会社でのチェンジ・エージェントの仕事を、子どもにわかりやすくどう説明しますか」と。

そういう意味で、だれのエージェントか。「社長か」と問われれば「違う」と答えたくなるし、「お客さんか」と聞かれると、ちょっときれいごとのような気がしてくる。ただ、いずれにしても、このエージェントは、代理人ではあっても、第5章で述べたリチャード・ドゥシャーム(Richard De Charms)の自己原因性の理論におけるチェスや将棋の駒ではない。力のあるひとなら、自分で仕事を取れるし、選ぶこともできるからだ。代理人と訳すよりは、「実際に動くひと」というニュアンスだ。

さきにふれたとおり、キリスト教圏において「エージェンティック」といえば、究極的には神のエージェントであることを指す。ダーウィンの進化論のようにキリスト教に反することを主張する場合は別として、哲学者も、ニュートンによる力学の発見も、すべて神のエージェントとして自然現象を読み解いたとみなす。つまり、学問も布教活動も、自分が担い手となって実際に活動するような営みは、すべて神の思し召しということになるわけだ。

ただ、人間の存在がすべてエージェンティックであるとすれば、人間はなにかの手先になって突き動かされているだけ、ということになる。それだと具合がわるい。布教活動を考えてみよう。

それは、孤独になされる活動ではない。一二人の使徒間にはなんらかの関係が生まれるはずだ。ミッションを伝えるのがエージェントのおこなうことだが、そのプロセスで元の一二人を超えて大勢の人びととのつながりが生まれてくる。教会にあたるものがない段階でも、コミュニオンというものが生まれる。わたしのようにクリスチャンでない読者の方々も、たとえばお寺さんの檀家を思い浮かべてもらえばいい（それも風化しつつあるかもしれないが）。

ベイカンの著書のなかには、さきにも引用した強烈な記述がある。

「エージェンティックな側面は、たとえで言うとがん細胞のようなものだ[6]」

エージェントとしての役割を見つけると、ひとはとりつかれたようにその役割に没入してしまう。それだけでは、自分を破壊してしまう。だからコミューナルな面が必要なのだと、ベイカンは説いている。

たとえば、会社のなかでやる気に満ちたひとがいたとする。だが、そういうひとほど失敗に対する恐怖は強い。そういう場面に直面したとき、周囲に「ここはこうしたらいい」とアドバイスをくれるひとがいるかどうか。ほんとうに困ったときに「俺はおまえの親友じゃないか」と助けてくれるひとがいるかどうか。そういうひとがいないなかで、達成動機だけが肥大することは、たしかにベイカンが指摘するとおり、きわめて危険な気がする。

ベイカンの著書の冒頭には、科学も心理学も宗教も、すべて築いてきたのはエージェンティックだったという話が登場する。また、「心理学は、科学と宗教が出会うことが可能な場である」とも述べている。それがいわゆる宗教心理学だ。

人間にはどこかで偶像崇拝や邪神礼拝に傾倒したり心酔する心がある、という。とことん惹かれると、神と一体化した気持ちになるひとがいる。同時に、教会に行けば、信者の方々ならいっそうのこと、集ったひとたちを仲間だと感じるはずだ。もちろん暗黒の活動もないわけではない。キリスト教圏でも黒ミサやＫＫＫ（クー・クラックス・クラン）のようなものがあるし、日本では一連のオウム事件があったりした。ただ、これらの人びとも、エージェンティックとコミューナルの両方を持ち合わせている。つまり人間としては健全な姿でも、一歩間違えると病理的な世界に入ってしまうということだ。ハーバード大学の神学者ポール・ティリッヒ（Paul Tillich）も、偶像崇拝について、これに近い議論を展開している。

また、物理学者が物理的世界のなかの秩序やその包括性を見出すのも、神の代理人として神の摂理を解明しているという意味ではエージェンティックである。しかし、その世界に一直線で没入すると、コミュニオンなしのマッド・サイエンティストになってしまう。そこで、ある段階では自分がもっているものが他のひとにどういう影響を及ぼすかを考える必要がある。

勤勉は美徳とされるが、働きすぎてお金ばかり貯めて使いもせずというのは、やはりおかしい。先日、大阪・御堂筋の銀杏《いちょう》並木がコクヨ創業者の黒田善太郎氏の寄付によるものであることを職場の先輩から教わった。こういう部分が、コミューナルなものの大事なところである。それが、エージェンティックに商売をするだけでなく、つぎの世代に意味のあるもの、喜ばれるものを遺すということだ。

ナル、コミュニオンにおおいにかかわる『親密さ（Intimacy）[7]』という本も出している。

中年以降の発達課題、世代継承性

さきにも述べたが、マクレランドの弟子であるマッカダムズも、エージェンティックとコミューナルについて言及している。エージェンティックが達成動機、コミューナルが親和動機にかかわるということは、マクレランドとの師弟関係からも察することができるだろう。彼はコミュー

そもそも、人間はなぜ親密さへの動機をもっているのか。たとえば人間のオスの場合、獲物を捕ればメスにモテた。だからますます捕ろうとするし、より探索しようとする。狩りでの達成と、大切なひととの親和にかかわりがある。狩りを彼女のためだけでなく、家族、部族のためにおこなうようになれば、達成と親密・親和が両輪のようにからんでくる。エージェンティックな狩りに、部族というコミューナルなものが重なってくる。もとより、人間は、直立歩行できるようになり、火と道具を操り、言語をもつようになったものの、ひとりでは弱い存在だった（今もそうだ）。人間は木登りもうまくないし、走るのも速くない。だから、うまく生き延びようと思えば、ひととといっしょにいるしかなかったはずだ。進化心理学的にいえば、ひととといることが嫌いなひととは、生存確率が低いのである。子どものころにお母さんとの愛着をうまく築くことが、その後の適応のすべての要《かなめ》になる。だいたい、ひととといっしょにいることがうまくできずに孤独のままでいれば、次の世代を生み出すことができない。世代継承性を、精神分析の専門家たちが「生殖

性」と訳してきたので、「それが中年の発達課題ですよ」といえば、しばしば「まだだいじょうぶ、できているよ」と冗談気に述べる男性ミドル・マネジャーによく出会ったものだが、生殖性と世代性とのつながりを本能に近いレベルで考えるとあながち間違いではない。親和動機そのものは、進化心理学になじむひとたちがよく使う言葉でいうと「ハードワイアード」（遺伝子のなかにもある）な動機なのだ。いい意味でもわるい意味でも、アニマル・スピリットに基づいているところが、ときにわれわれの生存を助け、さらに、よりよい生き方をする一助となる。

エージェンティックだけでは生きていけない

人間には問題を解決するという課題達成系の側面と、育てる、愛する、いっしょにいるといった親和欲求系の側面がある。これが、ベイカンの説く人間存在の二重性である。

これは、リーダーシップ論で見つかってきた普遍的な二次元とも対応する。それは、課題と人びと、達成と関係、わが国の三隅二不二先生によれば、パフォーマンス（集団の目標を実現すること）とメンテナンス（集団のまとまり、居心地を維持すること）という対比だ。同種の対比を、ストレス管理との関連で、平木典子教授は、タスク（課題）とメンテナンスとを対比した。産業革命以後、産業社会のキーワードは、放置しておくといつも、課題（タスク）、達成、パフォーマンスの極にゆれがちだった。しかし、辣腕の経営者も、人びとを思いやる気持ちがなければ、いつかだれもついてこなくなる。だから、課題に向かって人びとに貢献してもらうのにも、人びととともにいること、関係を生み出し維持すること、一言でいうとメンテナンスが必要になる。

平木教授はある企業でのライン・マネジャーに対するストレス管理の議論の場で、「ミシンなどの機械でも、ときには油を注《さ》したり、磨いたりしてメンテが必要になるのですから、ましてや相手が人びとであるのなら、メンテナンスが大事でしょう」と言われた。会社がタスク中心で動きがちなだけでなく、学校や家庭までそうなっていることに警告しながら、次のようにも発言された。「学校から子どもが帰ってきたときに、お母さんが、その姿を見るなり、『今日はどうだった？』とか親しいやりとりをせずに、いきなり『宿題やりなさいよ、すぐに！』と言えば、家庭でも、勉強というタスク軸が中心になってしまっているのです」と。関係性の大切さを象徴するはずの家庭でも、メンテナンスがおろそかになりがちなのだ。だとすれば、今一方を、達成動機だけでなく、ひとには、親和動機、親密動機もあるのだという意味合いを、社会、会社、家庭の成り立ちの基盤として、捉えなおしてもいいのではないだろうか。

中年の発達課題として世代継承性がクローズアップされる根拠のひとつとして、若いときと比べて、やがていつかはこの世を去ることになる自覚があらためて高まることが指摘されている。若くして夭折《ようせつ》するひともいるが、中年にもなると、両親の世代が病気がちになったり、親戚の伯父、伯母でだれかがなくなったり、自分も初めて入院するような病気をしたりする。だから、自然と、人生の真ん中のポイントを過ぎかけたあたりで、人間のやがて死すべき運命（モータリティ）への自覚が高まる。逆に、やがて死すべき運命を認めたくない気持ちもそこにはある。[8] そのようなときに、ひとりで生きているわけではないので、他の人びとを巻き込んで、ひとりではできないぐらい大きなことを成し遂げ、つぎの世代に意味のあるものを社会のなかに遺すことに目覚める。また、そのプロセスを通じて、自分もまだ一皮むけるという実感をもちつつ、同時に、若い人びとを育成する。つぎの世代のケアという課題は、いつか自分がこの世からいなくなっても、ひとが育ち、いいものがあとに残り、次世代まで喜ばれるかどうか、ということにかかわる。なにごとかを成し遂げることを喜びとする達成動機以外にも、ひとともにいることをうれしく思う親和動機があり、また、他の人びとに影響力を振るうことにかかわるパワー動機がある。

ついでにいうと、そのつもりで注意していると、身の回りの出来事、発言、また、小説や映画のなかの台詞《せりふ》にも、こういうことにかかわりのあるやりとりは、けっこう見つかるものだ。たとえば、『月の輝く夜に』という映画のなかにおもしろいシーンがある。イタリア系家族の話で、シェールが演じる娘に結婚しそうな男性が現れ、他方で、父親は浮気を繰り返し、オペラにいつも女性を連れている。業を煮やした母親は、娘のフィアンセに「なんで男は女の尻ばかり追いかけるのか」と聞く。するとフィアンセはこう答えた。「死が怖いからだろう」。これは、ともにいることを大切にする例としては、あまりいい例ではないかもしれないが、この台詞に、それでも共感できるという男性読者は、もう間違いなく認定中年である。ひとりではないと深いレベルで思いにふけるとき、また、(恋愛だけではなく) ひとりではできない、いい仕事をしたいなと思うとき、いつかは死ぬのだからという気持ちがどこかにある。逆算といっても、実際に「あと何年?」と指折り数えるわけではないし、将来のことなのであと何年生きられるかはけっして知ることはできないが、中年になると残り時間が限られていることを実感する。もっと若いときよりは、ナチュラルにそれが実感できるようになる。

なにか大きなものに突き動かされて、エージェントであるということを意識して、とりつかれたように自分が自分の名を留めるために成し遂げる。そのことだけを考えるか。それとも若い人の育成やつぎの世代に継承すべきことを念頭にスケールの大きな仕事をするか。後者なら、つぎの世代にいいものが残る。このあたりが、キャリア論とモティベーション論の有意義な接点となるかもしれない。

マッカダムズと同様、世代継承性に関する研究の第一人者が、ミシガン大学のジョン・コートル（John Kotre）教授である。彼の著書『アウトリビング・ザ・セルフ』[9]という書名は、自分が生み出し、自分が死んだ後も永遠に生き続けるものという意味だ。このわたし自身よりも長生きするものが何になりそうか、考えてみてほしい。たとえば、自分の名まえで出した本が永遠に遺るのなら、本人はエージェンティックな存在にとどまる。しかし、この本のおかげで大勢のひとがいい人生を送れたとすればコミューナルな存在ともなる。その差は紙一重といえるかもしれないが、後者の側面があることを大切にしたい。本田技研工業株式会社の久米是志氏（後に社長）たちが、環境によいエンジンを生み出したときに、それは、自分が設計したエンジンが世に出たという面（なにかを創造したという面）だけでなく、つぎの世代にも青い空を継承するという面（なにかを遺したという面）がある。コートルは、世代継承性をつぎのように定義している。「世代継承性は、世代の連鎖を次世代にまで下っていき、将来につながる世話と責任……（Generativity is about care and responsibility …… that move down the generational chain and connect to the future）にかかわっている」[10]。それは、さきのリーダーシップの基本二次元でいえば、世界のメンテナンスにかかわる。ここでは、勝手に久米氏の例をあげたが、コートルの貢献は、八名の詳しい生活史の形で、世代継承性という中年のテーマを描いた点にある。

キャリアの研究では、その調査対象の時間軸での長いカバー期間からライフ・ストーリー・インタビューが用いられている。われわれは、今、モティベーション論の持論アプローチを整備するには、どのようなひとがどのような場面で、大きく動機づけられるかについて、コンテクスト豊かな記述がいると思っている。打ち込んでいることへの基盤に、生涯を通じて追求したい目標や、達成したひとの生涯を超えてつぎの世代にバトンタッチされていく見通しや展望があれば、一時の弾みのがんばりとはまったく違ったねばりが出てくるだろう。

モティベーション論をキャリア論とつなげていくのには、方法的にも、すぐにモティベーションのモデルを作成して、それを検証するというよりも、働くひとりひとりの語りをもっと重視していくことが、今後望まれるだろう。

ひとりでカラオケに行くか、ひとりでボウリングするか、ひとりで仕事ができるか?

最近は、「社会関係資本（ソーシャル・キャピタル）」の議論が盛んである。その理由は、社会的な共同体が結果的には大きな成果を生み出せるからだ。自分ができないことでも、できるひとを知っていればこと足りる。あるひとを助ければ、逆にそのひとから助けてもらえることもある。ひとりではできないほどスケールの大きな仕事をするときにも、これは欠かせないはずである。達成という課題と、人びととともにいるというテーマをつなげる格好のトピックがここにある。

パフォーマンスとメンテナンス、達成と親和をつなぐ視点。ひととうまくつながっている方が、達成のレベルも高くなる。そのことをともに称《たた》え合えるひとがいる分だけ、また、ひとりではできないほどスケールの大きいことを達成するなかで、満足感も大きくなる。また、面倒を見て世話して育っていく若手の姿が見られる分だけ、達成が親和と溶け合っているときに、喜びもひとしおだ。社会関係資本がうまく動員できることが注目されるなか、実は、時代のなかでそれが以前ほどうまくできなくなっているのではないかという危惧もある。

この点に関連して、ハーバード大学のロバート・D・パットナム（Robert D. Putnam）教授による『ボウリング・アローン』[11]という書籍が興味深い。日本語にそのまま訳せば「ひとりでボウリングをする」という、きわめて強烈なタイトルだ。[12]

大著でありながらベストセラーになったこの書籍によると、二十世紀を三分の二ほど過ぎた時点から、ひととのつながりを大切にコミュニティの形成に貢献するような活動水準が、停滞し、崩壊し始めている。一〇通り近い調査（たとえば、有名なところでは、ヤンケロビッチ・モニター調査、GSSの略称で知られる一般社会調査など）の統計数字を通じて、社会的な活動への出席率、参加率、会員数の推移をこれでもかというほど多数、図示しながら、この傾向が詳細に緻密に検証された。ひととのつながり、コミュニティ、社会関係資本が危機にさらされている。そんな姿が、強烈に示された。従来のアメリカ社会でかつて長らく活発だった諸活動が衰退しつつある。たとえば、政党活動やコミュニティでの活動への市民参加、全国規模の社会活動組織への参加、教会への所属や教会への出席、身近なところではPTAへの参加、また、職場関連では、労働組合や各種の専門職団体への参加、プライベートでの社交として家庭の訪問、ホームパーティやディナー会、トランプやボウリングなどの余暇活動を仲間で楽しむ機会、近所付き合い、さらには愛他主義に彩られたコミュニティ活動や慈善活動、ボランティア活動など。いずれをとっても、たいていの場合一九六〇年代から、コミュニティ、集まりが衰退しつつある。この傾向を、パットナムは警告する。最近は日本でもより若い世代が昔より自己中心的になっているとか、簡単に子どもたちがキレるようになったとか、周りの人びとへのいたわりがなくなったなどといわれるが、それは日本だけの話ではないということだ（逆にいうと、調査データの蓄積が米国ほど豊かではないだろうが、『ボウリング・アローン』にあたるような統計データを通じて、いったい今の日本社会がどういう姿になっているのか、怖いけれども見たいものだ）。

　この本の原著を手にしたときに、わたしがいちばん驚いたのは、そのタイトルだ。「ひとりでボウリングする」というのは、いかにもさびしい。以前、わたしはゼミ生に「まさかカラオケにひとりで行くひとはいないだろう？」と聞いたことがある。するとひとり、手を挙げた学生がいた。驚いたし、「ちょっとヤバいんじゃないか」と話したら、彼はロックバンドのボーカルで、ひとりで練習するために籠もっていたそうである。こういう場合、背後にバンドがあるわけだから、ずっと〝アローン〟というわけではない。

　指揮者のレナード・バーンスタインは晩年、札幌芸術の森でのパシフィック・ミュージック・フェスティバルのために来日した際、インタビューで「音楽と人びとは自分にとって本質的に大事なんです」と語っていた。「人びとともに」という発想がなければ、オーケストラは成り立たない。
これは、さきのベイカンの言葉を使えば、バーンスタインなりのエージェンティックとコミュナルの両面を含んでいる。さらに続けて、こうも語っていた。「わたしは、ひとりではコンサートには行きません。ひとりでは映画にも行きません。ひとりで夕食をとることもありません」と。

さて、パットナムのこの大著の全体に目を通すと、書名にかかわる説明が何カ所かにあり、ボウリング・アローンとは、文字通り、ひとりでボウリングをするという意味ではないことがわかる。リーグに所属することなくボウリングを楽しむひとたちのことを、「ボウリング・アローン」と呼んでいるだけなので、その数が凋落したということだ。リーグには属さなくても、友だちと来るひとたちが多ければ、書名を『ひとりでボウリングをする』とわたしが勝手に訳すのは、誇張のようでよくない。しかし、わたしがまっさきにこの書名から思い浮かべたのは、ひとりでカラオケに行くという発言を初めて学生から聞いたときの驚きだった。

さて、コミュニティの衰退、人びとのつながりの弱化というこの長期的な傾向の原因はどこにあるのだろうか。パットナムは、夫婦ともに働くひとが増え、時間的に余裕がなくなったこと、スプロール化で郊外にひとが移り、かつての近所付き合いが減り、通勤時間が長くなったこと、テレビを代表とする家庭での電子的娯楽に余暇時間がとられたこと、あわせて世代が推移したことをあげている。

方法論的には、自己選択と因果という問題、また、個人過程と世代過程の識別という問題がある。前者は、たとえば、テレビをひとりで見たりするから孤独になるのでなく、元々孤独なひとが、テレビを見るということを選択しているのではないかという問題である。後者は、個人が習慣を変えてその結果社会が変わりつつあるのか、それとも世代ごとに習慣が異なり、世代が入れ替わるから社会が変わるのか、両者の効果をいかに識別するのかという問題だ。パットナムは、ざっくり、この大きな孤独化の長期的変化の原因の約半分は、世代の交代からきていると結論した。

『ボウリング・アローン』は、あくまでも統計的なデータを集めた本である。しかし、そのあまりに悲観的な結果に、著者のパットナムは新たな著作に取りかかった。今度は、実際に社会面でもう一度コミュニティを復権させるような動きがないかを調べたのである。マクロで見ればコミュニティは崩壊しつつあるが、だからこそいっしょにいることの大事さを説いているひとたちもいるし、そういう団体も存在するのではないか。こうして次に出た本が『ベター・トゥゲザー』[14]である。日本語にすれば「いっしょのほうがいい」という感じだろう。原著の副題は、「米国のコミュニティの復活」だ。

この本は一二のケーススタディから成り立っている。たとえば、リーダーシップをとりたがらない若いひとが増えているが、若いうちからリーダーシップを発揮し、他の人びとといっしょにことを成し遂げるのを奨励する仕組み（ウィスコンシン州ウォウパン）、組合活動が凋落するなか、大学レベルでのコミュニティ復活に貢献しているハーバード大学の教職員組合、また、企業からの例では、多様性（ダイバーシティ）と団結の両方を謳《うた》うＵＰＳ（ユナイテッド・パーセル・サービス、宅配業の企業）での取り組みなどを紹介したりしている。そして、前著では統計データでは長期的傾向が憂鬱な姿を示したが、この共著の新作では、それでも、アメリカは捨てたものではないという結論に至っているのである。はたして、日本はといえば、どうなっているのだろうか。気になるところだが、ここで、親和、親密への動機、ひととつながることへの欲求、関係性のモティベーション効果について、議論しておきたい。

なにかを「自分の名前で創造する（成し遂げる）」から「皆とともに、つぎの世代に残す（遺す）」へ

だれでも、遅くとも三〇歳代後半から四〇歳代になったら考えなければならないことがある。やる気を本人だけで完結させるのではなく、やる気をだれとともに高めるか。やる気をどのように関係性のなかで連鎖させていくのか。何ごとかをだれかとともに成し遂げることを通じて、そのひとたちをどのように育成・指導するのか。ひとりではできないほど大きなことを、他のひとたちを育てながら彼らとともに成し遂げたら、そこに「わたしの名前」ではなく、「われわれの名前」を記そう。そういう大きなことをともに成し遂げたら、それを次の世代にどう残す（遺す）のか。このあたりが、モティベーション論とリーダーシップ論との接点であり、また、人生半ばを過ぎてからのモティベーションのねばり強い持続と中年の発達課題の結節点になるだろう。これはきわめて重要なテーマである。組織行動論の長らくの中心的テーマがモティベーションとリーダーシップであり、最近ではキャリアの問題が大きくクローズアップされるようになった。二〇年もGEの会長をしたジャック・ウェルチ（Jack Welch）は、マイケル・ポーター（Michael

Porter）によれば、すぐれた戦略家（ストラティージスト）というよりも、偉大なモティベーターでリーダーシップの持論の伝道師だった。自叙伝を著したとき彼はaccomplish with others（皆とともに成し遂げる）ことが大切で、本のなかの“I”は“We”と読んでもらった方がよい、と言ったものだ。自叙伝は、社会にそしてGEに働くひとに（次の世代のために）残された。また、CEO（最高経営責任者）の仕事の七〜八割は、他の人びととの関係を扱うことだとも述べた。持論のなかに「人びととともに成し遂げる喜び」というような項目が入っていなかったひとは、この観点から自分の経験を振り返ってみてはいかがだろうか。

他の人びとから成り立つ世界——ワールド・セオリーも必要な理由

わたしは、大学での経営管理の講義で、学生にモティベーション論を学ぶことの大切さについて話す。若いときに、モティベーション論を学ぶときには、自分に成り立つセルフ・セオリーの話を見つけてきて、その内容を聞いて納得するだけでいい。自分のやる気を説明するのにふさわしい自分向きの理論を見つけ、その狭義のセルフ・セオリーをマスターし、その応用として、自分のやる気が落ち込んでいるときには、なぜそうなっているかを診断し、再びテンションを高めるのに、そのセルフ・セオリーが使えれば十分だ。たとえば、セリグマンの学習性無力感が、最近、恋愛に燃えない自分を説明できるなら、それを活用する。自分がすばらしい女性を見てもドキドキしないのは、ここ二年の間で、一五回も連続でふられたことによると診断するなら、それを（口説く気にもならない「学習性無力感」）と名づければいい。まずはそれが原因であることに気づくことが大切だ。少なくとも、誘ったり、デートしたりする気がまったくないのはつらいことだが、それでも、それが生まれつきではなく、いつもふられっぱなしだったことから学習した結果だ、だから、回復することが可能だと考えることができる。つまり、自分がわかったというレベルで十分なのである。やる気を自己調整できればいい。たとえば、好きなタイプを絞り込みすぎて、いたずらにふられることを繰り返すより、好きなタイプのストライクゾーンを広げて、まず、誘うこと、デートを楽しむことを優先することも一つだ。あまり、深遠な例でなくて恐縮だが、公認会計士試験の受験生なら、自分には達成感と達成を認めてもらうことがモティベーションに大事なら、そういうことが得られる機会を増やすことによって、やる気のレベルやその持続を自己調整できればしめたものだ。

これらは、すべて、自分の問題だ。特に、若いときはそれでいい。しかし、三〇代、四〇代になると、自分が元気になるだけでなく、周りのひとを元気にしてあげることのできる元気印にならないといけない。特にリーダーシップをとるつもりなら、ウェルチは、エナジー（＝自分が元気であること）だけでなく、エナジャイズ（自分の周りのひとたちを元気にできること）も大事だと強調したものだ。一〇代、二〇代の若い間でも、たとえば、体育会系の部長になったりすると、一年生のときには練習をどうやってサボるかしか考えなかったひとであっても、いざ部長になったその日から、練習はつらいのを承知のうえで、部員にどうやっていつも練習の場に来てもらうのか、来たあとどうやってテンションを高く維持してもらうのか、そして時間をかけて、下級生をどのように育てるのかということを考えるようになる。あるいは学生時代をずっと、（わがままとまでいかなくても）けっこうマイペースで「俺が、俺が」で生活していたひとでも、社会に出れば職場などの共同体の一員になる。さらに役職につけば、部下のモティベーションまで考えざるをえない。そのときに、この〝ひとともにいる〟が楽しめ、〝ひとともに成し遂げる〟がうまくできないと、困ることになる。ワールド・セオリーも抱くべきだという理由はここにある。

そういえば先日、中学、高校時代の同級生と再会した。当時、彼はいわゆるガリ勉で、自分のことしか考えない男だったように思っていたし、本人もそう認めていた節がある。案の定、よい大学に入り、中央官庁に進んで、四〇歳代半ばにして最年少でその官庁の重要なポジションに就任した。絵に描いたような「オレはがんばる」という第一人称タイプの人間だと思っていたのだが、久しぶりに彼に会ってみると、ずいぶん「成長」していた。仲間のこと、つぎの世代のこと、それから国のことを本気で考えているようだった。そして、リーダーシップをうまく発揮することが自分のこれからの課題だと自覚していた。すばらしい！　と思ったが、そこは、友人だから、ちょっとは冷やかしたい。

開口一番、わたしは、「お前、昔は、自分のやる気の問題しか考えなかった男だったけれど、ずいぶん変わったね」と言うと、彼も「その言葉、お前にそのまま返すわ」と言ったものだ。「元々、自由気ままが好きで、好き勝手にわが道を行く感じの、お前なんかが経営学をするというのが不思議だった。精神分析などに興味をもっているのならわかるが、皆を動かすことにかかわる経営学をやったら、こりゃ最低だと思ったけれど、いつのまにか、モティベーションやリーダーシップやキャリアの研究をしている間に、かなり真っ当になったな」などと言葉を返された。互いに、相手の成長を皮肉っぽく認めつつ、軽口を叩く。こういうことを言い合えるようになれば、もう人間として大丈夫である。大丈夫という意味は、中年になって、がんばるということは、もはや自分だけの問題ではないと思っている点を指してのことだ。世界や世間とは、他の人びととのつながりから成り立つワールドなのだ。中年になるころには、セルフ・セオリーにワールド・セオリーを加味した広義の持論をもつようになりたいものだ。

若いころはわがままで、エージェンティックで、思えば（わたしは彼ほど優秀ではなかったが）お互いに、それなりにガリ勉で点取り虫で、達成欲求だけが主軸で成し遂げることに執着していた人間が、社会に出て役割を期待されると、官庁と大学というように世界は違うが、同じ達成でも徐々に自分らしさや充実というテーマが出始める。やがて人を育てたりリードする立場になると、ベイカンのいうコミューナルな側面の重要性にもようやく気づき始め、彼のいう二重性の意味も理解できるようになりかけていることに気づいたのであった。

社会性、関係性が大事なわけ1、2——まず遺伝子レベル、そして哲学的レベルで

だとすれば、マズローは、自己実現以外に愛と所属の欲求、マクレランドは、達成動機以外に親和動機、デシは、自律性と有能性以外に関係性にも注目するのはなぜか。すでにふれたことも含め、ここで整理しておこう。

第一は、さきにも述べたハードワイアードなところで、つまり遺伝子レベルで、われわれは集

まり、親密さ、社会性を大事にするようにできているという考えだ。ナイジェル・ニコルソン仕込みの進化心理学的な解釈を強調しないひとでも、ひとりでやっていけるとかたくなに思いつめていたら、そういう遺伝子が濃厚な一匹狼的人間は、われわれの祖先の代に滅んでいただろう。直立歩行し、脳が発達し、手先が器用となり、道具を使い、火を操るようになっても、ひとはひとりでは弱い。ましてや、走るのは速くないし、木登りもうまくない。仲間とともにいることを楽しんだり、ともに働くことができたりするひと、お互いを気にかけることができるひとでないと、生き残れる確率が低かったはずだ。これは、さきにも述べたとおりだ。マズローは、欲求階層説のなかで、よりベーシックな欲求ほどおそらく本能に基づく度合いが高いだろうと示唆したが、愛と所属の欲求は、ちょうど中層の欲求だ。社会的欲求に、ハードワイアードな側面があっても不思議ではない。

第二は、かなり哲学的なところまでいきつくが、デイビッド・ベイカンが述べるようなコミュ一ナルなものが人間性の根底を占めるという考えだ。少なくとも、人間性の半面はそれだ。達成動機がエージェンティックなものの代表格だとしたら、とりつかれたようになにかを成し遂げるだけだと、ひとは傲慢になる。たとえば、乱開発が起こったり、地球そのものを傷めてしまっているのも、エージェンティックなものがコミューナルなものに中和されなかったからだ。他の人びとのこと、つぎの世代のことを思う気持ちがなければ、われわれは、今を生きるために、がんばりすぎが自分を、周りのひとたちを、果ては地球を疲弊させてしまう。かつて、レイモンド・チャンドラーの小説のなかで、探偵フィリップ・マーロウが、「タフでなければ生きていけない、やさしくなければ生きていく資格がない」と言ってのけたが、この台詞はただ気障《きざ》なだけではない。ベイカンが、人間存在の二重性として難しく説いたことの本質を照射している。

社会性、関係性が大事なわけ3——精神分析や関連学派の影響を受けた立場からは

第三に精神分析、なかでも関係性に注目する学派にふれないわけにはいかないだろう。心理的に健康な成人とはどのようなひとを意味するのかという問いに対して、ジグムント・フロイト（Sigmund Freud）は一言で簡潔に答えたことがある。それは、Lieben und Arbeiten（愛することと働くこと）であった。これもまた、見ようによっては、コミューナルとエージェンティックを指す言葉である（ところで、この伝説的発言の出所は、不思議なことにどの書籍を見ても、記載がない）。ジョン・ボールビー（John Bowlby）は、幼児の不安に、安定への欲求を見出した。幼いとき母親の愛着が重要な生存の支えとなる。幼児が学童期になるころには、子どもなりに孤独感が生まれる。そのことに注目してハリー・S・サリバン（Harry Stach Sullivan）は、不安だから安定を求めるというのとはまた違う、対人的な親密さへの欲求を認めた。それは、子どもなりに孤独だから、仲間もしくは親しい友（chum）を求める気持ちに見られる。幼いときを思い出して、お母さんが近くにいないときの心配を思い出してほしい。つぎに、幼稚園や小学校で最初の友達ができるまでの孤独を思い出してほしい。両者の違いに気づくことだろう。前者は世話してくれるひと（caregiver）からの分離不安に関連し、ボールビーによれば、生後八カ月もすれば、そういう分離への不安を示し始める。これに対して、サリバンによれば、親密さを求めるようになって

初めて、孤独を感じるのだが、それはもう少しさきの段階のことだ。保護されているという気持ちが欠けるときに幼児期に経験する不安にかかわる基本的な安心への欲求（basic security needs）と、ライフサイクルの後段階で子どもになってから新しく姿を現す対人的な親密さへの欲求（the need for interpersonal intimacy）とは別のものだ。基本的な信頼や安心にはエリクソンも、人生の最初の発達課題として注目した。他のひとと遊ぶことも、成長することも、また、やがて働くようになることも、さらに、だれかを心から愛するようになることも、ライフサイクルの初期の段階で、こんな形でケアギバーたる母親や親友となるひととの関係の形成をさきにくぐれているおかげだ。母親の愛情をしっかり受けた（コミューナルな世界を豊かに経験した）人間が、大きなことを成し遂げる（エージェンティックな世界でも名を遺す）人間となる。フロイトがそのように考えていたことはよく知られている。このような観点から、漸成説《ぜんせいせつ》と呼ばれるエリクソンの生涯発達学説を読み返すのも意味のあることだろう。漸成説の八段階のなかには、愛（ラブ）や世話（ケア）が入っている。男性性の分離という観点からアイデンティティを捉えた観もあるエリクソンに対して、さきにもふれたとおり、エリクソンの弟子で女性のギリガンは、（また、わが国では、広島大学の岡本祐子教授は）、アイデンティティというものが、他のひとからの分離でなく、むしろ他の大切なひとたちとの関係性のなかから形成されていくことに注目した。

コラム　サリバンの洞察

・親密さを知らなければ、孤独はない。

・しかし、孤独であることができなければ、親密にもなれない。
この点についての、マッカダムズのコメント――「親密さは、怖い孤独への唯一の解決だが、親密さをますますより大きく感じると、分離あるいは喪失に直面したときには、ますますより大きな孤独のレベルを究極的には経験する蓋然性《がいぜんせい》が高まってしまう。親密さは、すさまじく危険だし、それは、究極的には、苦しみをもたらす」[14]。それでも親密欲求に気づかないと充実した人生は送れない。

社会性、関係性が大事なわけ4――マクレランドからマッカダムズへの流れ

第四に、マッカダムズは、モティベーション論では、師匠のマクレランド以上に「親密動機」に強く注目し、生涯発達という面ではもうひとりの師匠のエリクソン以上に「世代継承性」にもこだわりを見せた。また、ベイカンを好んで引用したのもマッカダムズであった。孤独の定義はむずかしい。一つの見方として、自己開示の欠如が孤独にかかわる。孤独なひとは、自分自身についての意味のある情報をうまく他の人びとに伝えられない。孤独は社会的スキルの問題で、セラピーなどで治るという俗説に、マッカダムズは反対だ。孤独こそ、高潔で複雑な人間経験だとみなしているようだ。注目のアメリカ社会論と評されたロバート・N・ベラー（Robert N. Bellah）たちによる『心の習慣』[15]は、個人主義と社会的コミットメントの相克に注目したが、ベイカン流に捉えるならば、エージェンティックなものに、コミューナルが屈した姿を描いたとも理解できる。さきの『ボウリング・アローン』もまた、コミュニティよりも自分ひとりの世界を重視する

世代が勃興し、コミューナルなものに熱心な世代が去りつつあることを危惧している。同種の研究がわが国では新たな日本社会論として上梓されるに至っていない。そのことが残念だが、われわれの国もまた、コミュニティ、愛他精神に近いものを、もうちょっと自然な形で取り戻さないと、ジコチュー社会になりそうだという危惧がある。

コラム　マッカダムズが注目する何名かの論者の指摘する二面性(16)

	人間の二面性		
〈論者〉	〈ともにあること〉	〈成し遂げること〉	〈二面性の捉え方〉
エンペドクレス	愛（結ぶ）	争い（分かれさせる）	宇宙を支配する二大フォース
フロイト	愛 （エロティックな）生の本能	仕事 （アグレッシブな）死の本能	心理的に健康な成人の二条件 二大本能
ベイカン	コミューナル	エージェンティック	人間存在の二面性
マッカダムズ自身	親密さ	パワー	達成欲求以外の主要な欲求

マッカダムズの親密欲求は、マクレランドの親和欲求よりも、焦点を絞った限定的な意味合いで使われている。ひとといっしょにいること、とろけるように寄り添うことは、親密とは異なる。マッカダムズにとって親密とは、心を開きたいという自己開示にかかわる気持ちを主として照らし出すもので、あがめたいという憧れや理想化、独り占めしたいという所有や一つに解け合いた

いという融合や未分化とは違う（さきの、ボールビーの愛着とサリバンの親友＝チャムの対比も想起されたい）。だれかと親密になるということは、もうひとりの人格の全体性をまるごと経験するというニュアンスだ。また、マルティン・ブーバー（Martin Buber）の表現を借りれば、「我—汝」の関係のことをいう。

コラム　マッカダムズの親密欲求とそれと類似の社会的欲求

・心を開きたい	親密
・あがめたい	理想化
・独り占めしたい	所有
・一つに解け合いたい	融合

自分の持論のメモで出てきた言葉と、これらを比べてみて、また、持論に磨きをかけていただきたい。

自己開示、支援、社会関係資本

この親密欲求の高いひとの物語を聞くと、自己開示に関する話が多く、他方で、パワー欲求の高いひとの語りに耳を傾けると、支援にかかわる出来事にふれられることが多い。親密なひととの関係では、いろんなことを聞いてもらえるし、自分も相手に耳を傾けるが、そのなかで出てくる課題や問題の解決のためにパワフルに支援してあげるという関係にはならない。他方で、パワー欲求の高いひとは、相手を苦境から救うだけの力をもっていたり、またそうしてあげたいという欲求はひと一倍強いが、残念ながらうまく相手の話を聞けないし、また、自分の方から、自己開示することも乏しい。親密さによる自己開示は、コミューナルにかかわり、また、マズローのいう存在（be）に密接だ。他方で、パワーを通じての支援は、エージェンティックにかかわり、マズローのいう行動（do）を導く。われわれは、ついつい勢力（パワー）動機を、とくに権力動機などと訳すと非常にダーティーなものを思い浮かべる。しかし、関係性の欲求で親密になることだけでは足りない部分を、パワー欲求が補完してくれる。実際には、力のあるひとでないと、助けてあげることができない難題が多い。メンタリングの機能にも、キャリア上の支援と心理・社会的機能があげられるが、これもここでいうパワーと緊密に対応している[17]。親和欲求に基づく自己開示中心の友情と、パワー欲求に基づく支援中心の友情がある。ともにいるひとに対して、近くにいてあげたいという気持ち（the desire to be close）も貴重だし、大切なひとの助けになれるぐらいパワフルで強さを自分に感じたいという気持ち（the desire to feel strong）も、相手を思う気持ちに支えられているなら、ありがたいものだ。

問題は、さきに述べたとおり、近くにいて相手の話には耳を傾けるが肝心なところで役に立てずもどかしいとき、逆に、力になれるのだが、どう力になるのがいいのかうまく聞けない、聞けてもつい力になりながら相手を支配してしまうようなとき、いずれの場合にも、友情や愛は朽ちる。朽ちるまでいかなくても、十全ではなくなる。この親密とパワーは、相容れないところもあり、その同居、両立は一見むずかしいし、実際に若いときには特にむずかしい。やさしいひとはしばしば弱く、パワフルなひとはしばしばデリカシーに欠ける。

しかし、年齢と経験を重ねると変わってくる。パワフルだけど、自分の弱みもかくさず、ひとうちとけるミドルは好感をもたれやすい。中年の世代継承性という発達課題に最も強い関心を抱くマッカダムズらしく、この問題について、つぎのような指摘がおこなわれている。[18] 二〇代の医学部の学生の調査によれば、若いときには、パワー欲求も親和欲求もともに高いひとたちは、抑うつ、不安が高く、自尊心が低い。つまり、医者になっていく途上で勉学に忙しく、まだ一人前になる前からときに、この両方の欲求を生産的に統合するのはむずかしい。しかし、ユングやレビンソンが示唆したとおり、人生の半ばを超えるころには、そういう統合ができ始める。

偉大な例を出しすぎかもしれないが、かのガンジーでさえ、二〇代にロンドンで弁護士をめざしているころには、この両者をうまく両立できなかった。しかし、インドの独立をめざすころには、パワフルでありながら、同時にひとの気持ちを上手に感じることもできるようになっていた。ここで、もう一度、フィリップ・マーロウの台詞を思い出してもらってもいい。タフさもやさしさも、ともに必要だ。ほんものの大人になるには。

ビジネスの世界における社会関係資本というと、親密で強い紐帯《ちゅうたい》よりも、異質で異なる世界をつなげるような遠隔への弱い紐帯をついつい強調がちだ（わたしも、ボストン近辺の企業者コミュニティの研究でそうしてきた）。しかし、マッカダムズによれば、「高度の親密モティベーションをもつひとたちは、少数の友人と極度に親密な関係を、また、定期的に接触する他の友人と知人の豊かなネットワークを（インタビュー調査において、引用：金井注）語ってくれた[19]」。

社会性、関係性が大事なわけ5——有能性、自律性に加えて関係性から探る発達や幸せ

第五に、有能感と自己決定（自律）を重んじるデシもまた、ひとがほんとうに充実した生き方を希求するなら、関係性が大事になってくることを大いに強調している。内発的動機づけを支えるのが有能（コンピテンス）だという自覚、自分のやりたいことは外部から強制されたり、もっと巧妙な形で他者から操られたりすることなく、自立的に自分で決定しているという自覚だと、かねてから強調してきたデシだ[20]。その後、長い期間の盟友、ライアンと理論書[21]を世に問うた後、広く読まれたペンギンの一般書[22]で、関係性の重要性をもっと強調するようになった。この変化は、興味深い。デシが、やる気の問題を基盤にしながらも、生き方や成人としての発達や幸せという問題にも、視点を深めていっていることがよくわかる。

かつて、『7つの習慣』のスティーブン・R・コヴィー（Stephen R. Covey）は、依存から独立、さらに相互依存へという発達の筋道を示した。独立と依存、自律と他律という対立項を考えたと

き、そのまま平行に、独立は自律で、依存は他律だと思いがちだが、デシの考えでは、独立してはいても、行動そのものは他律的な立場にいるひと、つまり、他のひとから統制されているひともありえるし、逆に、自律していても自然に依存ができるひともいる。相互に依存しているということは、関係性のなかに生きていることにほかならない。デシによれば、「人には他者と情緒的なきずなを作ろうとする傾向がある。そしてさらに、他者に頼ったり、他者に何かしてあげようとする。依存は、関係性への欲求によって動機づけられる。それは愛とも関係している。自律性を保ちつつ依存していると感じるのは自然なことであり、有用なことであり、そして健全なことである[23]」。

自分が発達するためには、生得の有能性、自律性、関係性をさらに伸ばし、またある時期以降は、先生役として、親として、管理職として、より若い世代の発達を促すために、彼らにも備わっている有能性、自律性、関係性を支援する役割が出てくる。有能性を支援することは、ひとを天狗《てんぐ》にすることではない。自律性を支援することは、ひとをわがままにすることではない。関係性を支援することは、ひとをしがらみに埋め込むことではない。これらのよい面（自信をもち、責任をとり、他の人びととともに生きること）がセットとなってバランスよく統合されれば、ひとの長期的な幸せや精神の健康が生まれる。モティベーションの問題がここで、生涯にわたる発達や（エリクソンなら）統合、（マズローなら）自己実現といった課題にかかわってくる。デシの盟友、リチャード・ライアンとその共同研究者ティム・カッサー（Richard Ryan and Tim Kasser）は、六つのタイプの人生抱負（life aspirations）——それらは、コラムに見るとおり、三つずつの外発的と内発的な抱負（extrinsic vs. intrinsic aspirations）に分かれる――と、精神的な健康との関係を調査した[24]。

コラム　ライアンとカッサーによる人生の抱負、もしくは人生に望むもの（life aspirations）、

外発的抱負ないし目標（extrinsic aspirations or goals）

1. 裕福なこと：富（金）（being wealthy; money）
2. 有名なこと：名声（being famous; fame）
3. 容姿端麗なこと：美貌（being phisically attractive; beauty）

内発的抱負ないし目標（intrinsic aspiration or goals）

4. 満足のいく個人的関係をもつこと：意味のある関係（having satisfying personal relationships）
5. コミュニティに貢献すること：コミュニティ貢献（making contributions to the community; community contributions）
6. 個人として成長すること：個人的成長（growing as individuals; personal growth）

ライアンとカッサーの調査結果によると、まず、4、5、6の内発的な抱負に対して、1、2、3の外発的抱負のうちのいずれかが、突出して高いスコアの場合に、ナルシシズム（自己愛）、不安、抑うつ、ぎこちない対人関係など、メンタル・ヘルスの面で問題があった。逆に、関係、コミュニティ貢献、個人的成長という内発的な人生の目標は、関係性、有能性、自律性にかかわ

りがあるのだが、これらは、精神の健康や幸せにプラスの関係があった。非常に興味深いことに、物質的成功や容姿などの外発的目標にとらわれているひとの、精神的健康度が低いばかりでなく、そういう外面的目標が達成する見込みが高いと思っている場合でさえ、自己中心的、不安などの兆候が見られたことだ。

モティベーションは、ある場面ごとに、今―ここでがんばる姿を映し出す概念ではあるが、それを人生の目標と結びつけて、より長期的な発達の問題ともつながっていることが、ここでわかる。マズローの欲求階層説では、下位の四つのモティベーション要因と、最も上位の自己実現という発達にかかわる要因とが、分断されていたが、これらをつなげる研究が今後、望まれる。人生の目標に注目する研究は、リチャード・J・ライダー（Richard J. Leider）などキャリア関連の研究者によるものが多いが、希望の心理学や時間展望の心理学など、短期のその折々の課題をより長期の時間軸に結びつける試みが、モティベーション論とキャリア論とを統合する視点を提供しつつある。(25)「他の人びととともに」というテーマもまた、この両方を架橋する。

欲求をセットとして見る――内容理論にストーリーを

内容理論には、ただ欲求のリストが並んでいるだけでなく、いい理論には、ストーリーがある。マズローの欲求階層説における、下位の欲求が充足されないとより上位の欲求が姿を現さないというのも一つのストーリーだし、ここで検討してきたマクレランド、マッカダムズ、デシのあげる欲求のセットもただのリストではなく、リストされた欲求相互間の関係を示すストーリーがある。ここでそれをまた、簡単に整理しておこう。

マクレランドとマッカダムズの場合。達成する、成し遂げるという動機は、モティベーション論そのものズバリだ。しかし、われわれの営みはひとりで成し遂げることばかりではない。むしろ、就学前のころから、ともに成し遂げるという視点がないと、できない遊びもあるし、学校に入るころには、ともに成し遂げることを体感するような、コーラス、劇、組体操などを経験していく。親和動機がそこでものをいうし、達成感もめざしているなら、ひとりでできないようなことを、仲間と成し遂げることができたときの喜びもいちだんと大きい。

現代の社会は、大半のサービスも製品も、組織を通じて提供されている。だれかが、そこでマネジメントやリーダーシップの任につかないといけない。そのようなときに、他の人びとに影響力を振るうことに躊躇《ちゅうちょ》するどころか、むしろそこに喜びを感じる勢力（パワー）動機の高いひとの出番がある。

達成欲求が強くても、孤高のひとに終わらないためには、親和欲求、勢力動機が必要となる。寂しさを緩和するのだけが目的なら、親和動機が達成動機とともにあれば足る。だが、なにかをともに成し遂げるために、ひとに動いてもらうことが必要なら、勢力動機も求められるようになる。

親和動機は、ひとが社会的存在である限り大事だ。しかし、仲間といつもはしゃいでいても、自分、あるいは自分たちで、達成したという経験がないと、いつも、ただの祭り騒ぎだ。宴《うたげ》は、本来、なにかを達成した打ち上げのときにこそふさわしい。マッカダムズの友情の分析のところで述べたように、ひとと親密であることが自己開示を特徴とするのなら、ひとの悩みに耳を傾け、自分も共感的に話を聞いてもらえる。それはいいことだが、ほんとうに助けてほしいときに、必要な支援のためにリソースをもってくることができるのは、パワフルなひとだ。相手のことを大切に思う気持ちがあっても、パワー動機がないと、支援もままならない。

勢力（パワー）動機が強いひとは、ひとともにいることそれ自体を楽しむことができなければ、ダースベーダーへの道を歩んでしまうかもしれない。もしも、好きなひとができても、いっしょにいること自体を楽しみ、親密であることを楽しめなければ、好きなひとに力になっているつもりで、実は相手を支配しようとしてしまっているかもしれない。三文メロドラマではない、有意義な人生を送りたいなら、勢力動機は、意味のあることの達成とともに、ひとを愛することとつながりがある程度はいることだろう。マッカダムズは、ベイカンを引いて、パワー志向だけでは危険なので、エージェンティックなものはコミューナルなもので覆われる必要があると指摘した。

このように、達成欲求、親和欲求や親密欲求、勢力欲求という、内容理論的な欲求のリストは、ただ三つ並んでいるだけでなく、この三つの相克、補完、並存の間に、ストーリーやドラマがあり、それがモティベーションの観点から見た人生のひとこまひとこまを彩る。幸せや精神的健康にもかかわる人生の中年以降のテーマは、ユング、エリクソン、レビンソンが共通して主張するとおり、統合だ。幸せな人生には、絶妙なバランスによる統合が三者の間に求められる。

同様に、デシにとっての、有能性、自律性、関係性の間にも、充足した人生をモティベーション論の観点から見通すようなストーリーがあることを見逃さないようにしたい。うまくできることだけど、ひとに言われたことばかりだとつまらない。また、いくら自分で決めたことでも、いつまで経っても、ちっともうまくならなかったら残念なことだ。デシは、それでも、自分のやりたいことは自分で決めるという自律性を、(有能性よりも紙一重だけかもしれないが)より大事だと思っているようだ。自分で決めたことをうまくできるようになり、そのひとが同時に他の人びととの相互依存をうまく楽しめて、精神的にも健康な発達が成人になっても続くとしたら、誠にすばらしいことだ。

マズローの五つの欲求の間のストーリーは、第8章で(通説とは異なる微妙な点を含め)議論するが、一般にもよく知られている。より基本的な欲求が満たされてこそ、より上位の欲求、とくに最上位の自己実現が姿を現すには、欠乏感からは自由で安心で愛や承認に満ちた社会がいる。マズローは、「よい人間」を自己実現している(しつつある)人間と考えたが、よい人間が生まれるためには、自己実現が顕現化するほどに、「よい社会」がいるのだと考えた。しかし、いきなりよい社会をめざすのがむずかしかったら、わたしたちが成人になるまで大半の時間を過ごす学校や、また、成人になってから大半の時間を過ごす会社が、「よい組織」でないといけないと考えた。自己実現がまったくハードワイアードではない。つまり、自己実現はまったく本能に根づかないと断言はできないだろうが、生理的欲求や安全への欲求に比べると、本能に強く根づいている程度は低いだろう。だから、ひとがよいひとになる(自己実現をめざす気になる)ためには、生まれ育った社会や、ひとが大半の時間を過ごす組織が、よい社会、よい組織でないといけないと主張したのであった。後に、クレイトン・オルダーファー（Clayton P. Alderfer）は、マズローの五階の階層を集約して、生存、関係、成長の三欲求に集約した。生存が成り立ってこそ、他の人びととの関係に向かうことができて、関係性を踏まえて、ひとは成長していくというストーリーがそこにはある。しかし、マズローが強調した、自己実現と他の欲求（生理、安全、社会、承認の欲求）との間の大きな断絶は、成長と生存・関係の間にはない。

われわれが持論を探るときにも、持論の各項目がばらばらのリストでなく、達成と親和とパワー、有能と自律と関係が、ただリストでなくストーリーがあるのと同様に、意味の世界、ストーリー性のあるセオリーを全体としてはめざしたいものだ。

A set of needs tells a story.

モティベーションの持論のなかに、ひとはなにで動くかという欲求の内容の項目があれば、それらをセットとして束ねたときに、要素としてでなく、項目全体としてどういう人間観のストーリーがあると思うのかと自問することは、自分の人間力を高めるうえでも、有益だろう。

つまるところ、人間力のあるひととは、他の人びとがそのひとに魅力を感じるひとだが、そういうひとは、確固たる人間観、ひとがもつ欲求についても（また、同時に煩悩《ぼんのう》や障害についても）、ホーリスティック（全体論的）なストーリーをもつに至っているものだ。だから、そういうひとは、ときにいう。「人間というものはなぁ……」と。それが心を打つ言明になるには、モティベーション論をキャリア発達論にまでつなげるような視点がほしいものだ。親和動機や親密動機が欠けると、他の人びとに心深く訴える言葉は語れないだろう。

コラム　親和動機——持論アプローチに対する意味合い

モティベーションの内容理論でよく取り上げられる欲求は、そのまま持論のエクササイズでのメモのなかにも入ってくることが多いだろう。前の章で扱った「達成」というキーワードは、やる気の根幹にかかわるが、ひとがひとりで生きているのではない限り、「親しさ」「関係」さらには「愛」などといった言葉が持論のリストに含まれていたら、それもぜひ大切にしよう。

ひととのつながりが希薄化し、やや自己中心的な傾向が人びとの間にふえつつある時代なので、もし、この系統のキーワードが、自分のモティベーション持論になかったら、少しその必要性に思いをめぐらせてはどうか。

達成と親和（さらに自律）をバラバラに捉えず、統合の名のもとに、持論にあがってきた欲求にかかわる用語の間をつなげる自分なりのストーリーも考えてほしい。また、わたしがこの章でめざしたのは深さなので、親和動機や親密動機に対する考えが、持論のなかで、いくらか深みを増していたら、持論を磨きあげる旅におけるうれしい進歩だ。

第7章

目標設定——目標が大切なわけ

モティベーションと長いキャリアをつなぐ

どのようなときに、ほかならぬこの自分が、また自分とともに働く部下がやる気を高めたかについて、管理職以上のひとに自由に語り合ってもらうと、二つの目立つテーマが見えてくる。一つは、目標、ねらい、ミッションが明確に示されたというテーマで、もう一つは、自由に任された、信頼されていると感じたとき、責任感をもてたときというテーマだ。納得いく目標をもって、自分らしいやり方で、仕事ができたら、たしかに幸せだ。さきにもこの二つをあげたが、明確な目標があったことと、うまく任されたこととは、別ごとではない。両者は相互に関連している。目標が具体的で、挑戦的だけど納得のいく目標だったら、自らしっかり責任を担う気になれる。上司から「任せた」と言われつつ、なにをめざすかがはっきり知らされなかったら、ほったらかしにされているのと同じだ。また、自分なりのやり方で任せてくれるから、将来は仕事そのものも自分で生み出せるようになる。自分が言い出しっぺなのでそのまま任されるという経験こそは、自分らしさの追求の一助となる。自分らしく生きること自体、一つの遠い長期的な目標となるが、そういう目標なら、使命（ミッション）というのに近づく。会社でも大きなことを任されるときには、その目標の奥にあるねらい、その基盤にあるミッションが説明されることが大事だ。持論のなかに、目標や使命という言葉が入っているひとは、このキーワードにかかわる理論をこの章から学んでいこう。時間幅を長くとれば、ここを入り口に、キャリアについても内省を深められることだろう。

モティベーションは、「今、がんばる」という瞬発力の世界で、キャリアは、「長期的な生き方・働き方の意味づけ」という持続力の世界だ。両者はばらばらではない。毎日のがんばりの積み重ねなく、長期的に意味のある生き方はむずかしいし、今打ち込んでいることが長い目で見て意味の感じられる生き方につながると見通せるなら、そのことがいっそう今がんばる気を万全なものにしてくれる。

モティベーションとキャリアをつなぐ目標という概念は、経営学のなかでもいつも中心概念の一つだった。組織目標と個人目標の間でつながりのある組織では、自分ががんばって目標を実現することが、組織の成果、したがって組織の目標達成にもつながっていきやすい。また、個人にとって、近接の目標とはるかかなたの目標があるように、組織の目標にも時間軸がある。個人の目標がミッションに支えられていると磐石《ばんじやく》なのと同様、組織の目標、たとえば成長・発展の目標も、イノベーションの導入率というような目標も（それが数字で表されているときも）、ミッションを踏まえていると、よりパワフルだ。

目標設定理論

経営学のなかでモティベーションといえば、目標の概念が中心であったのもうなずけるし、実践家のモティベーションの持論でも、明瞭で具体的な目標、意味の感じられるミッションが、任されることとセットになって出てくるのも、おおいに納得のいくことだ。

第2章でもさらっとふれたが、ピーター・F・ドラッカー（Peter F. Drucker）が提唱して以来、目標による管理（management by objectives）には長い歴史がある。他方で、経営学から生まれたモティベーション理論で、専門の心理学者にも知られる理論もまた、目標に注目してきた。最もよく知られているのは、メリーランド大学のエドウィン・A・ロック（Edwin A. Locke）たちのグループだ。ロックの目標設定理論（goal-setting theory）は、マクレランドの達成動機の理論と同様、広く一般の心理学のなかでも知られていて、貢献が認められている。米国でよく使われる分厚いモティベーションの心理学に関するテキストを開くと、目標という章が含まれていることが多く、そういう章があれば、必ずロックの名前があがる[1]。

仕事意欲に働きかけるうえで、なぜ目標が大切なのか、また、どのようなときに目標が大切になるのかについて、考察してみたい（なお、goal を目的、objective を目標と訳し分けることがあるが、ここでは、両者を区別していない）。

目標がなければどうなるのか――ちょっと思考実験してみよう

目標がなかったら、一日は、一年は、一〇年は、そして人生はどうなるか、考えてみてほしい。なんらかの目標が意識されないと、無為にときを過ごしがちだ。目標がないと生活に張りがなくなる。ひとをしゃきっとさせる目標は、未達成のままなら、当然、ひとになんらかの緊張感をもたらす。日常を思い浮かべてみよう。

まず朝、通勤途上で、今日をどのように過ごすかについて、考えることがあるだろう。自分の目標だけでなく、職場に行けば、まず、部下ひとりひとりのだれになにを指示するかなど、頭のなかで整理している日と、そういうことをしない日。そういうことをするひとと、しないひと。管理職にもなれば、それぐらいするひとの方が多いだろう。入社して間もない若手もまた、たとえば、あるプロジェクトが始まる日など、「今日はどんな一日にしたいか」について会社に向かいながら自問するだろう。前日に接客がうまくいっていたら、「今日はさらになにをめざすべきか」と展望するだろうし、また、前日が散々な日だったとしても、「今日こそは心してかかろう」と自分に言い聞かせるだろう。これらは、すべて目標にかかわる。

明示的に毎朝、その日の目標を立てることを日課にしていないひとでも、実際には、まったくなんの目標ももたずに過ごす日って、どれぐらいあるだろうか。ふだんは考えないひとでも、考えるべき通過点がある。たとえば、息の長い仕事で、一里塚を越えたかなと思ったときなど、また、なにかを成し遂げて一息ついたあとは、目標めいたものをだれだって意識しているのではないだろうか。よほど、ぐうたらでない限り。また、それを「目標設定」という大それた言い方でいわなくても、今日なにをしたいか（努力の方向づけ）、それをどのくらいがんばるか（努力の大きさ）、何時ごろの帰宅になりそうか＝その努力を何時まで続けることになりそうか（努力の持続）について、おぼろげには思い浮かべるだろう。そもそも、努力の始動、「さぁ、働き始めるぞ」というのも、目標を意識してのことが多い。もちろん、意識している度合い、目標を意味のある目標たらしめる使命感の強さ、目標そのものが具体的に設定されている程度、目標そのものだけでなく目標に至る経路も明瞭に描かれている度合い、等々はひとによって異なるだろう。営業担当が、「今日は、新規開拓で一〇件は回ろう」と言うのと、ただ「全力を尽くそう」と言うのでは、具体性に違いがある。

さて、一ヵ月レベルではどうだろう。職場に月間目標額が目立つように掲げられたら、自分もまたその月、どれだけの数字をいくか、月単位で考えるはずだ。そうやって組織目標と個人目標が連動する。デイリーには行動（「今日は一〇件回ろう」）で目標を語るひとでも、月次となると、結果（「今月は、七件成約させよう」）で目標を語るだろう。結果の目標だが、会社からノルマとして言い渡される場合（命令・指示）もあれば、個人が自分で立てる場合（自己決定）、また、上司と相談しながら立てる場合（目標による管理）があるだろう。会社や上司から言い渡される場合には、その目標の数字が理不尽でないかどうかによって、納得感、目標の受容が変わってくるだろう。納得できない目標にはコミットできない。

さて、会社は四半期決算をしていても、個人レベルでこの三ヵ月の目標を立てるひとは稀だろう。だが、どんな呑気《のんき》なひとでも、さすが年末には一年を振り返る番組も多く、年始には、子どもが初夢を語り、新年の抱負を書初めするのを見れば、いやでも一年の目標をなんらかの形で意識するだろう。その意識の仕方がより長い時間幅でのモティベーションを左右する。一〇年次研修などあれば、一〇年のスパンで、中年になれば二〇年のスパンで、振り返りや将来展望をおこなうことになるだろう。こうなると瞬発力でがんばるモティベーションというよりも、人生とオーバーラップするキャリアとおおいに関連してくる。

将来展望を支えるのは、夢や使命感、そして目標だ。夢は非常に大事だとわたしは思っているが、夢自体は、現実とのすり合わせがないと「そんな夢みたいなこと」という実効性のないものになってしまう可能性がある。それを回避するためには、本気の夢なら、具体的な目標にまで蒸留させた方がいい。実現可能性もその方が高まる。また、ビジネスの目標は数字を伴うことが多い。そうでなくても実現したかどうか自分にフィードバックできるものでないといけない。しかし、数字まで落とし込まれた目標は、わかりやすいが、ときに無味乾燥に響く。でも、めざす数字が、自分がなぜそれをめざすか、ほんとうに命をかけるぐらい本気だという「使命感」に支えられていれば、外圧的なノルマの数字とは大違いだ。

とうとうこれが、人生全体になると、目標は、数量的というよりも質的なトーンの「めざす姿」ということになる。その場合でも、もし作曲家が「生きている間に交響曲を九曲は遺したい」といえば、あるいは著述家が「自分に納得がいき、広く読者にも受け入れられる大作を五冊遺したい」といえば、数字にもなりえる。しかし、そこでは、目標とは、自分の存在、活躍、個性を証明するだけでなく、つぎの世代に意味のあるものを遺すという使命（生涯発達心理学の言葉でいうと、世代継承性 generativity という発達課題）の色彩を帯びてくる。この種の目標を、striving goal（生涯を引っ張る目標）というひともいる（R・A・エモンズ、R. A. Emmons）。

このように奥行きも外延もある目標という概念は、モティベーション論全体のなかでも、絶妙な立場にある。それをつぎに考察してみよう。

三つの系統の理論を統合しうる目標設定理論

第2章でふれた、緊張系、希望系、持論系というモティベーション論の三大視点という点からいえば、目標は、第二の系統に入る。目標は、めざす方向を示す。それは、希望、夢、(ややあいまいになるが)自己実現と同様に、ひとをある方向に向けて、引っ張っていく。その目標が実現したらうれしいと思う度合いに応じて、また、努力次第で目標が達成できそうな程度に応じて、目標は、努力の方向だけでなく、努力の大きさも決める。たとえば数字の目標の背後に、それが実現されたら、この社会に対してどのような意味合いがあるか、使命感のようなものが感じられたら、努力の長期的な持続にも影響するだろう。われわれは、こんなふうに、生活にも仕事にも張りを与えたいと思ったら、目標をもち、それに導かれているものだ。

目標にかかわるモティベーション理論は、他のふたつの系統に対しても、興味深い示唆があり、ある種、三つの視点を統合するような理論のひとつとなる可能性がおおいにあると、わたしは思っている。また、さきにもふれたように、目標に時間軸を入れて、この目標実現の時間的見通しを、短くとったり、長くとったり、遠い目標と近接した目標との関係を見たりすることによって、目標設定理論は、モティベーション論とキャリア論とを結びつけるいい視点にある。

緊張系の理論のキーワードは、「未達の課題の想起」だ。第2章でふれたことの復習になるが、われわれは、まだ未達成の課題をもっていると思い出すからこそ、動く。それをやらないといけないという緊張感があるから、動く。やり終えないまま放置しておくと違和感があるから、動く。このようにテンションが動きを司る。子どもが宿題をするのも、跳び箱を跳ぶのも、受験勉強をするのも、大人が夕方にもう一件営業でお客さんを回るのも、結果が思わしくないと開発のひとが実験を繰り返すのも、「未達」というサインゆえだ。ひとは、済んでしまった課題よりも、まだ未達成のままに終わっている課題の方を、よりよく思い出すものだ。カート・レビン（Kurt Lewin）は、実験をおこなった女性の名にちなんで、この現象をツァイガルニーク効果と呼んだことは第2章に前述のとおりだ。そして、この未達の課題を想起することが、ひとというシステムに緊張を与える。だから、緊張こそがシステムに動きを創り出す。緊張下にあるシステム（system-in-tension）が動きをもたらす。希望系の理論が、どこかに向かって歩み続けることに焦点を合わせるとすれば、こちらのほうは、最初の一歩を踏み出す部分（モティベーションの始動・喚起）を照射する。

実は、課題が未達だということを最も明確に意識させてくれるのが、ほかならぬ目標ではないだろうか。たとえば四段の跳び箱を跳べない子どもは、それが未達の課題だと感じるためには、四段ぐらいは跳びたいという目標をもっていないといけない。そもそもズレというのは、たいていの場合、目標と現実とのギャップとして認識される。だから、目標は、努力の持続にも影響するが、努力の開始にも不可欠だ。このようにして、目標という概念は、緊張系の諸理論と、夢、楽しみ、自己実現などの希望系の諸理論とを結びつける。われわれが、がんばるときには、通常、「このままではだめだ」という気持ち（ズレの感覚）と、「将来こうありたい」という気持ち（希望の感覚）の両方があるのではないだろうか。

持論につなげる

目標設定理論は、持論を考えるうえでも、いい橋渡しとなる概念だとわたしは考えている。子どものとき、目標を先生や親に押しつけられたりする時期もあるだろうが、その場合でも、納得感がないとその目標にコミットできない。小学校も高学年になると、勉強についても、打ち込んでいるスポーツや将棋などについても、自分で自分のために立てる目標というものが出てくるだろう。高校にもなれば、勉強の目標は、どの学校に行くという志望校にかかわる目標、さらにその背後には、○○になりたいというキャリア上の目標まで垣間見るようになってくる。そうなると、どのような目標をもっているかという問いかけは、具体的な内容、自分にとっての納得感、より長期の目標については自分らしさなどの総体として見れる。それらをしっかり自覚していることが、自分で自分の動機づけられた行動を調節する方法にもなっている。管理職の方々に、がんばりを左右するものというと、目標がよくあがるのは、そのこと自体、目標設定理論に近い考えが、管理職の抱く持論のなかに内包されている可能性の高さを物語る。さらに、もっといえば、目標設定理論は、持論の最先端の議論にも不可欠の位置を占める。たとえば、自分で納得のいく自分なりの持論をもつことが、自分がひとに動かされるのではなく、自分が自分の主人公になるという自己原因性（personal causation、リチャード・ドゥシャーム、Richard De Charms）という考えがある。自分が自分の主人公になるためには、自分なりの目標をもたないといけない。また、自分の動きは持論によって自分自身が司っているという感覚が究極のモティベーターとなると主張する最先端の自己調整理論（self-regulation theory）を考えても、そのなかには、目標というのが不可欠なはずだ。

思えば、本書で何度かふれてきたモティベーションのセルフ・セオリー（自論）を提唱したキ

表7－1　目標概念がモティベーションの三系統で占める位置

三系統	目標がもつ意味合い
「ズレ、ギャップがひとを動かす」 （緊張系）	ギャップは、ふつう目標と現実のズレから意識に上る。その意味では、目標が未達の間は、つねに、ズレや緊張が含意されている。
「夢、希望がひとを動かす」 （希望系）	夢や希望をより具体的かつ明瞭にしたものが目標だ。夢のままに終わりそうなことも、具体的な目標を立てると変わってくる。
「そのひとの考え（持論）がひとを動かす」 （持論系）	自分はどのようなときにがんばるかの持論のなかで、目標というのはたいてい登場する。ドゥウェックのセルフセオリーでも目標のタイプが出てくる。

ャロル・S・ドゥウェック（Carol S. Dweck）もまた、子どものときの勉学意欲を左右するのは、その子どもがもつ知能観と目標だという。知能は生まれつき一定の大きさに決まっていると思うのか、努力次第で少しずつでも改善されると思うのかが、一つの分かれ道だ。また、成績そのものを目標（performance goal）にしてしまって、点数で賢さを示したい（ばかだと思われたくない）と思うか、学習することこそを目標（learning goal）とみなし、新しいスキルを学び、見慣れぬ課題をマスターし、理解力を高めていきたいと思うかが分かれ道だ。がんばり次第で変わるのがインテリジェンスで、点数よりも自分が変わること、進歩するために学ぶことを目標とする方が、勉学意欲を高めるセルフ・セオリーとしては、より望ましい。しかし、ここでいいたいのは、どちらがいいかではなく、モティベーションのセルフ・セオリーを左右する中身に、目標というものが入っているということだ。もし、われわれが、仕事の世界における仕事意欲を自分でうまく調整できるようになろうとするなら、目標に対

して、どういう構えをもつかは、重要な問いかけとなる。

ロックの目標設定理論における「挑戦の基準」と「具体性の基準」

ロックは、産業・組織心理学で現存する学者のなかで、最も尊敬されているひとりだ。また、自分の名前を冠した理論をもつ理論家にして、自らその実証にも乗り出し、(ゲーリー・P・レイサム、Gary P. Latham などの仲間とともに)目標設定理論の精緻化にずっといそしんできた。達成動機の研究で名高いデイビッド・マクレランド(David C. McClelland)についてふれたときに、マクレランドそのひと自身が達成動機満々のひとだったのではないかと述べたが、一九六七年から、今日に至るまで四〇年近くも、目標設定が人びとの仕事意欲に与える影響を一途に探求してきたロックは、自らが理論化したとおり、目標の高さ、明瞭さ、具体性で自分をこれまで導いてきたのではないだろうか。異なるテーマにころころ鞍替えしていく方が全米科学財団(NSF)などの研究資金を受けやすい米国で、これだけ長期にわたり、同じテーマに継続して取り組むのは稀だ。

さて、ロックの業績は、モティベーションを左右する目標の特徴を捉えるためにいくつかの次元(属性)を明らかにした点にある。

・**目標の困難度**(goal difficulty)　高い目標を設定する方が、低い目標に甘んじるよりよい(しかし、他者の設定する目標で、納得のいかない高さで、それが外発的報酬と連動していたりすると、高ければ高いほどいいわけではない点にも注意がいる)。困難度は「やりがい」(挑戦)の基準

(challenge criterion)」とも呼ばれる。内発的動機づけに関しては、むずかしい課題ほどやりがいがある。もちろん、お金だけのためにやっていて卓越性を求めていないのなら、容易な目標の方が好都合だ。目標達成が報酬に直接リンクしているなら、上司と話し合いながら目標を設定するときに、低い目標になったときラッキーと言って喜ぶひともいるだろう（しかし、その内発的モティベーションは低い——達成動機のところで述べたように、成功・失敗の確率が五分五分ぐらいの仕事で、内発的なモティベーションはいちばん高まる）。

・**目標の具体性（特定性）**（goal specificity）　大学院生に「目標設定の文献をできるだけたくさん読むように、がんばってね」と指示するよりも、「つぎにゼミで発表するまでに、エド・ロックに焦点を定めて、彼がおこなった初期の目標設定の諸研究をきちんと読んで報告するように」と述べる方が目標は具体的かつ明瞭でいい。このことは、Do your best（ベストを尽くせ）のパラドクスとして知られている。つまり、「人びとは、逆説的なことに、ベストを尽くそうとしているときには、ベストを尽くせない——『ベスト』が具体的に述べられていないので、『ベストを尽くせ』は、曖昧な目標となってしまうからだ」[2]。ただし、個人の側の創意工夫も大事なので、指導教員が「まず、今から二週間の間に、一九六〇年代後半から一九八〇年までの期間に、ロックがおこなった初期の目標設定の研究を一五本読んで、仮説、方法、サンプル数あるいは実験協力者、仮説の検証結果について表にして報告するように」と言えば、初学者ならいいが、上級生には具体性が行き過ぎて、本人の工夫、裁量の余地を奪っている恐れもある。具体的な目標を設定しつつも、自由裁量、創意工夫の余地も残しておきたいものだ。そういうさじ加減をわきまえる必要があるが、具体的な目標は、曖昧で大まかな目標よりも、いっそう確実に、アクションを方向づける。困難度が「挑戦の基準」と呼ばれるのに対して、これは、「具体性（特定性）の基準（specificity criterion）」と呼ばれている。

目標へのコミットメント

この二つの基準を意識するだけで、日常の過ごし方が変わるだろう。なにに励むのにも、仕事でも、学習でも、鍛錬を伴う趣味、上達したいスポーツ、いずれにおいても、挑戦的な高い目標を具体的に立てることが、より高い成果を生み出す。そのことを、目標といえばエド・ロックといつも名前のあがる碩学《せきがく》が繰り返し検証してきたのだ。

この二つの基準以外に、ロックの諸説はつぎのような点もあきらかにしてきた。

・目標へのコミットメント（goal commitment）と目標の受容（goal acceptance）　これが特に問題になるのは、親や上司など他のひとが目標を設定する場合だ。そのような場面では、本人がその目標に対して自分のものとしてかかわってくれるか、こだわりをもってくれるかという問題が生じる。目標がどのように設定されているかについてきちんと説明がなされることが目標の受容につながる。ロックは強調していないが、数字などの具体的な目標の基盤にある志や使命も共感的に語られると目標へのこだわりが高まるだろう。リーダーシップの研究の総本山の一つだったミシガン大学のレンシス・リッカート（Rensis Likert）によれば、上に立つリーダーが、支持的関係の原則（部下のひとりひとりを尊重し、彼らを支援し、彼らに尽くす気持ちで接するという原則）を守るなら、上司の設定した、しかも困難度の高い目標でも受容されやすくなる。

リッカート以外にも、参加的管理の研究や参加という次元でリーダーシップを測定してきた一連の研究がある（ビクター・H・ブルーム、フィリップ・W・イェットン、フランク・A・ヘラー）。その共通した結論によれば、上司が一方的に決めた目標よりも、自分たちの声が反映されるように上司から相談を受けて設定した目標の方が、こだわりや受容の程度が高くなる。わが国では、カルロス・ゴーン氏が、NRP（日産リバイバル・プラン）の具体的な三目標について、必ずやりとおす、できなかったら自分が辞めると公言することで、強いコミットメントを示した。絶妙なことに、この訳しにくい「コミットメント」という言葉は日産では「必達目標」と意訳されているという。この言葉は、ゴーン氏着任以前から日産にあったそうだが、そのときには、必達といいつつ未達でもあまりお咎《とが》めがなかったそうだ。ゴーン氏は、その緩《げん》みを排除し、公言したことは必ず達成するという意気込みと、達成しなかったら辞めるという言質《ち》を明瞭に示した。同氏の姿は、自分が設定した目標でも、コミットメントがおおいに問われうることを雄弁に物語っている。コミットしない目標は、パワーを発揮しない。単なるお題目になる。目標は本人にしっかりと受容され、納得のいくものでないといけない。目標へのコミットメントを左右するその他の要因は、表7－2に示すとおりだ。また、実現まで長期にわたる目標はコミットメントが深くないと、ただの子どものときの現実性のない夢と同様に途中でくだけてしまう。同じく「野球選手になりたい」「プロの棋士になりたい」と小学生のときに書い

表7－2　目標へのコミットメント、目標の受容を左右する要因

促進する要因	阻害する要因
・達成すると上司が喜んでくれる ・そのことを上司が認めてくれる（フィードバックになる） ・目標があるおかげで、面白くなる（達成が楽しみになる）という期待 ・目標があると自然な競争が生まれる ・チームをうまく使えば、建設的な圧力が生まれる（いっしょに問題を議論し、優先順位を決め、ブレストすれば）	・目標達成が賃率カット、標準の引き上げをもたらす（科学的管理法の時代のまま） ・職務保障がない（目標未達が解雇の理由になると恐れる）

出所：Edwin　A. Locke, and Gary P. Latham (1984). *Goal Setting: A Motivational Technique That Works!* Englewood Cliffs, NJ.: Prentice Hall.p.23.（松井賚夫・角山剛訳『目標が人を動かす――効果的な動機づけの技法』ダイヤモンド社、1984年、30頁。

ても、イチロー選手や谷川浩司九段の場合には、夢の強固さ、その目標へのコミットメントの深さが違ったはずだ。

・集団目標（group goal）と個人目標（individual goal）の併用　ミシガン大学のリッカートは、集団の力を活かすには、個人に目標を設定するより、集団やチームに目標を設定する方が、協力、チームワーク、コミュニケーションを促すうえで優れていると主張した。しかし、集団目標を設定しつつ、集団の成果に対するひとりひとりの貢献をまったく測定しなければ、「○○に任せておけばいい」という慣れ合いや、連帯責任による無責任という罠がある。

目標設定の効果

目標設定による業績（生産性）の改善は、一一〇の先行研究を調べたところ、中位数において一六パーセント（最高では五七・五パーセント）であった。経営学の古典に遡れば、ある意味では、科学的管理

法も、目標設定にかかわっていた。一日の公正な仕事量を決め、それを上回ると割り増しの出来《でき》高《だか》給を設定することにより、生産性向上をめざした。テイラーは、このように科学的な標準という目標を設定する効果を検証したともいえるが、その主眼は課業管理（task management）の側にあった。人間管理という面に視点を定めた人間関係論は、グループのインフォーマルな規範が集団の成果を左右するという点から、集団目標の効果を照射したともいえる。しかし、目標設定そのものの効果を厳密に検証し始めたのは、ロックたちの一派が最初だ。そこから生まれた諸研究を通じて、目標設定によって、業績が一六パーセントも改善されることがわかったのだが、これは驚くべき数字だ。適切に目標が設定されれば、やる気が高まり、そこから、たとえば、月に五台売れればいいと思っていた営業実績が六台に近づくというわけだ。もちろん、営業所の土壌のよさ、営業力のコーチング、仲間との競争、導入される商品そのもののよさなどさまざまな要因が売り上げに影響するが、目標設定の効果だけで一〇パーセントを優に超すというのは、注目すべきだ。モティベーションの持論について実務家にフリーに話してもらうと、任されたときに、明確で納得のいく目標があったからよかったというひとが多いのも、この数字を意識すればもっともなことだ。実験室実験でも現場の実験でも、具体的かつ困難な目標が、「最善を尽くせ」と叫ぶだけより効果が高いことが確認されてきた。これは、実生活にも応用しやすい発見だ。

経営学におけるモティベーション研究の系譜の流れでは、さきに述べた人間関係論のあと、ひとは、集団に依存して埋没するだけでなく、仕事や課業そのものが充実していればがんばるのだという説（本書では詳しく取り上げなかったが、フレデリック・ハーズバーグの職務充実論）が出てきた。表7－3を見てほしい。人間関係論（快適な人間関係の効果に注目）、職務充実論（仕事そのものへの興味や責任に注目）と比べて、目標設定論の方が、生産性で測定された成果への影響がはるかに大きいことがわかる。目標のあり方が成果にもたらすインパクトは、プラスの効果の場合も、マイナスの効果の場合も、ともに、人間関係や仕事そのものの特性が成果にもたらすインパクトよりも、大きいことがわかる。

それでは、つぎに、目標とかかわり、目標に向かう力をそのなかに含む視点として、希望の概念にもふれて、目標設定がどこで、リーダーシップやキャリア発達にかかわるかを見ていくことにしよう。

目標と夢、目標と希望

富士フイルムでいったんだめになりかけた音楽カセットをＡＸＩＡという新しいブランドで巻き返した渡辺憲二氏は、そのプロジェクトがうまくいった理由をある時期までは、「目標の共有化」と呼んでいた。しかし、ＡＸＩＡについて話したり書いたりするのをきっかけに、あらためて皆でおこなったことを振り返ると、「目標の共有化」より、「夢の共有化」といった方がいいと気づき、以後、その言葉を使った。夢は、そのなかに具体的な目標や、その目標に至るステップが具体的に描かれると実現可能性が高まるという意味で、よい夢のなかに目標は織り込まれている（あるいは、織り込まれているほうがモティベーション効果は高い）。それでも、夢という言葉には、目標という言葉にはない響きがある。同様に、希望という概念もまた、たいへんなとき、ち

表7－3　高生産性および低生産性の原因となるものが認められた事象

事　　象	原因と認められた回数のパーセント	
	高生産性	低生産性
Ⅰ　目標の追求/目標の妨害	17.1	23
大量の仕事/少量の仕事	12.5	19
締切りや計画がある/締切りがない	15.1	3.3
仕事の手順に途切れがない/仕事の手順に途切れがある	5.9	14.5
計	50.6	59.8
Ⅱ　興味のもてる課業/興味のもてない課業	17.1	11.2
責任の増大/賃金の減少	13.8	4.6
昇進を期待できる/昇進を断られた	1.3	0.7
感謝のコトバ/批判	4.6	2.6
計	36.8	19.1
Ⅲ　快適な対人関係/不快な対人関係	10.5	9.9
賃金増加が期待できる/賃金増加が断られた	1.3	1.3
快適な仕事環境/不快な仕事環境	0.7	0.7
その他	−	9.3
計	12.5	21.2

出所：Edwin A. Locke and Gary P. Latham (1979). "Goal setting: A motivational technique that works." *Organizational Dynamics,* Vol8, p.76; この論文と同名の書籍が 1984 年に Prentice-Hall 社から出ており、その原著、p.17(松井賚夫・角山剛訳『目標が人を動かす――効果的な動機づけの技法』ダイヤモンド社、1984 年、22 頁)。

表7－4　目標設定のいろいろな効果

- 仕事の量、そうでなければ質を向上する
- 何を自分に期待しているか明確になる
- 退屈感が軽減される（単調で疲れるだけの仕事のように思えるような作業でも、困難だが達成可能な具体的な目標が与えられると、張り、やりがい、なにか目指す感覚が生まれる）
- 目標があるおかげで、達成のフィードバックも明瞭になる（そのことを通じて、達成動機の喚起にも役立つ）。フィードバックは、できばえしだいでその仕事を好きにさせる可能性を生む
- フィードバックは、さらに、達成の承認を上司や先輩・同僚から得るのにつながる
- 目標設定があるおかげで、達成の誇りだけでなく、自信や挑戦する意欲まで強める

出所：Edwin A. Locke, and Gary P. Latham (1984), *Goal Setting: A Motivational Technique That Works!* Englewood Cliffs, NJ: Prentice Hall, pp.18-19,（上掲 24-25 頁）

ょっと暗くなりがちなときに、単に目標というより、ひとを勇気づけるところがある。そこには、今はたいへんだけど、これからがんばればよくなるという、時間展望の意識が入っている（だから、時間展望の心理学のなかで、希望の概念が中心になるのは、うなずける）。

経営学のなかの組織行動論では希望（ホープ）の概念は、まだまだ未開拓だ。心理学のなかでは、C・R・スナイダー（C. R. Snyder）の『希望の心理学』（一九九四年）がよく知られているが、彼は、希望のもたらすエネルギーを、つぎの三つの相乗効果として説明する。目標を抱くこと、（目標に向かう）意志力（willpower）を強めること、および（目標に至る）経路が描けていることから生まれるパワー（waypower）を活用すること。この視点は、第5章で紹介したモティベーションの期待理論（expectancy theory）と親和性がある。経路力は、努力すれば目標に到達する主観確率、意志力は努力の大きさと読み換えればいい。しかも、ともすれば打算的で計算高い人間モデルになりがちの期待理論をポジティブ心理学に塗り換えていくヒントを与えてくれる。

スナイダーの定式化によれば、

希望（hope）＝意志力（mental willpower）＋目標経路力（waypower for goals）

と表記されている。希望の定義は、この定式化に沿って「目標に対して保有する心的な意志力と経路力の合計（the sum of the mental willpower and waypower that you have for your goals）」[3] となっている。定義からわかるとおり、目標、意志力、経路力が三構成要素となっている。希望のなかにも、目標という考えが織り込まれている。強制収容所のような過酷な環境でも生き抜いたひとは、希望や意味を忘れなかった。目標そのものは、具体的（新しいコートを買う）対曖昧（幸せや人生の意味）、短期的対長期的、重要度でバリエーションがある。目標の実現率（期待理論の用語では、〈努力→業績〉期待もしくは、経路→目標の用具性）が、主観的確率で〇パーセントでも一〇〇パーセントでも、その両極は希望というのとは無意味の世界だ。実際に存在しないもの（ユートピア）にも、あって当然なものにも、言葉の真の意味での希望を感じることはできない。

スケールの大きな希望や夢のレベルになると、具体的な（たとえば、米国で公民権運動のなかキング牧師が演説でおこなったように、ビジュアルな目に見えるような）イメージはしばしば必要だ。重要度が非常に高い希望や夢が、そうとう達成がむずかしそうでも、達成した姿を具体的に鮮明（ビビッド）に描き切り、不退転の意志力で取り組めば、希望や夢は叶う。意志力は、心的エナジーで決然として実現をめざす気力の充実度合いをいう。さきにふれた目標のコミットメントがこれに近い。経路力は、期待理論の源流であった経路‐目標理論（path-goal theory）に直結するが、希望をもって取り組むためのロードマップ、計画にかかわる。希望や夢が実現するためには、どのような経路をたどればそこに行けるかを、描く必要がある。目標が重要であれば、意志力にも作用するが、それだけに経路力が問われる。希望や夢が、自分ひとりでは実現できないほどスケールの大きなものになれば、人びとを巻き込む必要、つまりリーダーシップを発揮する必要が出てくる。いろいろな計画を生み出し試す力（planfulness）、ビジョンを描いたあと、そこにたどり着くステップ、シナリオを重層的に描く力がリーダーには求められるが、経路力は、これらにかかわっている。このように、希望の心理学は、目標という要素を含むが、目標設定アプローチを超える視点も提供している。時間的展望の心理学のなかでは希望の概念が重要な位置を占めているが、この希望という名の概念は、経営学の組織行動論のボキャブラリーとしてはまだ、しかるべき注目を受けていない。

自分らしいキャリアや人生を生き抜く

繰り返しになって恐縮だが、異色のキャリア論者のリチャード・J・ライダー（Richard J. Leider）は、『人生の目標』[4]（邦訳なし）などの著作で、長期的によいキャリアを歩むうえで、自分が人生全体をかけて追求したいという目標を定め、しかもしっかりと文章にしておいた方がいいと推奨する。同様に、わが国でもよく知られているスティーブン・R・コーヴィー（Stephen R. Covey）の『7つの習慣』でも、ミッション・ステートメントを文書化することを重視する。

これらの目標は、自動車のディーラーに勤めるひとの、「月に○台売りたい」という目標とは次元が異なるとまでいかなくても、念頭におく時間幅が異なる。しかし、自動車のディーラーに入った理由、毎月特定の台数を販売できる実績がついたら、つぎはどれくらいをめざすのかという展望をもつ。どのようなささやかな目標にも、それを大きく支えるものやより遠くの目標というものがある。時間軸で今の時点から見て、近い目標、遠くの目標を、近接目標と遠隔目標というように呼ぶ。古くは、学校時代まで遡ってみよう。

なぜ、勉強するのか。いい大学に入りたいから。なぜ、いい大学に入りたいのか。いい会社に入りたいからか。どうして、いい会社に入りたいのか。いい会社に入るとなにがあるのか。どうして地位や名誉を得たいのか。等々、より遠くの目標がある。より遠くの目標をふだんは意識しないひとも、なんでこんなことやっているのかなと思ったときには、時間軸での目標の連鎖に気づくだろう。今がんばっている理由が、どこかでなりたい自分、なれる自分（possible selves）と結びつくとき、目標設定は、モティベーション論の射程を超えて、キャリアや人生全体のデザインという問題にまで近づいていく。

このことを深く考察するために有益な概念、たとえば、パーソナル・プロジェクト（思い立って目標をもって始めた企て、たとえば、卒業が近いので論文を書き上げる）、パーソナル・ストライビング（個人が自分らしさの追求のために、達成・実現しようとしている目標でそのひとの個性を記述するような目標、たとえば、思いやりが自分らしさだと思っているひとにとっては、思いやりをもってひとに接する）、ライフ・タスク（たとえば、大学生のときにやるべきこと、子どもをもつ親になったらやるべきことのように、生涯の課題としてリストされるもの）などの興味ある諸概念が、時間展望の心理学、もしくは希望の心理学のなかで提唱されてきた[5]。

また、どのような目標も時間軸を伸ばすと、より遠くを見れば、遠隔の目標からは手段であるし、もっと近くには、その目標を達成するための手段ではあるが、今‐ここでは、一つの身近な目標となるものもある。そういう意味で、経営学に意思決定論をもたらしたチェスター・I・バーナード（Chester I. Barnard）、ハーバート・A・サイモン（Herbert A. Simon）も強調した目標‐手段の連鎖、あるいは、ある目標との関連での上位目標、下位目標の階層がある。たとえば、パーソナル・プロジェクトの例としてあげた「論文を書き上げる」は、卒業して職業につくという目標のためであり、企画・研究色の濃い職を得るのは、さらに、創造的かつ自分らしく生きたいという上位目標のための経路だ。逆に、上位の目標にいくほど、そのひとにとってのコアとなる価値や、一生を通じて追求したいものに連なっている。ここらで、次章で述べる自己実現を思い浮かべるかもしれないし、キャリアの研究にも詳しい読者ならば、キャリア・アンカー、生涯発達心理学にも興味をもつひとなら、アイデンティティというような概念も想起されることだろう。

このように目標のなかの階層性、時間軸に注目すると、目標という視点で、モティベーション論とキャリア論が合流してくる姿が見えるだろう。今を元気よく意欲的に過ごすことと、長期的にいい仕事をして、自分らしいキャリアや人生を生き抜くことは、目標や希望、夢、ミッションというところで連なっていく。

コラム　**目標設定──持論アプローチに対する意味合い**

目標は、希望系のなかで筆頭のキーワードの一つだ。日本を代表する会社のマネジャーたちと話し込むと、自分にとっても、周りの人びと（とくに部下）にとっても、モティベーションを高めてもらうために、目標は不可欠のようだ。どのようなグループで第2章のエクササイズをおこなっても、目標、さらには使命というキーワードが入ってこないことはない。

目標があるおかげで、一方で希望がもたらされ、他方では、まだ目標に到達していない間は未達成に起因する緊張感がもたらされる。だから、目標は、希望系のキーワードでありながら、緊張系のやる気にもかかわる。持論のなかに、目標設定をリストしているひとは、この両面がどのように自分にあてはまるか、どちらの面を自分に対して重視しているか、部下をモティベートしているときには、どちらの面に訴えることが多いのか、しばし内省してみるのがよい。自分に対しては、目標を希望・夢につなげて鼓舞しているのだ。部下には、いつも緊張させ圧力をかけるのに目標を使ってばかりだったら、少し反省しよう。

なお、目標は、自分に対しても、周りの人びとに対しても、やる気を自己調整する（してもらう）ために、うまく使うことができるので、持論系の実践的概念でもある。時間幅を長くとれば、モティベーションの持論と、よいキャリアとは何かについての持論をつなぐことができるので、時間軸を短くしたり、長くしたりしながら、目標のもつ効果をチェックしてみてほしい。

第8章

自己実現——動機づけは可能か？

動機はつけられるのか？

これまでにモティベーションの学習をしたことがあるひとなら、外発的動機づけ、内発的動機づけ……など、さんざん「動機づけ」という言葉を聞いてきたことだろう。本書では、外来語だけどモティベーションという言葉を多用してきた。自己実現を考えるにあたって、第4章でも話題にしたが、今一度、この言葉づかいを問い直してみたい。また、以下の記述は、本書では外発的動機づけ以外ではこの言葉をあまり使ってこなかった理由の説明にもなるだろう。

たとえば、ここに、もとからやる気満々の子どもや大人がいるとする。彼らに、「動機づけ」という言葉を使うのは失礼ではないだろうか。そう思ったことはないだろうか。

わたし自身は、かつてそう思ったことがある。まるで、彼らにやる気がないことを前提にしているようだ。たとえば、研修の長いシリーズの一回目で基調講演などするときには、よく研修の事務局の責任者に「この研修への動機づけをまず与えてください」と言われることがある。それがないから「つける」のが動機だった、というのではちょっと情けないと思う。

ひとに言われて動機づけられるのではなく、子どもも、学生も、大人も、なにかに自ら意欲をもってがんばっている姿は美しいと思う。努力するとか、がんばるという言葉は、いくら時代が変わっていっても古くさくなることはないだろう。しかし、無理をしていたり、ひとに圧力をかけられっぱなしだったり（つまり、外発的に「動機づけ」られているだけだったり）したら、イキイキではなくなることがよくある。また、一生懸命やろうとはするが、やっていることの意味が深いレベルでは感じられなかったり（つまり、自分の芯にあたる部分と共振していなかったり）したら、たとえ、とてもうまくできることでも、長期的には空しくなることがある。また、いくらがんばってもうまくいかないという経験を繰り返せば、元々気力の充実していたひとでさえ、やがて無気力を「学習」してしまう。

かつて、ゲーテは、『ファウスト』のなかで、「ひとは努めている限り、迷うものだ」と語った。あらゆることを知ったつもりでも、知らないことがいっぱいある。努力を重ねてきているつもりでも、ふと、この努力はなんなのだと思う瞬間がある。

I am motivated という表現は受身形だが

研修の例で述べたとおり、ビジネスの世界では、やる気を問題にするときに、よく「動機づけ」という言葉が使われる。いつのまにか、聞き慣れてしまうが、これは、非常にへんな言葉だと思う。動機を「つける」というのだから、当たり前と思わずに疑ってこの言葉を直視してみると、実にたわけた表現でもある。自分で自分に発破《はっぱ》をかけるのなら、それはそれでまた美しいところがあるのだが、子どもがお母さんと先生に、「これから一時間半勉強するだけの動機をつけてよ」と頼んだり、会社で人事部と管理職が、無気力に陥っている部下にむかって、「しょうがないから、おまえに動機をつけてあげる」と大まじめで発言したりしたらどう思われるか。第3章で取り上げたダグラス・マクレガー（Douglas McGregor）の言葉の一つでもっともよく引用されるものに、つぎのような絶妙な言葉がある。「われわれが彼（従業員）を動機づけているのではない。

彼がやる気になっているのだ。そうでないときには、彼は死んでいることになる（We do not motivate him, because he is motivated. When he is not, he is dead.）」。

「動機をつける」という意味合いなら、「動機づけ」というのは、どう考えてもへんな表現だ。しかし、これは、教育界やビジネス界だけの方言ではない。皆さんが本屋さんに行って、折り目正しい心理学者の手になる書籍を見ても、たとえば、『動機づけと情緒』みたいなタイトルがついている。それは、専門の心理学者のひとたちがすでに、motivationという言葉に、動機づけと訳してきたためだ。

わたしは、「やる気」や「意欲」という大和言葉の方が断然、自然ないい訳語だと思うのだが、「動機づけ」という訳語を擁護するひとはよくいう。「英語でも、I am motivatedというでしょう?」と。受け身で、「わたしは、動機づけられた」というわけだ。そういう発想だと、You are highly motivatedという表現は、「あなたは、高度に動機づけられている」とぎこちなく訳してしまうことになる。こんな言葉を、学校の教室で子どもに、会社の営業所で新人に、言うだろうか。日常語としては「おまえよくがんばるなぁ」でいい。大昔、ハーバード大学のジョン・P・コッター（John P. Kotter）の本を訳したとき、大学人としては、つい「彼は高度に動機づけられていた」というひどい訳をしていたら、共訳者の実務家は、「彼は、やる気満々だ」と訳したものだ（コッターの『ザ・ゼネラル・マネジャー』を訳していたときのことだ）。「I am motivatedというのは受身形でしょう、文法的にも受動態だから」というひとがいるが、自分の内側から突き動かされている場合でも、それがなにかわからなかったら、能動的に内発的に動いている場合でも、英語表現では受け身が使われる。ただし、もちろん、外からくるもの、たとえば、お金のために働いているのなら、I am motivated by money となる。これは、動機がお金という報酬によって、外からつけられているというストレートな意味合いだ。

外から「動機づけられる」のはまずいことか

何度もどんでん返しで申しわけないが、動機には外から「つけられる」という面がたしかにある。しかも、それは情けない非人間的な見方ではない。ひとは、生き物として外からインプット（たとえば、水や食べ物）をいただけないと、当然元気も湧かないし、闘志は内側から出てきても、やはりだれかに認めてほしいという気持ちがある。生物だけでなく、たとえば、自動車のエンジンだって、ガソリンがないと動けない。エンジンを内燃機関というが、外からガソリンなるものを入れてあげないと燃えないものだ。単なるガス欠でなく、エンジンがまるごと故障していて、ガソリンを充足しても動かなかったときこそ困るが、通常どおりガソリンスタンドに入って車に外からつけるべきものをつければ、エンジンが動いてくれるというのは、それはそれで能動的なことだ。もしそうでないと、家庭では親も、学校では先生も、会社では管理職も、人びとを動機づけることができない。そういう意味では、ちょっと無気力になっているひとに働きかけることができるということを示すためなら、「動機づけ」という言葉もわるくない。

会社で働くひともインプットがあるからアウトプットが出るので、そのために外からつけてあげた方がいいものも多々ある。食べ物も、成果の承認も、だれか自分以外のひとがくれるなら、またそれによってやる気が出てくるなら、そういう場面では、動機はだれかによってつけられているという側面がたしかにあるといっても大きな間違いではない。

マズローの想定した欲求の階層

意外に思われるかもしれないが、わが国でも最もよく知られよく引用されるアブラハム・H・マズロー（Abraham H. Maslow）の欲求階層説でも、彼の所説をていねいに読みとると、（後述するように、欠乏動機の場合に限定はされるが）モティベーションを「動機づけ」と訳すのが的はずれでないという意味合いがわかってくる。

周知のように、マズローは、ひとのもつ欲求というものが階層状をなし、よりベーシックな（より下位の）欲求が順次満たされていって、より上位の欲求が満たされていくと考えた。ここで、括弧内に「より下位の」と入れたが（よくテキストでもそういう表現が使用されるし、マズロー自身もその言葉を使っているので）、生理的欲求のようにたしかに階層を図に描くと下にくる欲求こそ、生きていくうえで不可欠という意味では、それが、「より基本的な」欲求だと思った方がいい（生きていくのに必要な度合いが大きいという意味では、つまり欠けていると困る度合いが命にまでかかわるという意味では、上位の欲求より下位の欲求の方がより緊急度が高いのだ）。マズローの欲求階層説は、図8-1のとおり、より基本的なものから、ピラミッドの上に向かって、生理的欲求、安全への欲求、愛と所属の欲求（社会的欲求、もしくは関係性への欲求）、自我と自尊心への欲求（承認への欲求）、自己実現の欲求という順に並べて説明される。階層性はそれほど厳密でなく例外

図8－1　マズローの欲求階層説の説明でよく見る図

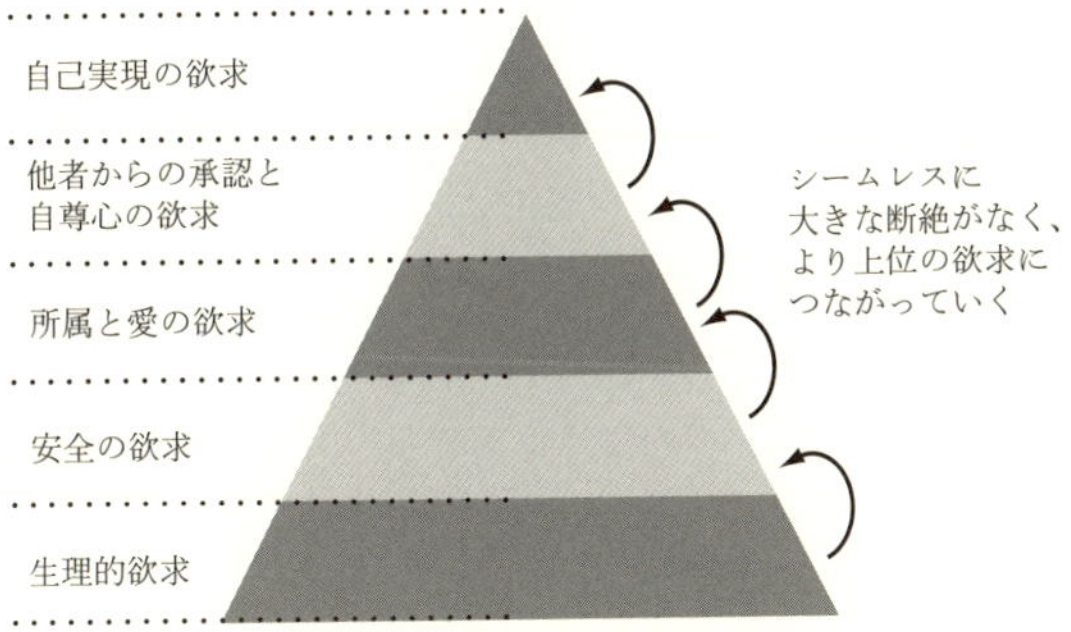

があるという指摘（晩年のゴッホのように低次の欲求が満たされていなくても、創作による自己実現を続けるひとがいる）とか、五段階もいるのか（逆に五段階で足りるのか）という批判があったりするが、マズローは、厳密に検証された仮説としてではなく、一つのものの見方としてこれを提示した。

人間とて生身の生き物、有機体であるので、生物として生理的に満たす必要のある欲求、たとえば、お腹が減ったら食物を食べる、のどが渇いていたら水を飲む、睡眠不足だったら眠るということなしには、つぎの段階の安全への欲求も姿を現さない。危険を感じずに安心してやっていけると実感できてはじめて、ひとを愛する、ひとに愛されたい、仲間とともにいたいという欲求が顕現化する。衣食住足りて愛や所属の欲求まで満たされれば、今度は、なにごとかを成し遂げ、そういうことができるのは自分ならではだ、という自尊心やプライドを満足させたいと思うようになっても不思議ではない。そして、とうとう最も高次の欲求として、自己実現の欲求が姿を現す。この欲求は、自分の可能性をとことん追求して自分らしい生き方と働き方をしたいという欲求だ。彼自身の言葉では、「才能や能力、潜在能力などを十分に用い、また開拓していること……自分自身を実現させ、自分のなしうる最善を尽くしているように見え……自分たちに可能な最も完全な成長を遂げてしまっている人びと、また遂げつつある人びと」が自己実現したひと、あるいは自己実現しつつあるひとの特徴として、描かれている。

外から動機をつけられる欠乏動機

ここでわたしが言いたいことは一言でいえば、自己実現の欲求以外なら、「動機づける」ことができるということだ。このことには、動機づけという言葉、他動的で受動的なイメージをもつにもかかわらず、実は非常に能動的な意味合いがあることを、このあと、説明していきたい。たしかに、「動機づけ」というと、他のひとがだれかに動機をつけることができるみたいな表現でよくないと思いがちだ。わたしもそう思いがちだったし、そのため、動機づけという言葉を嫌ってきたことがある。しかし、外からつけられるもの、他のひとの手で欠乏を充たせるものもある。マズローの欲求階層説でほんとうに大切なことは、自己実現の欲求とそれ以外の欲求との間に、非常に深い切れ目があることだ。自我と自尊心の欲求以下、生理的欲求までは、欠乏欲求や欠乏動機(deficiency のDをとって、D欲求とかD動機)と呼ばれる。

たとえば、お腹がすいてどうしようもない食いしん坊には弁当をつける。安心して眠れないという女性社員には防犯がしっかりした社宅を割り当てる。「彼女いない歴」六年の男性社員にはすてきな彼女を紹介する。すばらしい製品開発をしたのに褒められないとすねているエンジニアには、自尊心をくすぐるために社長表彰に推薦し賞状と盾をあげる。工夫すれば意外に外から、つけられるものはあるものだ。自動車にガソリンというよりも、もっともっと多様な「欠乏」の源泉があるのだ。

もしも、あなたが上司として若手の食いしん坊の部下に、「このデータ入力をたいへんだけど午後七時までに済ませてくれたら、鰻重《うなじゅう》をおごるから」と言って発破をかけたら、「動機」を「つけて」いるのだ。実は、動機は最終的にはそれでそのひとが動く気になるという意味では、とことん煎じ詰めると本人の内側からということになるが、少なくとも欠乏を満たす材料（この場合は鰻重）は外からつけることができる。だから、この場面では上司であるあなたは部下を文字どおり「動機づけていること」になる。しかし、この食いしん坊の部下が、あなたが気づかない間に空腹ががまんできずに（ちょっとトイレ休憩のふりをして）おにぎりを三個いっきに食べていたら、もう食べ物でこのひとを動機づけることはできない。なぜなら、このレベルの欲求に当面、欠乏がないからだ。もちろん、この若手が、「こんなに間違いが少なく短時間にきちんと入力ができるのはぼくだけだ。だから、がんばった証《あかし》として、おにぎりなどでなく贅沢な鰻重が食べられるのなら、やっぱりがんばるよ」と、そこそこおにぎりでお腹いっぱいなのにそう思ったとしよう。もしそうなら、この場合は、社長表彰までいかないが、上司であるあなたに認めてほしいという（まだ欠乏している）自尊心の欲求が満たされると思うなら、より上位で欠乏している欲求に働きかけることができているわけだ。

動機づけといいつつ、実は能動的でもあるというのはどういうことか。

欠けているものがあれば、外から積極的につけるものがあるというわけだ。そうやって、やる気を失っているひとに、恋人が仲間が上司が社長の勲章がそのひとを元気づけることができるのなら、動機づける側からすると、能動的にできることがいっぱいあるということだ。むしろ全部内発的なら、動機づけることそれ自体がおもしろい仕事、達成感のある仕事を与える以外に手がなくなってしまう。また、自分で自分にプレゼントとして与えられるものがあれば、（それを米国のアルバート・バンデューラー、Albert Bandura は、自己報酬と呼んだが）自分で自分に動機をつけることもできる。たとえば、この仕事が一段落したら、ハワイに行こうとか、大学院生も修士論文ができあがったら、ギブソンのギターを買おうとか。

欠乏と病気——自己実現は存在にかかわる

ギターを買って演奏しないと、手が震えて病気になるというひとはいないだろうが、マズローは、より下位の基本的欲求が充足されないままだと病気になると考えていた。逆に、彼が自己実現という言葉でめざしたのは、病気でなく健康を扱う健康心理学（ユーサイキアン・サイコロジー）だった。

より下位の基本的な欲求は、「生物として」という表現を使ったが、発生的かつ本能的に起原が求められる欲求だ。だから、つぎのような条件を満たすのが、基本的な欲求だとマズローは主張している。

・それが欠乏していると病気になる

・欠乏を埋め合わせたいという動機が出てくるから、病気を防ぐことができる
・その欠乏が緩和されると（つまり、「つける」ものをつけてあげると）病気から回復する
・自由に選択ができる場面でも、その基本となるものが欠けていると、他の欲求の満足に先立って、それが選ばれる（これが、ほかならない「欲求の階層性」の仮説だ）
・十分に健康なひとでは、基本的欲求がもうすでに満たされているために、それだけではひとは動かない

これらがより顕著に成り立つのは、生理的欲求と安全への欲求だろう。食べる欲求、安全を求める欲求をもたなかったら、そんなわれわれの先祖はもう滅びているだろう。恋人がいないから、社長表彰がないからといって、病気になるひとはいないだろう。しかし、欠乏動機は、それが欠けているとなんかさえないというひとには、外からつけるものがある。ここがポイントだ。「さえない」限り、病気の一歩手前ではある。でも、それは、動機づけによってなおる。

しかし、自己実現の欲求だけは違う。そのひとに欠けているものを、外から「これでしょう」といって差し出すことはだれにもできない。なぜなら、それはそのひと本人の自分らしさ、自分の可能性追求や、そのひとが望む成長にかかわっているからだ。これを、欠乏欲求（D欲求）に対して、存在欲求（being のBにちなんで、B欲求）と呼んで、しっかりと両者を区別した。B欲求やB動機は、そのひとの人生の意味や存在証明にかかわるので、周りのひとがとやかく言える筋合いのものではない。ましてや、それを鰻重のように、今からあなたにあげるからといって、そのひとに外からつけられるものではない。それは、そのひとが、長い期間をかけて探していく

ものだ。

第四段階と第五段階が遮断された階層——自己実現は別格

欲求階層説は、正確に描くと図8‐2のように第四段階と第五段階の間が深く遮断されている。その意味では、一橋大学の沼上幹氏が、経営学で扱えるのは、自我や自尊心にかかわる承認の欲求までだと主張したのは、非常に納得のいくことである。そして、マズロー自身、自己実現は、「動機づけ」の問題ではなく、「発達」の問題だと言明した（この部分が引用されることはなぜか少ない）。だからこそ、自己実現欲求だけは、その欲求が充足される決定的瞬間を具体的な場面で描くことができない。マズローは、若くして自己実現するのはむずかしいとも示唆している。

欠乏動機に関しては、欠けているものが付与される具体的瞬間、「あいつ弁当を食べている」という場面を指さすことができる。しかし、われわれは、東京駅でまる一日ヒューマン・ウォッチングをしても、「見て見て、今、あそこで、自己実現しているひとがいるよ」と指さすことはできない。また、入社式の挨拶で「せっかくご縁あってこの会社に入ったのだから、仕事を通じて自己実現してほしい」と社長が述べたとしても、入社後六カ月にして「ぼく、だいぶ自己実現してきました」と言うこともできないのだ。それは、自己実現がもっと長いひとの発達にかかわる欲求だからだ。

図８－２　欠乏動機（動機づけの世界）と存在動機（成長・発達の世界）とで、断絶のある欲求階層

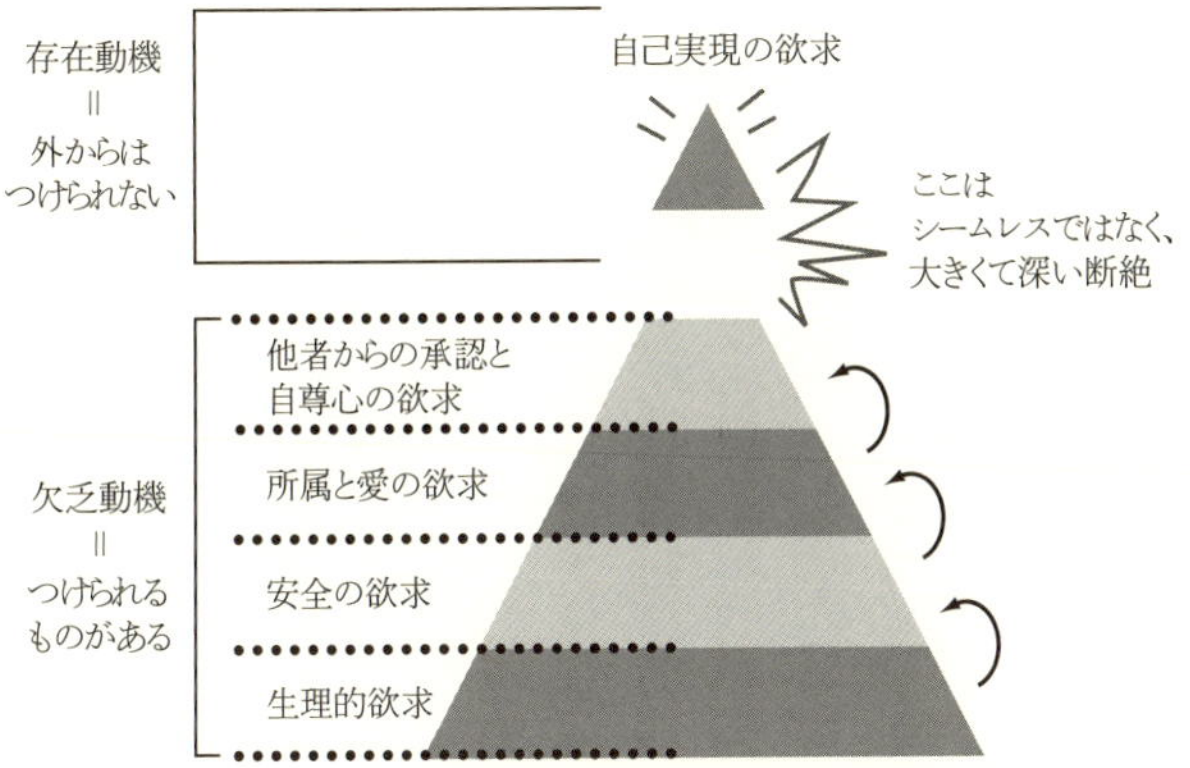

自己実現は別格――よいひと、よい会社、よい社会のために

自己実現が別格であることを強調するために、一方で、図８－２のように、自己実現が下位の四つとは分断されている面があることを示すべきかもしれない。下位の四つだけが動機づけの問題で、自己実現は発達の問題だと強調するために、このような図を使う。また、別の表示法もある。自尊心と自己実現の間には、気が遠くなるほど、たくさんの発達課題があることを示す図が『マズローの心理学』（フランク・ゴーブル著）で示されている。それを図８－３に示したが、このタイプの図は初めて見るという方もおられるだろう。そのときどきの欠乏を満たすだけでなく、長い期間をかけて自分の存在や価値を探す旅に出るひとには、図８－１や図８－２よりずっと意味のある図がこれかもしれない。

さて、マズローは、基本的な欲求が発生的に本

図8－3　トールボーイ（トールガール）とも呼ぶべき欲求階層

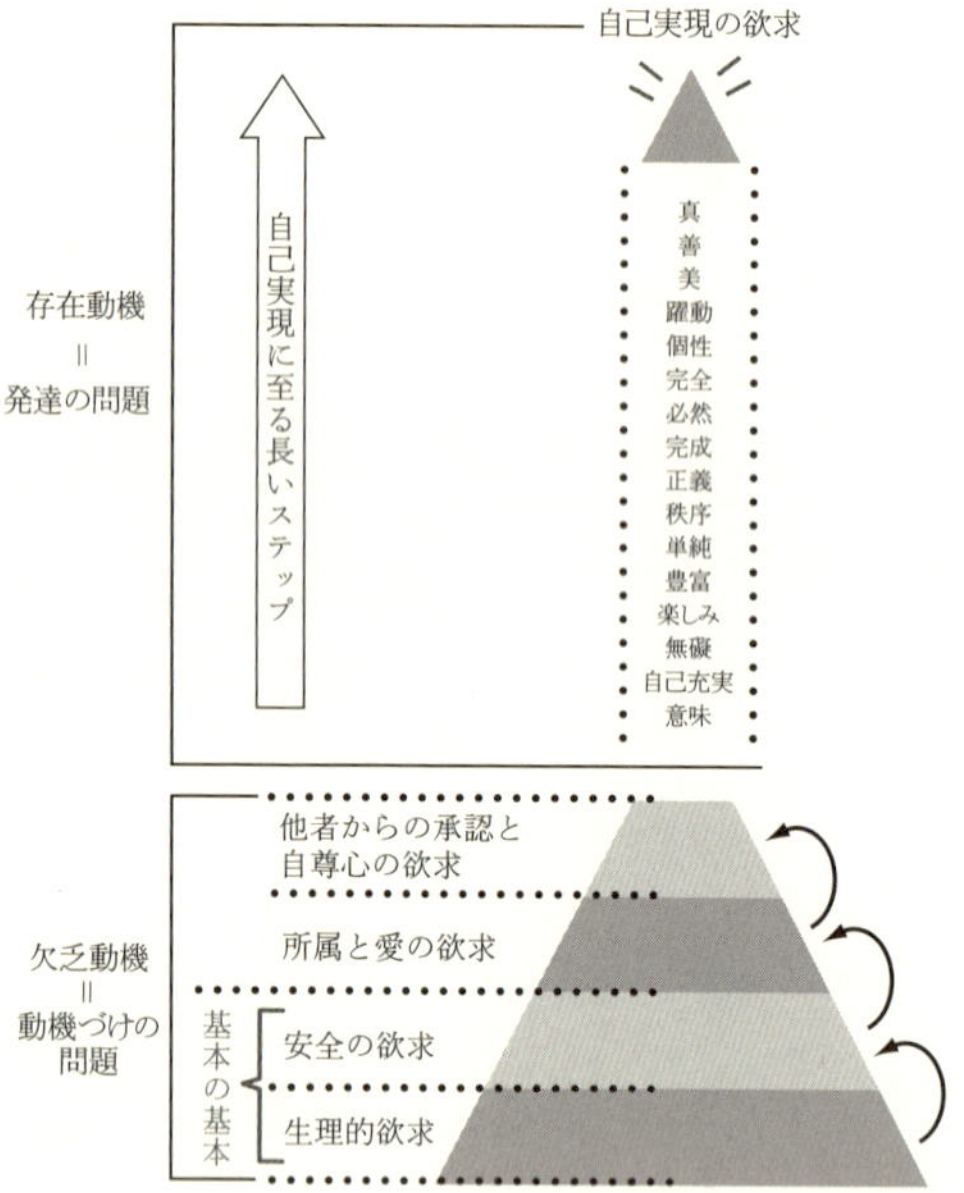

出所：フランク・ゴーブル『マズローの心理学――第三勢力』小口忠彦監訳、産能大学出版部、1972年、83頁。

能に基づいているのを認めたが、「ところで、自己実現の欲求は本能に基づいているか」というすごい問いを立てた。皆さんは、「ノー」だと答えるだろう。しかし、『生体の機能』で名を馳《は》せたクルト・ゴールドシュタイン（Kurt Goldstein）から自己実現の概念を受け継いだマズローは、本能に基づいていないとは断言できないと考えた。しかし、同時に、もしも本能に基づいているとしても、その度合いは非常に低いだろうと推察した。だからこそ、自己実現が生じるためには、社会もそうとういい社会でないといけないと警鐘を鳴らしたのであった。下位の基本的欲求が満たされている社会でないと、ひとは自己実現までいかないからだ。もし、自己実現とは（外からつけることができなくて）自分で探すものだとしても、それをめざす気にならせてくれる社会が望まれる。マズローは、自己実現しているひとを「よいひと」と考えたので、やや同語反復的にどうしても聞こえてしまうが、「よいひとを生み出すにはよい社会がいる」と判断した。経営学に直接たずさわったわけではないが、よいひととよい社会の間に、よい会社というものが介在すれば、自己実現が起こりやすいとも考えて、一冊だけ経営にかかわる本を書いた。そのタイトルは、『健康心理的経営管理』（ユーサイキアン・マネジメント）だった（その新版の邦訳が、『完全なる経営』日本経済新聞社）。

動機づけという言葉、やる気という言葉、自己実現という言葉を、いちど、まじめに大事に思う右腕のような部下と、大事に思う自分の娘や息子と話し合ってみてほしい。ぜひ、試してみていただきたいことだ。勉強する高校生に、テニスに打ち込む中学生に、模型を熱心につくる小学生に、動機はつけられるのか、それとも湧きあがってくるものなのか、聞いてみてほしい。また、中学生以上で英語を習っているのなら、I am motivated.という英語表現をどう思うか、先生や管理職には、マクレガーと同様に、How do you motivate employees? と聞いてみよう。

コラム　自己実現――持論アプローチに対する意味合い

ほんとうはとても深い意味合いをもっているのに、浅い理解のまま言葉がひとり歩きすることがある。「自己実現」はそういう言葉の代表格だ。世の中には、「仕事を通じての自己実現」と軽くいうひとと、わたしの尊敬する友、一橋大学の沼上幹氏のように、組織のなかの仕事の世界では、マズローの第四段階までが限度だろうと、深く考えた末で主張するひともいる。

自分の持論エクササイズのメモに、「自己実現」というキーワードが入っていたら、自分がどういう意味でその言葉を使っているのか、もう一歩深く踏み込んで考えてみてほしい。

わたし自身は、とてもむずかしいこともあろうが、仕事の世界での自己実現（や、この章のテーマではないが、仕事の世界における楽しみ）などないと断言はしたくない。それが、そのひとのやる気を支えるというのがピンとこないときでも、そのひとのキャリアや人生を見通す概念としては有望だ。もし自分を鼓舞するのに、自己実現という考え方が有益であっても、これだけは部下を含め、他の人びとに外から押しつけることはできない。もちろん、管理者、先生、親として、部下、学生や生徒、子どもが自己実現に向かうのを支えることはできるだろう。たとえば、イチロー選手の父親がイチロー選手におこなったように。

第9章

実践家の持論

学者の理論と実践家の持論

経営学のなかに持論アプローチを提唱する時期に来ているようにも思う。これから述べていくようにモティベーションだけでなく、リーダーシップやキャリアについても、持論をもつことが、実践を強固にする。さらに、管理職には、そのひとにとっての経営管理の持論もいるだろうし、経営トップになるころには、事業観、戦略観という分野での持論を抱くことが望まれる。ひとに動いてもらうことが仕事のかなりの部分を占めるなら、モティベーション論の奥行きは、人間観までいくことだろう。そして、リーダーシップを縦横無尽に発揮できるひとに、もし人間力が備わっている必要があるのなら、そういうひとは、自分なりの人間観をもつだけでなく、その人間観を体現した行動を自らとれなければならない。

そのような持論を実践家がもつようになるうえで、学者の理論がまったくむだというわけではけっしてない。学者の理論もまた、持論を作成する素材としては役立つはずだし、いい理論のいくつかは、自分が信じる持論と両立は可能なことだろう。

研究者の理論は、より多くの観察から構築されるし、体系的なデータによる検証も経ることになる。何十年も経過して生き残っている理論は、時代の検証に耐えてきた。学者の理論の常として、抽象的かもしれないが、より普遍的な面もある。とはいうものの、ロバート・J・スターンバーグ（Robert J. Sternberg）が指摘したとおり、学者もまた、自分にあてはまる自分の狭義の自論から、理論構築をスタートしていることが多いので、一つか二つだけの理論にのみ依拠して持

表９－１　学者の理論と実践家の持論

学者の理論	実践家の持論
普遍的（どこでもだれにもいつでも成り立つのが理想）	ローカルでパーソナル（さらにタイムリー）
抽象度が高いことがある、難しい言葉	より具体的、自分の言葉
出発点は、学者の狭義の自論	出発点は、狭義の自論だが、やがてワールド・セオリー（周りの十人十色のひとたちを説明しうる）広義の持論
大勢の研究者の蓄積があるので実践家の持論の素材となる	実践家のなかにも持論をもつひとがいるのでその蓄積がこれから持論をもちたいと思うひとの素材となる

論づくりをすると、十人十色の説明に耐えないということも起こりうる。

帰属理論と素人理論

われわれは、ものごとがうまくいったときに、その原因について、研究者でなくても自分なりに説明したいと思うものだ。たとえば、課題がうまく達成されたときに、自分の能力に原因を求めるか、それとも、自分の努力に原因を求めるか。逆にうまくいかなかったときに、課題の困難度に理由を帰属させるか、それとも、運のせいにするか。原因をどこに求めるかによって、自分が生きる世界の認識の仕方、したがってその世界でどのようにがんばっていくかのモティベーションにも影響する。この意味では、バーナード・ワイナー（Bernard Weiner）が指摘したとおり、モティベーションとは、行為者自身のおこなう因果帰属の問題である。[1] 将棋やチェスの駒になるよりも、指し手になる方がやる気が高まるはずだという観点から、自己原因性（personal causation）でモティベーションを説明してきたドゥシャームの説では、自分が原因になっていると認識している点こそが大事なのだ。その意味では、因果の推論に注目する帰属理論は、人間の動きを外から眺める研究者(心理学者)の側ではなく、実際に行為している本人(心理学者ではなく、研究者でもないという意味での素朴な素人)の側の立場に立って、議論をおこなっている。つまり、客観的に努力、能力、課題、運のどれが原因だったかということ以上に、素人である行為者自身が、成功・失敗の理由をどこに求めたかに注目するのだ。

世の中には、努力や能力という自分の側に原因を求めるタイプのひと(ジュリアン・ロッター、Julian Rotterのいわゆるインターナルズ＝内部帰属者)と、課題や運という環境の側(自分の外側)に原因を探しがちなひと(エクスターナルズ＝外部帰属者)がいる。起業するようなタイプのひとは、原因を内側に求め、自己原因性(自分が将棋やチェスなら指し手として、世界を動かしていると思うこと)で意欲を高める。そういうよさが内部帰属者にはある。しかし、学習性無力感と学習性楽観主義の両方を提唱したマーティン・セリグマン(Martin E. P. Seligman)がいつも繰り返し指摘してきたように、失敗したときいつも自責にしているひとの方が悲観的だ。楽観的なひとは違う。仮にわたしの講義を受ける神戸大学の学生を例にあげると、わたしの経営管理論の試験で落第しても、「それは、試験がひどかった」「思えば先生の教え方が悪かった」「落ちたのはぼくだけでない、けっこう落ちている」「今回だけだ」というように理由を説明できるひとには、楽観的で落ち込まないという美徳が備わっている。しかし、日本というけなげな国は、ひとのせいにしたりするひとをあまり評価しないし、ふつうは、外部のせいにするのを美徳とはみなさない。会社によっては、入社するなり、「自責」ということの大切さを教える。

このような因果の推論のあり方じたいが、自分の持論に影響を与える。「努力を大事にしなさい」と言うひとが、同時に、「運のいいひとと付き合いなさい」とも言うが、帰属理論は、主としてどちらを重んじるかによって、モティベーションの持論の様相がだいぶ異なってくるであろうことを示唆する。

因果の帰属理論に加えて、より一般的な観察として、素人理論というものが存在する。(2) われわれは、経済学者でなくても素人ながら、「ゼロ金利が解禁になって、インフレの再燃があれば、困る」と語り、われわれは、精神病理学者ではないのに、「うつのひとを、がんばれと励ましたらいけない」と助言し、われわれは、弁護士や検察官でなくても、「まず、こういう行為の動機を探らないと、有責性があるかどうかの判断はできない」というような具合に、新聞記事を見ながら素人なりに所説を述べたりする。ましてや、モティベーションやリーダーシップやキャリアみたいに、組織行動論で扱うものは、日常生活でふつうにふれられる話題だ。「やる気といえば、やっぱり目標とされたことが実現したときの達成感で、ひとは燃えるんだよね」とか、「任せても支えないとひとはついてこないよ」とか、「中年になると、また仕事を通じてのアイデンティティが問われるんだよ」とか、それぞれ気ままに語っている。これが、素人理論にほかならない。前著でわたしは、リーダーシップに入門したての初心者が抱くセオリーを素人理論、他方で、達人のレベルになるとそれが持論のレベルに達するというように述べてしまったが、(3) 今では、どんなに達人のレベルのひとの持論でも、素人として自分の考えを述べている限り、素人理論の一種であるとみなすのがいいと考えている。同様に、専門の心理学者が玄人《くろうと》理論を仕上げる際にも、アイデアの萌芽期には、その心理学者が、ひとりの生活者として、したがって、心理学の素人と変わらない地平で素朴に感じたことが出発点となっているはずだ。だから、本書で取り上げたなかで例示すれば、たとえば、デイビッド・C・マクレランド（David C. McClelland）は達成欲求の専門家で、エドウィン・A・ロック（Edwin A. Locke）は目標のモティベーション効果の専門家だが、このテーマを選んだ時点では、マクレランドは自分の生活（と周りの観察）から素朴に、「ひとがかんばるのは、やっぱり達成感だな」とつぶやいたはずであり、同様にロックは、「やる気といえば目標に決まっているやんか」（英語に関西弁はないが）と、自分や学生を見ていて素直に感じたことが出発点となっているはずだ。わたしが、本書を通じて、どんなにすばらしい学説でも（期待理論のように包括的なものであっても）、一つの理論と心中しないでと述べたのはそういう意味でだ。

さて、素朴理論を体系的に論じたエイドリアン・F・ファーナム（Adrian F. Furnham）は、玄人理論（科学的理論）と素人理論をつぎのように対比した。

ひと目見るなり、素人理論は、科学者による玄人理論より、ひどいもんだと思われるかもしれないが、それがこの対比の主眼ではない。いちばん大事なことは、たとえば、モティベーションについて、ひとは、考えや持論というものをもっているかもしれないが、それにはいくつかの特徴的な傾向があることに注意が必要だということだ。たとえば、対話を通じて言語化しないとそれは、暗黙のままにとどまり（属性1）、都合のいい観察ばかりするので、反証例にもふれたとき

表9－2　素人理論と玄人理論

属性	素人理論	玄人理論
1	暗黙的	明示的
2	曖昧で整合性がない（相互矛盾、正反対の信念を含む）	整合的で首尾一貫している
3	確証する証拠を探しがち（帰納主義）	反証可能性に開かれている
4	原因と結果の混同がしばしばで一方向の因果を想定しがち	因果の推論に慎重で、一方向、逆方向、双方向の因果があることに注目
5	内容志向で、タイプ分け、カテゴリー化に止まることが多い	内容志向的というよりも、過程やメカニズムの解明をめざす
6	どちらかというと、内的（個人的）行動を説明する際に外的（状況的）要因を過小評価（基本的な帰属のエラーとして知られる）	内的（個人的）というより外的（状況的）パーソナリティや動機もみるが、状況の作用や両者の交互作用をみる
7	特殊的	一般的
8	弱い理論（正確で信頼できるデータに欠けている）	強い理論（立場の異なる多数の研究者による膨大で正確な観察に基づく）

出所：Adrian F. Furnham (1988). *Lay Theories: Everyday Understanding of Problmes in the Social Science.* Pergamon Press. Ch.1.,『しろうと理論──日常性の社会心理学』細江達郎監訳、田名場忍・田名場美雪訳、北大路書房、一九九二年、第１章より

に、改訂するということが必要（属性3）だ。さらに、もし平気で矛盾する要素が素人理論の内容に並んでいたら（属性2）、状況要因、つまりどの場面でどの原則があてはまるのか、よりきめ細かく議論する必要がある（属性6）という具合だ。

最後に「弱い理論」と特徴づけられているとおり、素人の持論は、科学者によるフォーマルな玄人理論によって、補完、補強される必要がある。とはいえ、素人理論の最も重要な点は、行為者としての素人がその理論を信じていることであり、また、暗黙であっても、その素人理論の仮定がそのひとの発想や行動に影響を与えていると

いうことだ。それに比べると、玄人理論は、いくら精緻で強い理論と言われても、自分から縁遠かったり、わかりにくかったり、抽象度が高かったり、無味乾燥だったり、複雑すぎたりする（もちろん、研究者にとっても、いい理論は、単純かつ実践的だというのが、カート・レビン以来の理想だが）。

一方で、厳密だけど変数のカバー範囲が研究者の側も狭い場合があるので、モティベーションについて他の実践家の素人理論と自分と周りのひとにあてはまるいくつかの玄人理論を参考にしながら、自分の持論を意識的に構築していけば、自分を励まし、やる気を自己調整するのに役立てようというのが本書のわたしの立場だ。

全体の地図を提供する

わたしは最近、つくづく思うことがある。一流の学者なら自分で一流の理論をもつべきだが、それを流布するだけでは足りない。その前に全体の地図を示し、そのなかで「わたしはこの部分を研究している」ということを言うべきではないか、ということだ。そうでないと、十人十色という現実には対応できない。現実の多様性に見合った多様さを理論の側ももつ。現実の多様さにつながりがつけられるように、いろんな理論の全体の布置を知らせてほしいと思うことがよくある。わたし自身が、ある研究領域を初めて学ぶとき、同時に、自分自身や自分の周りのひとにその領域での理論がどのようにあてはまるか、知りたいときに、全体の地図のようなものがほしいと熱望することがある。そういう地図を提供してくれるような基本書があると、その研究領域の理解がいっきに深まる。

その点、わたしの恩師であるエドガー・H・シャイン（Edgar H. Schein）の提唱する「複雑人（complex man）モデル」は、モティベーションを考えるときの人間観、人間モデルのバラエティを教えてくれる。第3章（一〇〇頁）でもふれたが、ここではより詳しく論じてみたい。彼によれば、経営学における人間モデルの変遷は、つぎのように捉えられる。

・経済人モデル
・社会人モデル
・自己実現人モデル
・複雑人モデル

経済人モデル

まず、経済人モデル。経営学の長い歴史を見たら、今日の成果主義の発端は、フレデリック・W・テイラー（Frederick W. Talor）の提唱した差別出来高《できだか》給の議論にまで遡ることができる。一日にがんばればいったい何個つくれるのか、その適切な個数の標準が二十世紀初頭まではよくわからなかった。だれも、標準を科学的に設定しようとしなかったからだ。科学的という語は、ややテイラーに特殊な意味合いで使われている。きちんと動作研究、所用時間の研究をしたうえで、標準を計算するのが「科学的」の中身だ。標準を設定するときに、どの作業分野でも、一流のひとのやり方を参照した。そのことで、労働強化が高まるという批判が、組合からは起こったが、一流のひとから学ぼうという気持ちはわかる。仕事のペースは、一流のひとと同じようにやれと言われたら困るが、仕事のやり方、段取り、道具などは、一流に学ぶのがいい（ギターでも、またゴルフでも、習い始めてうまくなりたいと思ったら、自分はへたくそなので一流には及びもつかないという理由で、三流に学びたいとはだれも思わないだろう）。標準が時間・動作研究を通じてきちんと設定される前の時代には、作業者ががんばってより多くつくれるようになると、経営者が標準を恣意的《しいてき》に上げる（換言すれば、賃率を下げる）。そんな弊害がよく観察された。科学的管理法は、その意味では、それまでの成り行き管理を克服するものであり、テイラー自身は、志の高い精神革命（mental revolution）だと主張していた。その彼が導入したのが、標準を上回った作業ができたものには、割り増しを払う差別出来高給だった。ここに一つの萌芽的な人間観が表れている。テイラーの人間観ともいえるが、同時に、十九世紀から二十世紀へ変わったころの時代の人間観だったとも言える。たとえば、以前の成り行き管理とは、つぎのような事態を引き起こした。多くの人が二〇個をつくっていたときにだれかが三〇個をつくりだしたら、一〇個分のプレミアム（割り増しの支払）をつけていた。ところが、複数の人が三〇個をつくりだしたら、経営者は、「なんだ、三〇個つくれるじゃないか」と言って、標準を三〇個に恣意的に変えてしまい、今度は、四〇個つくらないと割増がつかなくなったりした。これでは多くのひとが不満に思う。あるいは、それならといって、皆でグルになって申し合わせたかのように、生産制限をするようになる。ひとはもとから怠け者なのでなく、仕組みがおかしいから怠業が起こるという意味で、これは、組織的怠業（systematic soldiering）と呼ばれた。そこで、標準をきちんと測定したうえで、それを上回ったひとには差別出来高給を出し、満たないひとにはがんばれよというシグナルを出したのである。それがテイラーの貢献で、この背後にひとつの人間モデルの萌芽があり、それをシャインは、経済人モデルと呼んだ。命名の理由は、ひとががんばるのは、賃金という経済的報酬だとテイラーも、またその時代の多くの人びとも思っていたようだからだ。

世紀の変わり目以降に、鉄鋼や自動車などの巨大産業が発達していく。テイラーは、主として鉄鋼業から科学的管理法を導入したが、それをいろんな産業にも普及させようとした。自動車産業では、ヘンリー・フォード一世が、デトロイト・オートメーションと呼ばれる移動組み立てラインを導入したが、有名なことは、フォード社の賃金の高さだった。フォードに働くひとが、フォードの車が買えるようになれば、自動車産業も栄えるという大きな絵もあるが、動機モデルとしては、車をはじめとして、買えなかったものが買えるようになっていく経済的報酬を重視したということだ。だから、がんばった分だけ、お金で褒美を払うことが大事な時代だったのである。この人間観が古臭くなることはけっしてない。だれだって、結婚する間際に、あるいは、住宅ローンを組んで返済を始めたら、やっぱり、働く理由の一つは、時代がいくら下っても、給料がもらえる、また、がんばった分だけ、ボーナスが増えるという点になるのではないだろうか。今日の時代の成果主義が、テイラーの時代の差別出来高給のように素朴なまま実施されることはないが、成果に至る行動や発揮された能力に連動して、給料やボーナスが変動することにより、ひとが動機づけられると考える面においては、経済人モデルが、浮上してくる。

社会人モデル

経営学の一〇〇年の歴史のスパンで見ると、科学的管理法のつぎの時代を画したハーバード大学の人間関係論は、これとは異なる人間観を提示した。人間は、標準的な方法で、標準化された方法で、標準どおりに作業をおこなう機械ではない。まるごとの人間として、働くひとは、職場に、感情や期待を持ち込むし、心配や不安があるときには、監督者に相談に乗ってほしいと思うこともあるだろうし、職場のインフォーマルな集団に、帰属することがもたらす安心感もある。ひとは、ひとりで生きているわけではないので、会社や職場にコミュニティやメンバーであることを喜べるチームメイトを求める。職場に着いたら、今日も標準めざしてがんばろうというのは、仕事のすべてではない。経営学の歴史に名を残したホーソン実験の全貌をここで語るわけにはいかないが、経営学のモティベーション論に大きな影響を与えたのは、ホーソン実験と総称される企てにおける継電器組立実験室と面接計画だ。前者では、それまで二〇〇名近い職場で監督者の目から見て名もなく、特に配慮もなく黙々と作業していたであろう女性の作業者が実験のために選ばれた。元から仲良しの二人に、他の三名を選んでもらい、途中で一人の交代があったが、やがてこの五人は心のつながるチームらしくなっていた。彼女たちは、特別な実験室で、注目を浴びて作業し、しかも、通常の職場の監督者と違って、作業条件を変更する度に、事前に説明を受けた。たとえば、午前と午後に休憩を入れたり、食事をしていないひとがいるので、スナックを午前の休憩時に出したり、休憩の回数を変えたりするたびに説明を受けた。実験のある段階で、条件を元に戻したところ、そのあとも継続して業績があがっていった。そこから、ハーバードの研究者たちは、この背後にあるやる気は、働くひとたちの心的態度に変化があったからではないかとみなした。監督のあり方、配慮、注目、グループのチームスピリットなどが、やる気を左右することが初めて注目された。このことを、より広範に調べるために、規模の大きな面接計画がなされた。ハーバードの研究者たちが働くひとたちの話を虚心に聞くだけでなく、そういう面接をする技術をホーソン工場で働く監督者に教えて、彼らに従業員の気持ちを聞いてもらうように指導がなされた。これらの研究成果は、実践的には、企業の各種の人間関係施策を提案する元となった。ホーソン実験こそ、ひとは職場でひとりでいるのではなくて、社会的欲求を満たすためにそこにいるという側面があることに注目した最初の調査なのであった。テイラーは、メカニカル・エンジニアであったが、ホーソン実験を指導したエルトン・メイヨー（Elton Mayo）は精神分析家、フリッツ・J・レスリスバーガー（Fritz J. Roethlisberger）は臨床心理学者だった。科学的管理法の全盛期のあと、ホーソン実験のインパクトが現れるころには、時代の人間観は、経済人モデルから、社会人モデルへと変遷していった。ひとは、経済的報酬で動くこともあるが、集団に所属していることから安心や喜びを得る社会的存在でもある。そのような人間モデル、つまり社会人モデルが生まれたのであった。

自己実現人モデル

一九五〇～六〇年代にかけて人間関係論が全盛期を迎えるころには、一部の先進的学者は、人間関係論の社会人モデルでは、集団に埋没し依存する個人を念頭においているようなところがあり、そこを批判的に捉えるようになった。もっと自律的な人間モデルが模索され始め、給料や人間関係よりも高度な動機、たとえば、自分らしく生きる見通しの追求が注目され始めた。経営管理論の生まれ育ったアメリカが豊かになったという面もある。自分の可能性を開花させるために、ひとは自ら自分を動機づけることができることに目を向ける学者が出てき始めた。代表格は、心理学者では、アブラハム・H・マズロー（Abraham H. Maslow）で、経営学の分野では、ダグラス・マクレガー（Douglas McGregor）やクリス・アージリス（Chris Argyris）だ。マクレガーは、一九五〇年代に米国で管理職をしているひとたちのモティベーションに関する持論を収集し、旧来のテイラーやメイヨーの主張と異なり、仕事そのものを楽しみ、自分で自分をコントロールできるようなひとを前提にした新しい人間観が存在することを、主張した。その主張を鮮明にするために、第2章でも詳しく述べたとおり、テイラーの考えに近い旧来の人間モデルをX理論、マズローの自己実現の欲求に近いような高度の欲求にかかわる新しい人間モデルをY理論と呼んだ。Y理論は、経済人モデルだけでなく、社会人モデルとも袂《たもと》を分かつ。人間関係も大事だが、それはやや依存的なモデルにとどまっていた。会社に働く人間は、親を頼る子どものイメージよりはもっと自律的で成熟しており、要するに大人だ。自分を貫くことが必要ではないか。イヤなものは断り、やりたいものは自分で追求する。それなら、放っておいてもがんばるはずだ、という主張である。

　テイラーの描く組織、また、官僚制的な組織などの古典的な管理原則が、成熟した個人にはそぐわないことを批判したのが、初期のアージリスの貢献であった。本書の立場から興味深いのは、マクレガーも、後期のアージリスも、実践家の持論を強調する研究者である点だ。その彼らが、より高度の欲求で動く自律的な人間モデルを提唱しているのは非常に興味深い。なぜなら、持論をもつこと自体が、自律的に自分なりの働き方を貫く道であるからだ。最新の、self-regulation theoryも、素朴でも自分のセオリーをもつことが、モティベーションの自己調整に役立つと主張している。シャインは、経済人モデル、社会人モデルに続く時代に提唱されたものであり、この段階の人間観を自己実現人モデルと名づけた。命名の理由は、マクレガーをはじめ、このような考えをもつ経営学者の多くが、自己実現の心理学で名高いマズローの影響を受けていたからだ。

複雑人モデル

十九世紀から二十世紀への変わり目にテイラーの科学的管理法、その三〇年後には、人間関係論、さらにその三〇年後の一九六〇年代には、人間関係論と区別して人的資源管理論とレイモンド・E・マイルズ（Raymond E. Miles）に呼ばれた人的資源管理論が登場した。ほかならぬマイルズによる *Theories of Management* というタイトルの書籍もまた、学者の理論でなく、実践家が抱く持論に、多様性があることを認めた学者のひとりであった。それぞれの時代を彩る人間モデルが、経済人モデル、社会人モデル、自己実現モデルだったと総括するシャイン自身が、『組織心理学』の初版（一九六五年）で提唱したのが、複雑人のモデルだ。管理職になれば、自分以外のひとに動いてもらわないと仕事にならない、つまりひとを扱うこと自体が仕事の重要な部分になってくる。そのころには、「十人十色であることをしっかり認識すべきだ」というのが、複雑人モデルのエッセンスだ。異なるモデルは、異なる時代精神、異なる時代の課題を反映しているが、人間関係論の時代になっても、経済的報酬のインセンティブにより強く動かされるひともいる。自己実現という言葉がよく聞かれるようになったからといって、管理職のひとが、部下の全員が自己実現のために働いていると思ったら、間違いだ。外発的な経済的報酬が大事なひともいれば、職場の雰囲気、人間関係が大事だというひともいるし、また、仕事を通じて自分の可能性をフルに開花させ自己実現していきたいというひともいる。

だから、「複雑人モデル」の基盤には、管理職になるころには、自分のおかれた状況について、（ちょうど組織開発の専門家がおこなうような）臨床的な診断力が望まれるという主張がある。シャインのその後の著作も含めて、また、彼との議論から明らかなことは、すべてのひとが同じ動機で動いているなどと決めつけるのがいちばんよくないということだ。個人の発達のためにも、組織開発のためにも、人間のもつ動機は多様で一筋縄ではいかないと認識すべきだ。でも、今に至るまでの歴史的変遷から見ると、経営組織における人間観を示すモデルは三通りぐらいに集約できるし、本書では、モティベーションの多種多様な諸理論も三系統ぐらいにおさまる。もっときめ細かく、モティベーションから見た人間モデルを、一〇個、二〇個にも精緻化できるかもしれない。でも、経済人、社会人、自己実現人という最初の三モデルを参考に、まずは、今の自分の人間観やモティベーションの持論をチェックしてみてほしい。徐々に、自分なりに自分の周りのひとのやる気の理解に必要な、複数のモデルを持論のベースに据えるようにしていきたい。第四の複雑人モデルは、その意味では、そこまでの三つのモデルと違って、それらを超えるメタモデルと言ってよい。どの個別の人間モデルに注目するにせよ、基本姿勢としては、ひとがなにに動機づけられるのかというのは、複雑なことだと認識する必要がある。これが、複雑人モデルのメッセージだ。

しつこく繰り返すようだが、経済的動機、人間関係論の社会的動機、自己実現動機という展開プロセスを並べてみると、なんとなく学問の進化がそのまま人間観の進歩につながっているように思えてくる。だから管理職の人びとにとっては、「今は自己実現の時代だから、みんな仕事を通じてそれをめざしてくれ」と言った方が今風のように錯覚しがちだ。それは、複雑人モデルの立場からは、まちがった発想だ。

世の中には自己実現とは切り離して働いている人もいる。お金のためと割り切っている人も少なくない。そのひとの人生におけるフェーズ（段階、局面）ということもある。職場でハートを射止めたひとと結婚を控え、貯金に精を出している局面では、関係への動機や経済的な動機が高まる。しかし、自分の名前が永遠に残るようなプロジェクトに打ち込み始めるような段階であれば、そのときには、自己実現という面がクローズアップされてくるだろう。十人十色という意味は、ひとりひとり、どの欲求や動機が支配的であるのかに個人差があるという面ばかりでなく、同じひとでも、そのときどきの人生のフェーズで、どの欲求や動機が重要性を増すかが変遷していくという面も照らし出す。この二重の意味で、いろんなひとにいろんな欲求がいろんなときに違った形で姿を現すのだ。そこでエドガー・シャインは、まずモティベーションの源泉は多様であるということを認めたうえで、「経済人モデル」「社会人モデル」「自己実現モデル」というものを提唱したのである。その全体の基盤にあるメタモデルが、「複雑人モデル」というわけだ。

複雑ゆえに持論をもつ

複雑人モデルは、われわれに自分なりの持論をもつように迫る。シャインの複雑人モデルは、ひとがなぜ動くか、働くかは、複雑すぎてわからないので、モデルをもつのをあきらめろと言っているのではない。その逆に、複雑だからこそ、しっかり自分と周りを観察し診断し、自分なりの持論をしっかりもてということだ。自分のモティベーションを説明できる要因でありながら、大切な部下の何人かのモティベーションが説明できないなら、部下の抱く動機やその動機の高め方の多様性に応じて、複数のモデルを理解し動員する必要が出てくる。複雑人モデルが本書に対してもつ意味合いは、自分自身と自分のおかれた状況とフェーズにぴったりのパーソナルでローカルでタイムリーな複数のモデルを持論としてもてということだ。その要請は、自分なりの人間観をもてということでもあり、また、部下をもつ管理職になるころまでには、ひとの働く理由が十人十色であることを知り、多様性を財産と思えるぐらいにならないといけないということでもある。複雑さを複雑なまま放置しないためにこそ、臨床的な診断力に支えられた人間観がいるのだ。一つの理論で全員が動くと思ったら、どんな人間主義的な理論でもファシズムになる。全員が参加型経営、あるいは全員が自己実現をめざしていると考えるのはおかしい。

たとえば、やり手と呼ばれるひとは暗黙のモティベーターをもっているし、ひとを束ねるのがうまいひとは暗黙のリーダーシップ論ももっているはずだ。それを自分なりに、他のひとにもあてはまることを気にしてつくるのが（ワールド・セオリーを含む）トータルな持論で、それを思い切り自分に引き寄せてつくるのが狭義の自論である。自分に引き寄せて理解することなく、やる気について学ぶことなどけっしてできないし、また、自分にあてはまる説でないと、そもそも本気で信じることなどできない。本気で信じて、実践に使うつもりのセオリー（theory-in-use）でないと、知ることが変わることにはつながらないだろう。知っているが実行できないというギャップ（J・フェファーのいうknowing-doing gap）を断ち切るには、まず自分にあてはまるというレベルの狭義の自論がいる。これは、狭くても基本の基本として非常に大事だ。

ただし、世の中にはさまざまなひとがいる。特に管理職になると、部下には達成動機で燃えるひともいれば、パワーを発揮したいひともいるし、親和動機で動くひともいる。お金のことしか考えていないひともいる。だから、もう少し体系的に、さまざまなひとにあてはまるようなセオリーが必要になる。自分にはあてはまらなくても、他のひとにあてはまるセオリー（さきに使った言葉では、ワールド・セオリー）も動員しないといけない。「自分にあてはまらない理論などカスだ、捨ててしまえ」というわけにはいかない理由がここにある。自分だけでなく、自分を取り囲む周りのひとも説明できるのが、トータルな持論だ。実践的な持論を磨くのに役立てることができたら、学者の理論もバカにしたものではないと気づくはずだ。管理職になって、他の人びとを通じて仕事をしてもらうところには、自分だけでなく、十人十色の周りの人びとのモティベーションも説明しうる持論がいるということを、複雑人モデルは示している。ひとを通じて仕事を成し遂げることが問われるころには、この自分にあてはまるだけの狭義のモティベーション自論では足りない。セオリーのレパートリーを広げて、自分だけでなく、自分がいる世界のことも説明する（ワールド・セオリー的側面をもつ）広義のモティベーション持論をそろそろもつべきときに、心に留まるはずの言葉が、「複雑人」という言葉だ。複雑人というのは、理論の破棄ではなく、一方では、十人十色の個性の診断力が上に立つひとには必要なことと、他方では、よりきめ細かく包括的な持論が必要なことを示唆している。

リーダーシップ持論とモティベーション持論

わたしは以前からこういう持論アプローチとも呼ぶべき考えをもっていたが、それをリーダーシップ論にあてはめたのが『リーダーシップ入門』であった。リーダーシップ論を学ぶことは、有名なだれかの理論を知ることではない。松下幸之助氏が自分の考えをもとに経営者の心得や実践的な経営哲学を書いたのと同じように、自分自身でよりうまくリーダーシップを発揮できるようになりたいのなら、（達人と同じようにうまくはできなくても）自分なりの考えを言語化したほうがいい。リーダーシップ理論という前に、まずリーダーシップ持論をもとうと提案した。

だから、その本はさまざまなリーダーシップの公式理論への入門書ではなく、実践の扉を叩くための入門書だった。自分のリーダーシップ持論を書いてみて、それを自分の経験や観察とつなげることこそが、リーダーシップへの実践的な入門だと考えた。自分の経験を内省するだけではなく、自分の上司のなかでも際立った指導力をもつひとや、祭りのときに町内を束ねる近所の八百屋のオヤジや、あるいは自分の会社の社長など、すごいリーダーだと賞賛されるようなひとを観察しながら、自分のリーダーシップの持論を言語化することが大事だ。その際、学者の理論が役立つのであれば、持論をつくる原料にすればいいのである。

経営学における組織行動論で学ぶこと、たとえば、リーダーシップなどは、前にも述べたが、鑑賞するように学んではいけない。自分もリーダーになる場面があるのだったら、そのときに役立つように、実践することを意識して学ばないといけない。サッカーを自らもプレーするひとが、サッカーのゲームをテレビで見たり、サッカーの雑誌や本を読んだりするときは、自分なら、どのようにプレーするかを念頭に見たり読んだりするはずだ。自らプレーはしないひとは、鑑賞するようにしか見られないけれど、実践しているひとの目は違う。リーダーシップ論を、鑑賞するように学ばないでと前著『リーダーシップ入門』で主張したのはそういう意味合いからだ。

まったく、同じことがモティベーション論にもあてはまる。リーダーシップ以上に、だれしもの問題なので、いっそう強くあてはまる。やる気について学ぶのに、鑑賞するように学んではいけない。どうやれば自分のやる気が高まり、どうやれば周りのひとのやる気を高めることができるか。実践を意識すれば、鑑賞するのとは違う洞察が増える。洞察を言葉に歯止めにするのには、モティベーションについて持論を構築することだ。

モティベーションを学ぶ意味は、そこにある。若いときは自分を動かすためのモティベーションを知れば十分だが、やがてひとに動いてもらう立場になると、どうすれば他の人びとに動いてもらえるかという点を踏まえてモティベーションを学ぶ必要がある。他の人びとに動いてもらってことを成し遂げるのは、マネジメントのエッセンスであり、そのときに、他の人びとがインセンティブの制度や管理職のもつ人事権ゆえにではなく、上司の描く絵がわくわくするものなので、喜んでついていくようになっているのなら、そのような人びとへの影響力はリーダーシップにほかならない。

そう考えたとたん、モティベーションとリーダーシップとは、組織行動論において、二人三脚のような不可分のトピックであることに気づく。実際に、両者は相性のいいトピックで相互に関連し、多くの研究者の間でも、モティベーションとリーダーシップが、組織行動論の二大トピックだという合意がある(さらに、キャリアを加えると、三大トピックということになる)。両者をつなぐ絆《きずな》として、本書があらたに用意したのは、どちらのテーマでも、鑑賞するように学ぶのを避けるには、実践家としての持論が大切であることに、焦点を合わせていることだ。

リーダーシップが目標に向けて、フォロワーたちの動機づけられた行動に対人関係を通じて影響力を及ぼすものだとしたら、モティベーション論はリーダーシップ論と非常に相性のいいテーマであるばかりでなく、リーダーシップ論が成り立つための基礎を提供する。後ろを振り向いたら喜んでついてくるフォロワーがいるかどうかが、その場にリーダーシップ現象が存在するかどうかの試金石になる問いだ。フォロワーがある夢、目標、絵、ビジョンに向けて喜んで動くためには、その支えは、モティベーションをおいてほかにない。リーダーシップは、フォロワーたちのモティベーションに影響を与えるプロセスとして、長らく理解されてきた。

組織行動論のトピックで、もう一つ、最近脚光を浴びるようになったのがキャリアだ。キャリアというとすぐに、転職してセカンド・キャリアを選んだひと、起業したひと、特別な仕事についているひとなどを思い浮かべるが、それは限定的な見方だ。だれもが長期的に仕事についている限り、キャリアを歩んでいる。それでは、モティベーションとリーダーシップとキャリアという三大トピックは、お互いにどのように関連するのか。

キャリアとの関係

まず、キャリア発達とリーダーシップ開発との関連。リーダーシップは座学で理論を学べば身につくというものではない。修羅場経験や「プロジェクトX」のような経験、震え上がるほど怖いがやり手の上司の下で薫陶《くんとう》を受けたといった経験が重要だ。あるいは自分で部下をもつという経験も役立つ。それも一〇人の部下ではなく、工場長になって二〇〇人を束ねるといった経験がリーダーシップをつくり上げる。経験が学校になるという意味では、リーダーシップを身につける場がキャリアになるのである。

つぎに、モティベーション喚起とキャリア発達との関連。キャリア発達は二〇〜三〇年のスパンで見る必要がある。そのなかには、「プロジェクトX」に見るように数カ月から数年間がんばり通す経験も含まれる。そこを切り抜ける際に欠かせないのが、やる気である。数カ月から数年に及ぶ期間ずっと緊張し続けているであろうが、そのなかでも緩急というものがある。ここがふんばりどころというところでのがんばりを司るのがモティベーションだ。別の言い方をすると、モティベーションは瞬発力、キャリアはもっと長期的な持続力、意味の探求にかかわる。

学生にモティベーションのことをできるだけ具体的に考えてもらうために、どういうときにがんばったか内省してもらう。アルバイト経験でもいいし、スポーツに打ち込んだ経験でもいい。バンドでの演奏に燃えたというひともいるだろう。しかし、だれもがくぐっているという意味でわかりやすいのは、受験勉強だ。市川伸一教授の「あなたはなぜ勉強してきたのでしょう」という問いではないが、学生にモティベーションの持論めいたものを聞き出すのには、「受験のときがんばったのはどうして」と聞くのがわかりすい。そのときに、モティベーションを考えるキーワードが、東大の市川教授の教室と同様、神戸大学のわたしの教室でもいっぱいあがってくる。

そういうやりとりをしたあと、わたしは、「だけど、一生が受験勉強だったらどうする?」と聞いてみることにしている。試験前の数カ月、あるいは定期試験なら一夜漬けのときなら前日にがんばるのは、なるほど瞬発力だと気づく。同様に、たとえば、生命保険の会社のひとが「十一月の強化月間に、支社のためにも、自分が優績社員(成績の優秀な社員のこと)になるためにも、破竹の勢いでがんばる」というのも、そういう瞬発力だ。だけど、一生、意味ある形で保険商品を買っていただくためには、より大きい目標、働く意味がいる。学生が入社直後に気づいている ようで、深く実感していないのは、この会社で一人前になってそれからも、定年まで働くかもしれないということ、また、もし会社を変わることがあっても、トータルで三〇年も四〇年も働くことになるということだ。それに気づいたときには、モティベーションだけなく、キャリアを念頭に考え始めていることになる。モティベーションとは別個に、キャリアというテーマが存在する理由はここにある。モティベーションとキャリアを有意義につなぐ概念が、時間的展望と人生レベルの目標だとわたしはにらんでいる。この両者の関係だけで、一冊の本になるぐらい議論すべきことがあるが、ここでは、今の近接目標がより遠い目標、つまり人生の目標や夢、人生の意味に近いものとつながっているとき、モティベーションにも瞬発力だけでなく、持続力に近いものを含むようになってくるという点だけは指摘しておこう。

第三のリーダーシップ発揮とモティベーション喚起の関係は、すでに述べたとおりだ。

さて、こうして四〇～五〇歳になるころまでに、自分なりのモティベーション論とリーダーシップ論とキャリア観をもつことができれば、周りにもプラスの影響を与えられる存在になれるだろう。

コラム

実践家の持論——持論アプローチに対する意味合い

学者の理論もまた、大本を探れば、その理論を提唱した学者の、実践家として感じた素人理論、つまり持論からスタートしているはずだと見るのがよい。そうすると、自分の持論と学者の理論とのつながりの見つけ方がもっとすなおになる。持論を大切にというのが本書のモティベーション論の骨子だが、理論は役立たないといっているのではない。また、理論を無視してよいといっているのでもない。自分に役立つ理論が自分によい理論、そういう理論を含む学説は、やはり学んでほしいと思う。最後に、モティベーションの持論は、さらに押し進めていけば、人間観にまで行き着くので、シャインのような議論も、モティベーションの持論づくりのなかでときに意識してみてほしい。

エピローグ

本書を読めば、いつもやる気満々になるというわけではない。なにしろ、やる気の本を書いている人間が、やる気をなくすこともあるのだから、そんなことはできっこない。モティベーション理論を学ぶことの使命、自分なりのモティベーション持論をもつことの意味はいったいどこにあるのだろうか。いつもやる気満々というのは理想だが、そうはいかない。生身の人間だ。ときに、モティベーションが落ちることもある。山あり谷ありだからこそ、生きているんだ。元気度のチャートを一週間、一ヵ月、一年、一〇年、全生涯のスパンで描いてみよう。ずっと元気だったというひとはいない。

コラム　自分のやる気を自分で左右できる

ときにこの自分もやる気が減ってしまうことがあってもOK。
いつなんどきも、ずっとやる気満々というのはむずかしい（そんなことしたら、倒れてしまう）。
ちょっとやる気が下がったというのなら、それを受け止めて、
また、やる気を高めることができればいい。

モティベーションの持論があるおかげで、そうできる。持論があるおかげで、自分で自分の原因がつくれる。これが、狭義の自論（この自分にはしっかりあてはまるセルフ・セオリー）をもつ意味だ。

モティベーションの持論をもつ意味あいは、それがあるおかげで、やる気を自己調整できる点にある。そして、興味深いことに、自己調整（self regulation）は、モティベーション論のフロンティア（最先端トピック）であり、また、同時に、自己統制（self control）は、マクレガーが提唱してから、五〇年近く、経営学におけるモティベーション論の共通財産であった。

いつもハイでいるというのは理想のようで、一生全体が張り詰めた糸のようになってきびしい。山と谷、緩急、アップダウンがあるのがモティベーションだ。「キャリアにアップもダウンもない」と名言を（渡辺三枝子氏に）披露したのは、マーク・L・サビカス（Mark L Savickas）だった。肩書きや年収は上がったり下がったりしても、長期的に見た自分らしい生き方・働き方を表すキャリアにアップダウンはない。

でも、緊張感、希望に燃える度合いには、人間の常としてゆれがある。生きているということは短期的にはゆれがあることだ。そもそも動き出す気になれるかどうか。始動したとして、どれくらいの強度で、どの程度のエネルギーが注がれるのか。また、その動きはどれくらい持続するのか。動く気にならないときもあるし、動くには動いても、強力でないときもあるし、強力に集中できたかと思っても、続かないときがある。持論は、そんなときに、そこから脱却するのを助けてくれる。モティベーション論における今後、ますます有望な方向が、自己調整だというのは、非常に興味深いことだ。

さて、マクレガーの古典を現代的に復興しようというマクレガー・ルネサンスのねらいは、一つには、自分で自分の主人公になってもらうことであった。自己調整のために持論を活用していきたい。とりあえずは、上司、仲間、部下など周りの人びとのことはおいといて、自分のことを知れというのが、マクレガー復興のメッセージだ（前記のコラム）。

もう一つは、X理論、Y理論という対比で表明された持論のバラエティだ。二通りというのは、豊かなバラエティではない。しかし、少なくとも複数の考え方があるというのを、明瞭に示す役割は果たせた。部下はX理論で動くひとなのに、上司が（人間主義的だからというだけの理由で）Y理論一本で通したら、自分にあてはまるセルフ・セオリーを、他のひとにまで押しつけていることになる。十人十色の世界を説明するような最小限必要なバラエティを内包した広義のモティベーション持論を構築することが、マクレガー・ルネサンスのもう一つの使命だ。

だから、前述のコラムに加えて、つぎのコラムに示す点が、モティベーション論を実践的に学ぶ意義となってくる。

研究面でもいくつか課題が見えてきている。

持論を練り上げているひととそうでないひととの違いにまつわる比較研究、持論に気づいて持論を築くプロセスにおける方法論、本書でも少数だけ例示したがモティベーション持論の実例の徹底的・体系的収集、世代・背景・性別などによる持論のコンテンツの違いに関する分析など、残された研究課題はたくさんある。

コラム　周りの人びとのやる気を高めることができる——自分のやる気を自分で左右できる

ときに周りのひとのやる気が減ってしまうことがあってもOK。

自分にだって起こることだから、他のひとにも起こりうる。

ちょっとだれかのやる気が下がったというのなら、その事実を受け容《い》れて、
また、そのひとのやる気を高めてあげる一助となればいい。

自分だけでなく、周りの人びとにもあてはまる持論があるおかげで、そうできる。

上司、先生という立場で自分の狭義のセルフ・セオリーを押しつけずに、
ひとりひとりのやる気は、彼らがやる気についてどういう考えをもつかに左右される。

これが、ワールド・セオリーも含む広義の持論（周りの世界、十人十色の人びとからなる世界を説明する持論）をもつ意味だ。


今、あらためてモティベーションが問題になってきたのには、いくつかのわけがある。一つには、ようやく日本企業が元気になりかけてきたときに、元気の原点が個人のやる気の問題にあるのなら、そこに再度、注目する必要があるからだ。金融業界の人事部の方と話していると、「数年前にモティベーションの話をしたら、現場は、『わたしらのモティベーションが問題とでもい

うのか』というようにネガティブに捉えたかもしれないが、今は違う」とよく言われたものだ。前向きにモティベーションの問題に目が向くようになった。かつて、キャリアの問題が一〇年ぐらい前からクローズアップされたときに、わたしはそこでも希望を中心に語ってきたが、時代のきびしさを反映してキャリアが時代の言葉となった観が否めない。それに対して、長いトンネルを出て、これからというときに、意欲、やる気の問題が前面に出てきた。キャリアの問題とともにモティベーションの問題もフロントラインに立った。

もう一つには、時代がよくなったのでという前向きの話とは逆に現場の緩みという悩ましい問題がある。いざ、これからが再び、回復基調だという矢先に、これまでずっと強みだった日本企業の現場力に、ちょっとした懸念があることだ。それは、事故の多発やリコールにまでつながるような品質のほころびに現れている。大半の会社で、これまでよりも少ない人数でより多くの仕事がなされている。これが行き過ぎると、モティベーションの問題というより、心身の健康の問題となる——実際に、「時代が明るくなってきましたが、それでも疲れていますか」と聞くと、調子よくなってきた分、いっそう多忙で疲れているという声をよく耳にする。もしも、体力だけの問題だとすれば、医者の出番だ。だが一方で、もう一度、現場に元気と規律の両方をもってもらうためには、モティベーションに目を向けるべきだという動きがある。たとえば、人材のアウトソーシングを増大させた結果、製造業でも、サービス業でも、かなりむずかしい現場に、派遣や契約社員が増えている。派遣は、もはやマッチングだけの問題でなく、どれだけの意識と意欲をもって仕事に取り組んでもらうかというモティベーションの問題だ。ここに、経営学でのモティベーション研究がさらに現場に密着し、ローカルな知を生み出す役割がある。ここで「ローカルな」というのは狭いというマイナス面ではなく、現場密着というプラス面で使っている。

つぎに、時代、世代にかかわる意識という問題もある。ふれたばかりの派遣の問題もこれにかかわるが、ダイバーシティというのが鍵となり、雇用も多様化し、女性の活躍も期待され、コア・コンピタンスを支える高度プロフェッショナルの処遇に工夫が必要となる時代となった。同じ時代に、フリーター、ニートという問題にも直面している。そんななかで、年齢や世代によって、仕事への意欲がどのように違っているのか、女性にがんばってもらうには、どのようなモティベーション問題があるのか、迷っている若い世代の仕事観にはどのような変化があるのか。それぞれの文脈ごとに、人びとがいったい、なにに動機づけられているのかを、違いを意識しつつ問いたくなる時代だ。これがモティベーションへの新たな注目の第三の理由だ。それは、十人十色のモティベーション論が望まれる理由でもある。ましてや、二〇〇七年問題を控え、去りつつある世代が、場合によっては、自分よりも二〇年、三〇年若いひとに、技能伝承をしなければならないときに、お互いのモティベーションが、どこは基本的に不変・普遍で、どこは世代間で異なるかを理解する必要が高まっている。

第四は、読者の皆さんよりも、わたしたち研究者の問題だが、モティベーションのような大切なトピックで、経営学のなかでの停滞ぶりがあまりにひどい分野はほかにない。ようやく経営学のなかでも、ここで述べた時代事情もあって、モティベーション研究復活の気運、それも実践的なモティベーション論への期待が高まってきた。教育心理学や心理学一般のなかでは、学力低下の問題もあり、モティベーション論が再燃しつつあることも研究面ではおおいに刺激となった。

あとがき

Communication matters. この言葉で、謝辞とともにこの本を世に送り出したい。

この本のきっかけは、PHP研究所からNTT出版に移られてしばらく経った三島邦弘氏が、わたしの研究室を訪ねられたときだ。そのとき、モティベーションの本なら書きたいと思っているという話をした。それに対し、三島氏は、出版社を移って思ったことは、やる気のかなりの部分はコミュニケーションの問題だと卓見を述べられた。

思えば、目標を定めるのも、相談しながら決めるのも、達成したことをだれかに認めてもらうのも、任せたと言われつつなにを任されたのか知るためにするべきことも、さらに、やる気を維持するためにもコミュニケーションが必要だ。この場面ではひとの助けが必要だ、文字通りだれかと話したい、相談にのってほしいと思うとき、このような場面でのモティベーションの向上も低下もたしかにコミュニケーションの問題だ。適切なコミュニケーションはやる気を高める。同時に、やる気が失せてしまうときの多くは、コミュニケーション不足が問題だ。

会社が変われば、仕事のやり方、いい仕事の定義、分業のあり方、仕事のバトンタッチの仕方などが変わるだろう。たぶん、社外への移動だけでなく、定期的な社内の異動でも、仕事の世界が大きく変わったら、やはりそこで元気よくやっていくためには、コミュニケーションが不可欠だろう。内発的な意欲をうまく高めるひとは、この自分の内側から発するものを享受するために、自分と上手に対話している。有森裕子氏の「自分を褒めてあげたい」という言葉は、幼稚だというひともいて、賛否両論だったが、これもまた自分との対話だ。自己実現には、自分とはなにものかというダイアローグがいるし、フロー経験やピーク経験のように、没頭しきっているときも、実は、自分を深く見つめているともいえる。自然な流れで熱中しているから、自己との対話は自覚されないかもしれないが。

わたしは、キャリアを考えるときに、親子、先生と生徒、大学での教員と学生、会社に入っても、ベテランと若手、メンターと新人との関係が大事だと強調してきたが、モティベーションの連鎖を世代間でつくるためにも、今度は世代間のコミュニケーションが重要だと信じている。

書物を世に送り出すときに著者として大事にすべきコミュニケーションがある。お世話になったひとたちへの謝辞だ。この本が仕上がるまでに、三島邦弘氏以外にも多数の方からありがたい支援を受けた。同じＮＴＴ出版ライブラリー・レゾナントから、さきに米倉誠一郎氏が出版されていたこともいい縁となった。本書の萌芽となった構成案と最初の素材づくりでは、島田栄昭氏に尽力いただいた。モティベーションの研究が経営学や産業組織心理学で少ないことを嘆き危惧し、わたしとしてはマクレガーを復活させ、モティベーションの持論アプローチというルネサンスの波を起こしたいと思い始めたときに、神戸大学大学院経営学研究科における真摯《しんし》な同僚の高橋潔氏と若く熱意あふれる大学院生の森永雄太氏が、いつも議論に乗ってくれた。学部金井ゼミの卒業生の佐藤栄哲氏は、経営者として自らモティベーションの調査に乗り出し、本書のゲラ間近の原稿のすべてに目を通し、熱い実務家の立場からコメントを寄せてくれた。特に、なぜ今、実務的にもモティベーションが大きな問題となりつつあるのかの理解を助けてくれた。

本書の原稿を執筆中に、現代経営学研究所主催のワークショップで「モティベーションを極める視点——理論と持論、感動と集中、体系的エンジニアリング」というテーマで会合をもてた（二〇〇六年七月八日、於神戸大学）のは幸いであった。ご登壇いただいた将棋の世界の谷川浩司氏、ラグビー日本代表で独自の研修を開発する林敏之氏、モティベーションそのものを企業の場でエンジニアリングする取り組みに熱心な小笹芳央氏、そして、大学生の語る生の言葉から帰納的にモティベーションの二要因理論を打ち立てた東京大学教授の市川伸一氏から多彩な知的・実践的刺激をいただいた。本書を仕上げるときまで、そのときの刺激がたいへんなエネルギー源となった。

心理学プロパーにおけるモティベーション論のフロンティアについては、桜井茂男氏、奈須正裕氏の著書（桜井『学習意欲の心理学——自ら学ぶ子どもを育てる』誠信書房、一九九七年、奈須『やる気はどこから来るのか』北大路書房、二〇〇二年）から大きな刺激を受けた。教育界で学習・勉学意欲についてなされているトピックについて、経営の世界での仕事意欲の研究が早く出揃い、スタディ・モティベーションとワーク・モティベーションの両世界でいいやりとりができる時代が早くくるように、経営学のなかのモティベーション論を本書をきっかけに微力ながら刺激していきたい。過去一〇年間の『組織科学』にモティベーションの論文が一件しかないのは残念なことだと思っている。谷川氏と市川氏とはワークショップ後も、より踏み込んだ対談の機会をいただき、また、桜井氏には、現代経営学研究所の『ビジネス・インサイト』にご寄稿いただいた。たいへんにありがたいことで、出会いと刺激に感謝。

著述家はいつも経験することだろうが、本の仕上げ段階はつらいところがあって、やる気がしばし低迷する。アイデアを考えながら書いていく段階もさることながら、書かれたものに間違い、よけいな重複がないかチェックするのは骨が折れる。この段階では、プロローグでもふれたように、やる気の本を書いている親父がやる気をなくしてはだめだとさりげなく述べた金井悠太と、ここのところ数冊、わたしの著書の仕上げの校正を助けてくれた神戸大学大学院経営学研究科の院生の麓仁美氏に激励された。

持論アプローチは、経営学のなかの大きな流れのなかでは、知識創造の組織論と組織認識論における日常の知に連なる試みであるので、若いときから今日に至るまで絶えず、一橋大学の野中郁次郎先生、職場の先輩の加護野忠男氏の名前を謝辞の結びにあげたい。

どんながんばり屋でもひとりでは存在しえない。ひとりでは達成することが限られている。Accomplish with others（他の人びととともに成し遂げる）が創造の常だ。本書がなんとかまとまったのは、これらの方々のおかげだ。コミュニケーションが大切というエピローグにお名前を記し、心からの謝辞に替えさせていただきたい。

本書を手にとられた方々にとって、これからのやる気の自己調整、また周りのひとたちも含め、やる気という観点からの芯からの元気づけに、本書のなかのいくつかの考え方、概念、メッセージが役立ちますように。

二〇〇六年八月二十七日　六甲台にて

金井壽宏

注

プロローグ

（1）『神戸大学トップ・マネジメント講座・講義録　ヤマハにおける〝感動〟創造経営』ヤマハ株式会社経営企画室（神戸大学トップ・マネジメント講座事務局編集）、二〇〇五年、二一二頁。

（2）伊藤修二「戦略発想でＹＡＭＡＨＡブランドを社員みんなとともに輝かせる」『ビジネス・インサイト』現代経営学研究所、第一三巻第三号、二〇〇五年、九八頁。

（3）Carol S. Dweck(2000). *Self-Theories: Their Role in Motivation, Personality, and Development.* Philadelphia, PA: Psychology Press.

第1章

（1）たとえば、ロバート・E・フランケンのつぎの包括的な教科書（Robert E. Franken (2002), *Human Motivation*, 5th ed., Belmont, CA: Wadsworth / Thomson Learning）。

（2）興味をもったひとは、『サイレンス』（水声社）を（できれば原著の英語で）ふれるのがいい。

（3）加賀山卓朗訳『最高のリーダー、マネジャーがいつも考えているたったひとつのこと』、日本経済新聞社、二〇〇六年、九四—九五頁。

第2章

（1）市川伸一『学ぶ意欲の心理学』ＰＨＰ新書、二〇〇一年、四八頁。

第3章

（1）Douglas McGregor(1960), *The Human Side of Enterprise*, New York: McGraw-Hill, pp.33-34, pp. 47-48.

(2) *ibid.*, p.6.
(3) Raymond E. Miles(1975), *Theories of Management, Implications of Organizational Behavior and Development*, New York: MaGraw-Hill.
(4) Gary Heil, Warren G. Bennis, and *Deborah C. Stephens (2000). Douglas McGregor, Revisited: Managing the Human Side of Enterprise*, New York: Wiley, p.20.
(5) *ibid.*,p.27.
(6) Douglas McGregor(1967), *The Professional Manager*, New York: McGraw-Hill.
(7) John P. Kotter(1982), *The General Managers*, New York: Free. 金井壽宏・加護野忠男・谷光太郎・宇田川富秋訳『ザ・ゼネラル・マネジャー——実力経営者の発想と行動』ダイヤモンド社、一九八四年。
(8) Ikujiro Nonaka and Hirotaka Takeuchi(1995), *The Knowledge-Creating Company: How Japanese Companies Create the Dynamics of Innovation*, New York: Oxford University Press ; 梅本勝博訳『知識創造企業』東洋経済新報社、一九九六年。
(9) William Ouchi(1981), *Theory Z: How American Business Can Meet the Japanese Challenge*, Reading MA: Addison Wesley; 徳山二郎訳『セオリーZ——日本に学び、日本を超える』CBSソニー出版、一九八一年。
(10) 前掲訳書、一〇二頁；原著,p.71、訳文は本書の他の箇所の記述に合わせるために変えている。
(11) 組織行動論の16コマの講義を受ける前（Before）と後（After）の両方で出してもらうのでBAR（Before and After Reports）と呼ばれている。
(12) 二〇〇六年六月二日の神戸大学での対話のときに、この持論を手書きされているものを見せてもらい、その後にいただいた六月四日付けの電子メールより、ご本人の許可を得てここに引用。
(13) たとえば、『ライフトランジション　メンタルスキルで人生の転機を乗り越える』しょういん、二〇〇三年、訳書に『スポーツ選手のためのキャリアプランニング』大修館書店、二〇〇五年などがある。
(14) Richard J. Leider(1997), *The Power of Purpose: Creating Meaning in Your Life and Work*, San

Francisco, CA: Berrett-Koehler Publishers ; Richard J. Leider and David A. Shapiro(1995), *Repacking Your Bags: Lighten Your Load for the Rest of Your Life,* San Francisco, CA: Berrett-Koehler Publishers; 枝廣淳子訳『人生に必要な荷物、いらない荷物』サンマーク出版、一九九五年 ; Janet Hagberg and Richard Leider(1998), *The Inventurers: Excursions in Life* and Career Renewal, 3rd ed., Readin, MA: Perseus.

(15) 二〇〇六年六月十一日の金井宛の電子メールより、括弧〔 〕内は、金井補足、「……」のところは一部略。

第4章

(1) Fred Luthans and Robert Kreitner (1975), *Organizational Behavior Modification,* Glenview, IL: Scott, Foresman and Company; Fred Luthans and Robert Kreitner (1985), *Organizational Behavior Modification and Beyond: An Operant and Social Learning Approach,* Glenview, IL: Scott, Foresman and Company. ちなみに、この章でのワトソンなど古典の説明も、ルーサンスの書籍を参考にしている。

(2) Alfie Kohn (1993), *Punished by Rewards: The Trouble with Gold Stars, Incentive Plans, A's, Praise and Other Bribes,* Ch.4, Ch.5 Boston, MA: Houghton Mifflin and Company.; 田中英史訳『報酬主義をこえて』法政大学出版局、二〇〇一年、第4章、第5章。

(3) Edward L. Deci with Richard Flaste (1995), *Why We Do What We Do: Understanding Self-motivation,* New York:Penguin Books, pp.51-52; 桜井茂男監訳『人を伸ばす力——内発と外発のすすめ』新曜社、六九—七〇頁。

(4) 中村圭介『成果主義の真実』東洋経済新報社、二〇〇六年。

(5) Alfie Kohn *op.cit.*,p.63; 訳九三頁。

(6) Lawler and Rhode Edward Lawler, III. and J.G. Rhode(1976), *Information and Control in Organizations*, Goodyear Publishing.

(7) Paul Watzlawick (1983), *The Situation is Hopeless, But Not Serious: The Pursuit of Unhappiness*, New York: Norton, pp.87-88; 長谷川啓三訳『希望の心理学——そのパラドキシカルアプローチ』九六-九七頁。

(8) Alfie Kohn (1993), *op.cit.*, pp.71-72; 訳一〇五頁、一カ所だけ訳語を変えた。原著p.71、訳書、一〇五頁；同じジョークがデシによっても披露されている。つぎを参照。Edward L. Deci with Richard Flaste (1995), *Why We Do What We Do: Understanding Self-motivation*, New York:Penguin Books, p.26; 桜井茂男監訳『人を伸ばす力——内発と外発のすすめ』新曜社、三三—三四頁。

(9) Frederick Herzberg (1966), *Work and the Nature of Man*, Cleveland, OH: The World Publishing Company.

(10) Edward L. Deci (1971), Effects of externally mediated rewards on intrinsic motivation, *Journal of Personality and Social Pshychology*, 18,pp.105-115.

(11) Mark R. Lepper and David Greene (1975), Turning play into work: Effects of adult surveillance and extrinsic rewards on children's intrinsic motivation, *Jounral of Personality and Social Psychology*, 31,pp.479-486.

(12) デシたち自身によるアンダーマイニング現象に関する包括的な先行研究の検討とその理論的解釈、自己決定理論、認知的評価理論、自己調整理論に対してもつ意味合いについては、たとえば、つぎを参照。Richard M. Ryan and Edward L. Deci (2000), When rewards compete with nature: The undemining of intrinsic motivation and self-regulation. In Carol Sansone and Judith M. Harackiewicz eds., *Intrinsic and Extrinsic Motivation: The Search for Optimal Motivation and Performance*, San Diego, CA: Academic Press, pp.13-54.

(13) Edward L. Deci (1975), *Intrinsic Motivation*, New York: Plenum Press, p.139, p.141, p.142; 安藤延男・石田梅男訳『内発的動機づけ——実験社会心理学的アプローチ』誠信書房、一九八〇年、一五六頁、一五八頁、一六〇頁。

第5章

（1） John W. Atkinson and David Birsh (1978), 2nd ed., *Introduction to Motivation*, New York: D. Van Nostrand.

（2） George H.Litwin and Robert A. Stringer, Jr. (1968), *Motivation and Organizational Climate*, Boston, MA: Division of Research, Graduate School of Business Administration, Harvard University; 占部都美監訳、井尻昭夫訳『経営風土』白桃書房、一九七四年。

（3） Victor H.Vroom (1964), *Work and Motivation*, New York: Wiley; 坂下昭宣・榊原清則・小松陽一・城戸康彰訳『仕事とモティベーション』千倉書房、一九六四年。

（4） *ibid*.,p.26; 前掲訳書三一頁。変数の出てくる順序が逆になっているが、期待×価値の枠組みであることがすぐにわかるだろう。

（5） J. Stacy Adams (1963), Wage inequities, productivity, and work quality, *Industrial Relations*, Vol.3, No.1, pp.9-16; J.Stacy Adams (1965), Inequity in social exchange. In L. Berkowitz ed., *Advances in Experimental Social Psychology*, New York: Academic Press, pp.267-299.

（6） Craig C. Pinder (1998), *Work Motivation in Organizational Behavior*, Upper Saddle River, NJ: Prentice-Hall.

（7） 西田耕三『ワーク・モティベーション研究』白桃書房、一九七六年、一四二—一四三頁。

（8） Henry A. Murray (1938), *Exploration in Personality*, Oxford University Press, quoted in Edward J. Murray (1964), *Motivation and Emotion*, Englewood Cliffs, NJ: Prentice-Hall; 八木冕訳『動機と情緒』岩波書店、一九六六年、一四〇頁。

（9） Gary Hammel and C. K. Prahalad (1994), *Competing for the Future*, Boston, MA: Harvard Business School Press; 一條和生訳『コア・コンピタンス経営——大競争時代を勝ち抜く戦略』日本経済新聞社、一九九五年。

（10） ある広告代理店の大手企業におけるピーダッシュと呼ばれるこのシステムの概要説明における、コンピテンス（資料では、コンピテンシーと表記されている）の定義は、つぎのとおりである。「コンピテンシー（competency）とは、『求められる成果に向けた的確な行動能力』のことです。実際の仕事では、知識や技術も重要ですが、それらを使って成果として現実化していく能力（行動能力）のほうがはるかに重要です」（ピーダッシュ解説資料、一九九六年より）。

（11） Robert W. White, Motivation reconsidered: The concept of competence, *Psychological Review*, vol.66, no.5, pp.297-333.

（12） *ibid.*, p.297.

（13） スプリッツァーの議論の紹介を含め、ミドルのエンパワーメントに関しては、つぎを参照。金井壽宏「ミドル・マネジャーの生涯発達課題と日本型HRMシステム——ミドルのエンパワーメントの方向を探る」『ビジネス・インサイト』第三巻第四号、一九八五年、三〇—四七頁。

（14） 佐藤郁哉『暴走族のエスノグラフィー——モードの叛乱と文化の呪縛』新曜社、一九九五年。黒松布美『灘祭り』神戸大学経営学部卒業論文、一九九六年。

（15） Mihaly Csikszentmihalyi (1975), *Beyond Boredom and Anxiety*, San Francisco, CA: Jossey-Bass, pp.38-48.（今村浩明訳『楽しむということ』思索社、一九九一、六八—八五頁）。なお、フロー経験については、つぎのものも参考にされたい。Mihaly Csikszentmihalyi (1990), *Flow: The Psychology of Optimal Experience*, New York: Harper & Row. Mihaly Csikszentmihalyi and Isabela Selega Csikszentmihalyi (1988) eds., *Optimal Experience: Psychological Studies of Flow in Consciousness*, New York: Cambridge University Press.

（16） アブラハム・H・マズロー『創造的人間——宗教　価値　至高経験』（佐藤三郎・佐藤全弘訳）誠信書房、一九七二年（原著、一九六四年）。

（17） 上掲書、一一五頁、一一八頁。

第6章

（1） Dan P. McAdams (1988), *Intimacy: The Need to Be Close-How the Need for Intimacy Influences Our Relationships, Life Choices, and Sense of Identity*, New York: Doubleday, pp.25-27.

(2) David Bakan (1966), *The Duality of Human Existence: Isolation and Cummnion in Western Man*, Boston, MA: Beacon Press.

(3) *ibid.*, pp.21-22.

(4) *ibid.*,p.198.

(5) Dan P. McAdams (1988), *Power, Intimacy, and the Life Story: Personological Inquires into Identity*, New York: The Guilford Press, (originally published in 1985), p.276.

(6) David Bakan (1966), *op.cit.*

(7) Dan P. McAdams (1988), *op.cit.*

(8) Ernest Becker (1973), *The Denial of Death*, New York: Simon & Schuster.

(9) John Kotre (1996), *Outliving the Self: How We Live on Future Generations*, New York: Norton, originally published by the Johns Hopkins University Press in 1984.

(10) *ibid.*, p.xv.

(11) Robert D. Putnam (2000), *Bowling Alone: The Collapse and Revival of American Community*, New York: Simon & Schuster.

(12) 読書家には、たいへんありがたいことに、この本の仕上げが遅れている間に、ぶ厚い書籍であるにもかかわらず、すばらしく読みやすいていねいな訳書が『孤独なボウリング——米国コミュニティの崩壊と再生』(柴内康文訳、柏書房、二〇〇六年)というタイトルで出た。

(13) Robert D. Putnam and Lewis M. Feldstein with Don Cohen (2003), *Better Together: Restoring the American Community*, New York: Simon & Schuster.

(14) Dan P. McAdams (1988), *op.cit.*

(15) ロバート・N・ベラー『心の習慣』、島薗進共訳、みすず書房、一九九一年。

(16) Dan P. McAdams (1988), *op.cit.*

(17) *cf.*Kathy E. Kram (1988), *Mentoring at Work: Developing Relationships in Organizational Life*, Lantham, MD: University Press of America, Ch.2; 渡辺直登・伊藤和子訳『メンタリング——会社の中

の発達支援関係』白桃書房、二〇〇三年。

(18) *ibid.*, pp.90-96, pp.122-124.

(19) Dan P. McAdams (1988), *op.cit.* p.89.

(20)『内発的動機づけ』(原著、一九七五年、訳書、一九八〇年)を著したときには、有能感だけでなく、認知的評価との関連で自己決定に、『自己決定の心理学』(原著、一九八〇年、訳書、一九八五年)に進んだときには、前著以上に、生き方としても、自己決定が有能であること以上に大切であるように示唆するようになった。

(21) Edward L. Deci with Richard Flaste (1995), *Why We Do What We Do: Understanding Self-motivation*, New York:Penguin Books; 桜井茂男監訳『人を伸ばす力——内発と外発のすすめ』新曜社、一九九九年。

(22) Edward L. Deci and Richard M. Ryan (1985), *Intrinsic Motivation and Self-Determination in Human Behavior*, New York: Plenum Press.

(23) Edward L. Deci with Richard Flaste (1995), *Why We Do What We Do: Understanding Self-motivation*, New York:Penguin Books, pp.89-90; 桜井茂男監訳『人を伸ばす力——内発と外発のすすめ』新曜社、一九九九年、一二二頁。

(24) この元の文献にはあたれていないが、このような興味深い研究が、Edward L. Deci with Richard Flaste (1995), *Why We Do What We Do: Understanding Self-motivation*, New York:Penguin Books, pp.126-127; 桜井茂男監訳『人を伸ばす力——内発と外発のすすめ』新曜社、一九九〇年、一七九—一八一頁に報告されていることを、神戸大学の同僚、高橋潔氏に教わったことを注記しておきたい。

(25) Richard J. Leider (1997), *The Power of Purpose: Creating Meaning in Your Life and Work*, San Francisco, CA: Berrett Kohler; 時間展望の心理学については、邦語で読めるものとしては、つぎのものを参照。白井利明(二〇〇一)『〈希望〉の心理学——時間的展望をどうもつか』講談社現代新書。都筑学(二〇〇四)『希望の心理学』ミネルヴァ書房。大橋靖史(二〇〇四)『行為としての時間——生成の心理学』新曜社。松田文子他編著(一九九六)『心理的時間——その広くて深いなぞ』北大路書房。

第7章

(1) たとえば、Lambert Deckers (2005), *Motivation: Biological, Psychological, and Environmental,* 2nd ed., Pearson.

(2) Edwin A. Locke, and Gary P. Latham (1984), *Goal Setting: A Motivational Technique That Works!* Englewood Cliffs, NJ: Prentice Hall,p.23; 松井賚夫・角山剛訳『目標が人を動かす――効果的な動機づけの技法』ダイヤモンド社、一九八四年、三〇頁。

(3) *ibid.*, p.6

(4) Richard J. Leider (1997), *The Power of Purpose: Creating Meaning in Your Life and Work,* San Francisco, CA: Berrett-Koehler Publishers.

(5) この分野の最もわかりやすい紹介は、つぎを参考にされたい。大橋靖史『行為としての時間――生成の心理学へ』新曜社、二〇〇四年。とりわけ第4章「予期の構造と機能」一〇七―一四三頁。

第8章

(1) Gary Heil, Warren Bennis, and Deborah C. Stephens (2000), *Douglas McGregor, Revisited: Managing the Human Side of Enterprise,* New York: Wiley, p.11.

第9章

(1) バーナード・ワイナー『ヒューマン・モチベーション――動機づけの心理学』林保・宮本美沙子監訳、金子書房、一九八九年。

(2) エイドリアン・F・ファーナム (Adrian F. Furnham) のつぎの入門書が、素人理論の諸研究を概観するのに便利だ――細江達郎監訳、田名場忍・田名場美雪訳『しろうと理論――日常性の社会心理学』北大路書房、一九九二年。

(3) 金井壽宏『リーダーシップ入門』日経文庫、二〇〇五年。

金井壽宏（かない　としひろ）

1954年神戸市生まれ。1978年京都大学教育学部卒業。1989年マサチューセッツ工科大学（MIT）Ph.D.（経営学）。1992年神戸大学博士（経営学）。現在、神戸大学大学院経営学研究科教授。リーダーシップ、ネットワーキング、モティベーション、キャリアなど、経営学のなかでも人間の問題に深くかかわるトピックを、主たる研究分野としている。
著書に『働くひとのためのキャリア・デザイン』（PHP新書）、『キャリア・デザイン・ガイド』（白桃書房）、『組織変革のビジョン』（光文社新書）、『リーダーシップ入門』（日本経済新聞社）、『あったかい仕事力相談室』（千倉書房）など多数がある。

働くみんなのモティベーション論

029

2006年10月27日　初版第1刷発行　定価はカバーに表示してあります
2015年6月19日　初版第9刷発行

著　者　金井壽宏

発行者　長谷部敏治

発行所　ＮＴＴ出版株式会社
〒141-8654　東京都品川区上大崎3-1-1　JR東急目黒ビル
営業担当／TEL 03-5434-1010　FAX 03-5434-1008
編集担当／TEL 03-5434-1001　http://www.nttpub.co.jp

装　幀　吉田篤弘・吉田浩美

組　版　有限会社エヴリ・シンク

印刷・製本　中央精版印刷株式会社

ISBN 4-7571-2153-9 C0034
乱丁・落丁はお取り替えいたします

NTT出版ライブラリー　レゾナント　刊行の辞

グローバル化・情報化の波が世界中を覆い、従来の常識、発想では解けない社会問題・現象が次々に起こっています。しかしながら、それらをトータルに理解し、変化する事態の奥にあるものを射抜く知恵、教養のつながりは、いまだ鮮明ではありません。

シリーズ名の「レゾナント」には、〝共鳴する、響きあう〟という意味が込められています。そして、人と人とが時間や距離を超えて出会い、響きあう、時間や距離を超えるコミュニケーション環境の創造こそが、社会の様々な問題解決につながるのではないかと考えました。

二一世紀の始まりにあたり、私たちは、大きな文明的転換期に遭遇し、いま新たに拠って立つべき基点をどこに持つべきか、また、つねに「変化」の波にさらされ続ける社会の未来像をいかに描くべきかを模索しています。

私たちは、現代から未来へ続く道を読者とともに探す、確かな未来をつくるために歴史の叡智に耳をすます、そんな未来志向の新しい教養を目指したいと思います。

このシリーズを通して、そのささやかな一歩を踏み出していきます。多くの読者のかたの共感と支援を心よりお願いいたします。

二〇〇四年十月

杉本　孝